JN444374

공자와의 산책

현암 장남기 지음

북산책

머리말

나는 어려서 아침마다 할아버지를 따라 뒷산을 산책했다. 잡나무 숲길이었다. 할아버지 앞뒤로 뛰어다니면서 도토리를 주운 생각이 난다. 할아버지는 과묵하셨지만, 가끔 걸음을 멈추고 모랫바닥에 나뭇가지로 뭔가 몇 자 쓰시고, "너 이거 보아라." 하셨지만, 물론 내가 읽을 수 있을 리가 없었다. 그 후 나는 학교에서 한문을 꽤 배웠는데, 할아버지께서 가르쳐 주신 몇 구절 외에는 지금 내 기억에 남은 것은 별로 없는 것 같다. 나는 최근까지 유교에 대해서 완벽한 무식쟁이였다. 대학에서는 어떡하다가 사회학을 전공하게 됐으나, 학업은 제쳐놓고 연애질, 음악, 그림 같은 것에 미쳤었다. 그 후, 도미 유학하여 언어학을 헤매고, 결국은 언어학, 언어교육으로 밥벌이하다가 좀 일찍이 은퇴했다. 매일 개를 데리고 바닷가를 걷고, 자유롭게 독서, 음악, 그림을 즐기며 살고 싶어서였다. 그동안 내 머릿속에서 유교가 완전히 꺼져 있었다 해도 과언이 아니다. 그저 막연히 유교라면 오늘날 현실에 맞지 않는 중세적 풍습의 잔재에 지나지 않았고, 권력과 권위에 절대복종을 강요하는 폐쇄적인 계급사회, 협소하고 경직된 혈족주의, 조상숭배, 예절, 제사, 성묘 등으로 똘똘 뭉친 구세대의 세계관으로만 보인 것이다.

그러다가, 어떤 책에서 공자, 맹자 말을 인용한 구절을 보고 나는 깜짝 놀란 일이 있었다. 예를 들어, 공자 말 중에 "배우기만 하고 독자적으로 생각하지 않는다면 머릿속이 어둡다." 혹은 맹자의 말, "책이란 것을 다 믿는다면, 차라리 책이 없는 것이 낫다네." 같은 구절이었을 것이다. 내가 막연히 생각했던 유교의 인상과는 너무나 달랐다. 나는 바로 논어를 읽기 시작했다. 지금 내 서재에는 논어주석 서적만 해도 열댓 권이 될 것이다. 그러면서, 희미하게나마 공자가 지금도 우리가 사는 현대에 살아 있는 사람으로 보이기 시작했던 것이다. 나는 또다시 공자를 따라 숲길을 산책하게 되었다.

공자는 약 2,500년 전에 황하(黃河) 유역 하(夏)나라에 살았던 사람이다. 공자는 자기 나라를 하(夏)나라, 또는 제하(諸夏, 즉 분열된 夏나라)라고 불렀었다. 넓이도 지금의 우리 한국 반도보다 그다지 크지도 않았을 것이다. 공자의 세계는 夏 나라와 그의 주변 오랑캐 민족들뿐이었다. 나는 가끔 황하(黃河)가 없었더라면 고대 중국에 일찍이 고도의 문화가 출현하지 않았을지도 모른다는 생각을 한다. 공자는 하(夏)나라가 권력자들의 이권 다툼으로 분열되고 서로 싸우는 혼란 상태에서, 피난 다니는 비참한 백성들을 보고, 그들을 위하여, 정치를 바로 잡으려고 유세(遊說)하면서 애를 쓰다가 사람들에게 조롱당하고 실패한 "돈키호테"와 같은 사람이었다. 그러면서도 동시에 그의 가르침은 많은 사람들을 감화시키고 인간의 교사로서 성자(聖者)처럼 존경받게 된 사람이었다.

공자의 가르침을 한 마디로 인(仁)이라고 할 수 있다. 인(仁)은 사람을 사랑한다는 말이다. 仁이 뜻하는 사랑은 다른 사람을 존중하고, 배려하고, 도와주는 마음이며, 모든 사람과 화목하게 지내는 것이다. 공자는 남의 아름다운 점을 키우도록 도와주어야 한다고 말했다. 이러한 사랑의 대상은 가족이니, 친구니, 가까이 지내는 사람들, 우리 동네 사람들이 아닌가? 그렇다. 그러나 공자는 거기서 그치지 않는다. 仁의 대상은 이 세상 모든 사람을 포함한다. 仁의 본질은 발전성에 있다. 지역을 넘어, 나라를 넘어서 온 세상으로 발전시켜야만 한다. 공자는 仁이 먼 곳에 있는 것이 아니고, 원하기만 하면, 바로 앞에 있는 것이라는 말을 하기도 한다. 仁이란 결코 어려운 것도 아니며, 신비로운 것도 아니다.

공자의 사상은 어디까지나 인간을 개발하는 데 있다. 그에게는 인간은 군주나 권력자가 몰고 다스리는 양(羊)떼와 같은 존재가 아니다. 인간은 자기에 내재(內在)하는 자질을 최대한으로 실현할 자유가 있다. 공자는 이러한 자기 개발을 지향하는 인간을 군자(君子)라고 불렀다. 공자가 말하는 君子는 귀족이나 특권 계급이 아니라, 진정한 인간다운 인간을 뜻한다. 이는 인간의 준엄성에 관한 개안(開眼)이다. "개인"의 발견이다. 君子는 배우기를 좋아하는 동시에, 자기 힘으로 사고(思考)하는 능력을 길러야 한다고 했다. 공자가 말하는 학(學)은 인간을 아는 것이며, 자기를 알게 되는 것이다. 사람은 누구한테서나 배워야 한다. 배움은 사람과의 대화이다. 남의 말을 순순히 들을 수 있어야 한다. 또 군자는 스스로 사고(思考)하여 사물을 판단해야 한다고 한다. 사(思)가 없는 학(學)은 學이 아니다. 공자는 또 모르는 것은 모르는 대로 보류하는 지혜를 가르쳤다. 이 세상에는 인간의 인식 한계를 넘는 것이 많다. 공자는 모른다는 말을 자주 한다. 인간은 누구나 모르는 것도 많고, 결함도 잘못도 많은 존재이다. 그러므로 잘못이 있느냐 없느냐는 중요치 않다. 잘못을 깨달았을 때, 고치느냐 못 고치느냐가 과제일 뿐이다.

공자는 예술을 각별히 사랑하는 사람이었다. 특히 시(詩)와 음악을 좋아했다. 그는 제자들을 교육하는데 고시(古詩), 소박한 옛 노래, 민요 같은 것을 많이 인용하고 해설한 것 같다. 공자의 거처에는 항상 누군가가 부르는 노래가 들리고, 악기가 울리는 분위기였다는 기록이 여기저기 보인다. 논어에는 공자가 음악을 평하는 말도 가끔 나온다. 그에게는 선(善)은 미(美)이며, 미(美)는 바로 선(善)이었다.

논어를 읽는 데 있어서 유의(留意)할 것은 논어는 공자가 쓴 책이 아니라는 점이다. 논어는 적어도 공자의 손자뻘 되는 제자들이 공자의 말, 성품, 그리고 그의 행실을 회상하면서 적어 놓은 책이다. 너무나 오래된 책이고 여러 번 재편되는 과정에서 잘못된 것도 있을 수 있다. 또 그 시대에는 종이가 발명되기 전이었고, 나무 조각에다 쓴 것을 묶어 말아 놓은 것이었다는 것을 잊지 말아야 한다. 논어에 있는 것을 그대로 다 믿을 수는 없다. "공자왈(孔子曰)"이라고 시작하는 구절도 틀림없이 공자의 말이란 보장은 없다. 어느 제자가 잘못 기억했을 수도 있고, 잘못 이해했을 수도 있고, 후대에 누가 위작(僞作)한 것도 끼어들어 있을 가능성도 제외할 수 없다. 그와 반대로, 제자 말이라 해서 가볍게 볼 것도 아니다. 그들의 말에 스승의 뜻이 많이 반영되어 있다고 본다. 또, 논어에는 누가 공자를 비난하고 희롱하는 이야기까지도 포함되어 있다.

논어는 주석(注釋) 없이 읽을 수는 없다. 그러나 주석만을 보고서도 충분치 않다. 어느 장이라도 완벽한 번역이나 주석을 기대할 수 없으며, 어떤 경우에는 완전히 상반되는 주석도 있다. 그러면, 어찌할 것인가? 결국, 독자마다 독자적으로 판단해야 한다. 첫째로, 독자는 논어를 간략하게라도 일독하는 것이 필요하다. 어느 정도 읽어 가면, 막연히라도 공자 전체상(全體像)이 보일 것이다. 공자가 어떤 사람이었는지, 그의 사상이 어떤 것이었는지 느껴질 것이다.

둘째로는, 독서 감상을 노트해 놓기를 권한다. 그리하면, 공자의 전체상이 조금씩 수정되고 더욱 명백한 상(像)으로 발전될 것이다.

필자의 경우에는 공자의 말을 해석하는데 두 가지 기준을 세웠다. 하나는 일관성 혹은 통일성(統一性)이고, 또 하나는 보편성이다. 공자의 사상은 매우 합리적이고, 앞뒤가 유기적인 일관성(一貫性)이 있으니, 만약에 그런 것이 보이지 않으면, 그 말이 진정한 공자 말이 아니거나, 내가 그런 것을 충분히 해독 못 하고 있을 가능성이 크다. 또 하나의 기준인 보편성은 시간과 공간을 넘는 해당성을 뜻한다. 어떤 구절이 현대 우리에게 해당하지 않는다면, 보편성이 결핍돼 있다고 할 수 있다. 이점은 두말할 것도 없다. 예를 들어서, 공자도 남존여비의 시대적 풍습에서 벗어나 있지 않았다는 것을 보이는 구절이 논어에 있다. 공자도 보통 인간이며, 결점도 있는 사람이다. 나는 공자의 말 중 일관성이나 보편성이 보이지 않을 경우에는 판단을 보류(保留)하기로 했다. 필자의 관심은 고대 중국이나 동양사상에 있는 것이 아니고, 오직 시대성과 지역성을 초월한 영원한 인간성에 있는 것이며, 그러한 것이 바로 공자 사상의 뚜렷한 성격이라고 생각한다.

이 글은 논어의 주석 책이 아니다. 나와 공자와의 만남의 노트에 지나지 않는다. 나는 공자의 말에 귀를 기울이면서 내 감상을 공책에 적은 것이다. 이 글은 공자와 나의 대화 기록이다. 그런 것을 적다 보니, 나는 우리나라 젊은 세대, 후배들과 함께 대화를 나누고 싶어진 것이다. 이러한 나의 뜻을 소중히 여기고 소통하도록 여러 차례 격려하고 도와주신 "북산책" 김영란 대표님께 감사를 드리며 독자의 평을 기다린다.

현암(玄庵)

비고(備考)

(a) 논어의 인용구는 반드시 해당되는 전문을 싣지는 않았다.

(b) 현존 논어는 20편으로 되어 있고, 각 편은 장으로 나누어져 있다. 출처를 밝힐 때, 두 숫자로 괄호에 표기했다. 예를 들면, (6-8)이라고 되어 있으면 제6편 8장을 뜻한다.

(c) 논어 각 편의 이름(예. 학이편. 學而篇)을 미리 알려면, 본서 8장 첫 페이지에 일람표가 있으니 언제라도 참조하기를 바란다.

목차

제5장_혁신(革新) / 109

제6장_예(禮)에 대해서 / 137

제7장_공자와 예술(藝術) / 165

제8장_논어의 구조(構造)와 전반(前半) 10편 / 193

제1장

공자(孔子)의 이상(理想)

nchan 97

제1화. 인(仁)이란 무슨 뜻인가?

공자 가르침의 핵심은 인(仁)이라는 이념(理念)에 있다. 논어를 읽어도 공자가 뜻한 仁이란 말의 이념을 파악하지 못하면, 공자의 모습은 안 보인다. 그저 단편적으로 지혜로운 구절을 모아 놓은 것으로만 보일 것이다. 공자가 말하는 仁은 무슨 뜻인지 자세히 볼 필요가 있다. 仁이란 말은 현대 우리말에도 살아 있다. 인자(仁慈), 인애(仁愛), 인의(仁義) 등의 단어가 논어의 仁에서 나온 말이다. 이런 말에서 우리는 막연히 仁이 다른 사람을 위하는 마음이라는 것을 알 수 있다. 이것이 仁의 첫째 의미 성분이라고 할 수 있을 것이다. 仁이란 말은 공자 이전에도 있던 말이겠지만, 공자는 이 말을 빌려서 독자적인 이념을 전개했다. 옛날이나 지금이나, 철학 개념은 기성의 개념으로는 파악할 수 없는 경우가 많다. 우선, 공자가 인간 존재의 기본이 어떤 것인가를 말하는 구절에서부터 보기로 하자.

(18-6) 인간은 새와 짐승들과 함께 무리 짓고 살 수 없지.

鳥獸不可與同群也

이 말은 공자가 제자하고 고달픈 유랑(流浪) 길에서 던진 말이다. 공자는 혼란 상태에 빠진 세상을 슬퍼하면서, 그래도 세상을 버리고 은자(隱者) 생활을 할 수는 없다는 말을 한 것이다. 공자의 사상은 이러한 인간 존재의 본질인 인간의 공존(共存)의식에서 시작된다. 여기에 나오는 이야기를 간략하게 보면 다음과 같다. 어느 날, 공자가 제자와 같이 길을 가다가 강가에서 어떤 은자(隱者) 둘이 밭을 갈고 있는 것을 보았다. 공자는 제자를 시켜서 나루터가 어딘지 물어보게 했는데, 은자는 공자라는 것을 알고, "어지러운 세상을 버리고 우리같이 은자 생활을 하는 것이 현명하지 않으냐"고 말한다. 이 말을 들은 공자가 한 말이 위의 구절이다. 아무리 세상이 어지럽다 하더라도 자기만 편하도록 피신 생활을 하는 것은 인간의 길이 아니라는 뜻이다.

고대 중국말에 올바른 인간관계를 나타내는 말이 바로 仁이었을 것이다. 인간이란 반드시 다른 사람들과 더불어 살아야 하는 존재다. 깊은 산 속에 들어가 홀로 도(道)를 닦고 산다 하더라도, 마음속 깊은 곳에서는 다른 사람을 한시도 떠나지 못한다. 인간은 생각하는 동물이며, 생각한다는 것은 언어를 사용한다는 말이고, 언어를 사용한다는 것은 말상대가 있다는 말이다. 사람은 항상 누군가하고 대화하면서 산다. 인간의 공존(共存)은 단순히 같이 있다는 것만이 아니다. 남을 업신여기거나, 잘못되기를 바라는 것은 공존이 아니다. 공존은 사랑을 뜻해야만 한다. 논어 첫 편 학이편(學而編)에 일찍이 다음과 같은 구절이 있다.

(1-6) 선생님께서 말씀하셨다. "젊은이여, 집안에서는 효성을 다 하고, 밖에 나가서는 어른을 섬기고, 모든 일에 공손하며, 자기 말에 대해서 책임감이 있어야 한다. 널리 사람을 사랑하며 인자(仁慈)한 사람을 가까이하여라. 그리고도 힘이 남으면 고전을 배울 것이다."

子曰 弟子入則孝 出則弟 謹而信 汎愛衆而仁 行有餘力 則以學文

위의 문장은 학이편(學而編) 6장의 전문이다. 이 공자의 말은 좀 자세히 볼 필요가 있다. 이 문장은 네 부분으로 구성돼 있다고 볼 수 있다.

[1] 입칙효(入則孝)는 가족끼리의 사랑을 상징한다.

[2] 출칙제근이신(出則弟謹而信)은 사회에 나가서의 경양(敬讓)을 상징한다.

[3] 범애중이인(汎愛衆而仁)은 온 세상 사람을 위하는 마음을 뜻한다.

[4] 행유여력칙이학문(行有餘力則以學文)은 문화인으로서의 교양을 뜻한다.

이러한 문장의 구조에는 언뜻 잘 보이지 않는 의미가 함축돼 있다.

이 문장 구조가 제시하는 요점은 [1]에서 출발하여, [2]로 이어 나가서, [3]으로 전개되는 방향성(方向性)이다. 마지막 문절은 [4] "여력(餘力)이 있으면" 이라고 했으니 문화인으로서의 학문은 그다지 중요한 것이 아니라는 말이 된다. 공자 자신은 당시의 문헌학자이며 고전(古典)을 매우 사랑했었으나, 그는 그러한 배움은 과대평가를 하지 않았었다는 것을 알 수 있다. 공자는 학(學) 혹은 배움을 두 가지 뜻으로 쓴 것 같다. 하나는 인간을 알기 위한 실천적인 인간학이고, 또 하나는 전문 지식이나 기술을 배우는 것이다. 위의 경우는 후자의 뜻으로의 배움을 말하는 것 같다. 한 구절 더 안연편(顔淵編)에 공자가 仁의 뜻을 밝히는 말을 보자. 여기서는 그는 더 직선적으로 仁이란 사람을 사랑하는 것이라고 정의한다.

(12-22) (제자) 반지(樊遲)가 仁에 대하여 질문을 하니, 선생님께서 말씀하시기를, "사람을 사랑하는 것일세!" 라고 하셨다.
樊遲 問仁 子曰 愛人

그러나 여기서 범애중(汎愛衆) 또는 애인(愛人)이라는 구절이 과연 "온 세상 사람을 사랑한다"는 뜻이 되느냐 하는 의심이 날 수도 있다. 공자의 세계는 그저 그 당시의 중국과 가까운 주변에 살던 오랑캐라고 부르던 야만민족들뿐이 아니었는가? 지금의 우리 세계에 비하면 "온 세상"이란 말이 해당치 않을 수도 있다. 그러나 아무리 우리가 아는 세계와 공자가 살던 세계가 다르다 하더라도, "온 세상 사람"이라는 개념은 다름이 없다. 공자가 살던 그 당시의 오랑캐 나라는 가까운 곳이 아니라 세계의 끝이었다는 것을 잊지 말아야 할 것이다. 공자는 "오랑캐"라는 말을 쓰기는 했으나 그들에 대한 편견이나 멸시하는 태도는 논어에 나오지 않는다.

인류를 사랑한다는 말이 무슨 뜻일까? 이 점을 명백히 밝히는 것이 仁의 방향성(方向性)이라고 할 수 있다. 공자가 말하는 仁의 특징은, 그 이상(理想)을 향하는 시발점이 인류 사랑이 아니고, 가장 가까운 사람들과의 관계에 있다는 점이다. 다른 사람을 가족같이 존경하고 배려하며 돕는 것이 仁이 뜻하는 사랑이다. 仁의 대상은, 타인(他人)이 아니라, 자기 외에 모든 사람을 포함한다. 무엇보다 먼저, 부모, 형제, 가족을 위시하여, 친구, 친지, 동료, 이웃으로 연장되어 나가면 온 세상 사람을 모두 포함하게 된다. 같은 뜻을 제자끼리 얘기하는 대화가 안연편(顔淵編)에 보인다.

(12-5) 온 세계의 모든 사람이 형제이니
四海之內 皆爲兄弟也

이 구절은 사마우(司馬牛)라는 제자가 형제가 없는 것을 개탄하는 말을 듣고, 또 한 제자 자하(子夏)가 달래면서 한 말이다. 사해지내(四海之內)라는 말은 온 세상이라는 말인데, 그 당시 중국 사람들은 세계가 네 개의 바다로 둘러싸여 있다고 생각했었다. 그러니까, 사해지내(四海之內)는 바로 세계라는 뜻이다. 자하의 말은 '세계의 모든 사람이 형제인데, 왜 형제가 없다고 슬퍼하느냐?'라고 한 것이다. 이 구절을 보면, 누구나 베토벤(Beethoven)의 교향악 9번의 마지막 악장 주제를 상기할 것이다. 그 노래의 시(詩)는 자하의 말과 완전히 동일하다. 이 시(詩)는 18세기 말 독일 시인(詩人) 실러(F. Schiller)가 쓴 것인데, 물론 우연한 일치이겠지만, 놀라운 것은 詩人 실러가 산 시대에 앞서 2,200년 전에 이미 고대 중국인이 그런 말을 했다는 사실이다.

공자 시대의 보통 중국인들은 자기네 외의 타민족을 사람으로 여기지 않았었다. 그들은 주변의 오랑캐들을 지칭하는 말에 모두 짐승이나 벌레를 뜻하는 글자를 썼고. 보통 사람들이 오랑캐들까지 모두 자기네 형제라는 생각은 꿈에도 꾸지 못했을 것이다. 사마우(司馬牛)나 자하(子夏) 같은 사람이 어떻게 그런 말을 입에 담았을까? 그런 몰상식적인 말이 어디 있단 말인가? 이 자하의 말은 틀림없이 스승 공자의 가르침을 반영하고 있을 것이다. 공자에게는 인류 사랑이 낭만적인 이상일 뿐이 아니라, 절실한 현실 경험에서 나온 발원이었다. 그는 중년 넘어, 고향 노(魯)나라를 떠나, 14년 동안을 타향으로 유랑(流浪)생활을 하면서 전쟁, 재난, 기근(飢饉), 폭정(暴政), 징병 등으로 시달리는 백성들이 이리 저리로 피난하며 헤매는 모습을 직접 봤던 것이다. 2,500년 전 중국의 춘추(春秋)시대가 그런 시대였다. 그래서 공자는 어떻게 하면 도탄에 빠진 비참한 대중을 구원할 수 있겠는가 생각을 많이 했을 것이다. 또 한 제자 유자(有子)가 스승의 말(I-6)을 빌려서 그의 제자에게 한 구절이 보인다.

(I-2) 스승 유자(有子)가 말씀하셨다 "효제(孝悌)는 바로 인(仁)의 근원이라."

有子曰 孝弟也者 其爲仁之本與

유자(有子)는 존칭이고, 그의 이름은 유약(有若)이다. 그러니까, 이 구절은 공자의 제자의 제자, 즉 손자뻘이 되는 제자가 기록한 말이다. 효제(孝悌), 즉 부모를 공경하는 마음, 어른을 섬기는 마음이 바로 仁의 근원이며 시발점이라고 했던 것이다.

가족끼리 서로 아끼고, 서로 돕고, 사랑한다는 것은 당연한 일이다.

이것은 누구나 잘 아는 것이며, 배울 필요도 없다. 그렇다고 해서, 과연 우리가 항상 변함없이 한결같이 그럴 수 있는가가 바로 문제점이 된다. 무슨 난관에 부딪혔을 때, 또는 좋지 못한 감정에 흔들렸을 때, 가족끼리라도 평온한 정상을 지킬 수 있는 것일까? 좀 참으면 가라앉을 자기 감정을 이기지 못해서 그냥 터트려 버리는 일이 얼마나 많은가? 가족끼리도 그러니, 친구, 친지, 동료 간은 말할 것도 없다. 만나면 반갑고 즐거운 사이라도 흔히 이기심, 경쟁심, 질투심, 허세, 우월감, 비열감 등등이 개입될 때가 적지 않다.

이러한 가까운 사람끼리의 관계를 통해서, 그다음에는 올바른 인간관계를 어디까지 연장시켜 나갈 수가 있는 것일까? 오늘날 우리나라 사회에서 지역감정, 당파싸움 같은 것을 극복하고 현재 민족애, 애국주의까지 연장되어 있다는 것을 알 수 있다. 그러나 거기가 한계점이 아닐까? 이 한계선이 보인다는 말은 동시에 해결책이 어디에 있는가를 암시해준다.

여기서 우리는 커다란 벽에 부닥친다. 이방인(異邦人) 사랑? 이민족(異民族) 사랑? 타인종(他人種) 사랑? 갈수록 거대하고 견고한 벽에 부닥친다. 이것은 시공(時空)을 넘어서 언제나 어디서나 그렇다. 이러한 벽을 뚫고 나간다는 것이 가능할까?

현대 세계의 여러 나라 지도자들을 보아도, 여전히 국가주의, 애국주의, 민족주의에 안주(安住)하고 있다. 인류를 사랑한다는 말은 막연한 구호(口號)가 아니라, 시민 한 사람이라도 이러한 지역, 인종, 민족, 국가의 한계를 넘어서는 구체적인 움직임을 보여줘야 할 것이다. 인류는 지금 바로 국가와 민족을 초월해서, 민족 간의 또 국가 간의 갈등을 대화로 이끌어 나가야 한다. 그것이 바로 인류를 진정으로 사랑하는 仁의 이상을 현실화할 길이라고 믿는다.

제2화. 仁을 쉽게 설명하는 충서(忠恕)

자한편(子罕編) 첫 장에 이상한 모순되는 말이 나온다.

(9-1) 선생님께서는 이익(利益)과 운명(運命)과 仁에 대해서는 많이 말씀하지 않으셨다.

子罕言利 與命與仁

어느 문하생의 말이지만, 공자가 이익(利益)과 운명(運命)에 대하여 말을 별로 안 했다는 것은 이해가 가지만, 仁에 대한 말을 별로 하지 않았다는 것은 이상하다. 仁에 대한 말은 많이 나온다. 그래서 이 문장에 대한 해석이 학자마다 조금씩 다르다. 나는 이 말을 仁이란 理念이 너무 원대해서, 스승의 말을 들어서도 잘 이해가 안 가고, 질문을 해도 한 두 마디로는 걷잡을 수가 없었다는 것을 반영하는 말이 아닌가 하는 생각이 든다. 그리고 공자는 문하생의 자질에 따라 쉬운 말로 풀어서 얘기도 한 것 같다. 예를 들어서 다음의 구절을 보자.

(4—15) 증자(曾子)께서 말씀하셨다. "선생님의 길은 충서(忠恕)뿐이라."

曾子曰 夫子之道 忠恕而已矣

이 구절은 제자 증참(曾參)이 그의 문하생에게 한 말이다. 공자가 증참에게 무엇을 말하는 것을 옆에서 듣고, 공자가 방에서 나간 다음에 젊은 제자 하나가 증참에게 "무슨 말씀이었나요?"라고 물어본 것이다. 증참은 설명하기를 공자가 일생을 통해서 실천한 것은 충서(忠恕)뿐이라고 했다.

충서(忠恕)는 충(忠)과 서(恕)의 복합된 말이다. 여기에 잊지 말아야 할 것은, 忠은 우리가 오늘날 쓰는 국가집권자나 국가에 대한 충성의 뜻이 아니다. 공자 때에는 충의 대상은 가까이 지내는 사람들, 특히 친구나 동료들이고, 그 뜻은 정성을 다한다는 말이었다. 서(恕)라는 말은 다른 사람들을 배려하고, 동정하고, 용서하며, 도와주는 마음을 뜻한다. 이와 거의 같은 점을 공자가 강조하는 말은 다른 장에도 나온다. 위령공편(衛靈公編)에 있는 예를 보자.

(15-23) 제자 자공(子貢)이 선생님께 물었다.
"한 마디로 일생을 살아나갈 만한 말이 있습니까?"
선생님께서 답하시기를,
"남의 마음을 헤아려 주는 것, 서(恕)일세."
子貢問曰 有一言而可以終身行之者也 子曰 其恕乎

여기에서도, 공자는 일생을 통해서 행할만한 이념을 서(恕)라는 말로 표현한다. 그리고 충서(忠恕) 혹은 서(恕)라는 말을 더 구체적으로 설명하는 구절이 나온다.

(12-2) 제자 중궁(仲弓)이 선생님께 인(仁)에 대해서 여쭤 봤더니, 선생님께서 말씀하셨다.
"문밖으로 나갈 때에는 큰 손님을 모시듯이 하고, 백성을 사역할 때에는 큰 제사를 올리듯이 하고, 네가 원하지 않는 일을 남에게 하지 말아야 한다."
仲弓問仁 子曰 出門如見大賓 使民如承大祭 己所不慾 勿施於人

여기에 셋째 조항, 네가 원치 않은 일을 남에게 하지 말라는 것은 바로 恕(서)를 설명하는 말이다. 이 말은 기독교에서 말하는 금언(金言)과 완전히 동일하다: (Do not unto others what you would not have them do unto you.) 남의 입장을 헤아리는 마음을 가르침은 세계의 어느 종교에서도 발견할 수 있는 가장 보편적인 인간 윤리의 기본으로 되어 있다.

그러면 그가 그토록 이상화(理想化)한 仁은 무엇이란 말인가? 필자 생각에 답은 간단하다. 仁과 恕는 매우 가까운 개념이다. 다만 仁은 좀 추상적이어서, 구체적으로 어떻게 하라는 것인지 모호할 수 있다. 또 "사랑한다"는 말은 오늘날 여러 가지 뜻으로 쓰이기 때문에 분명치 않다. 그래서 그 말을 구체화해서 말한 것이 바로 서(恕)이다. 다시 말하면, 남을 남(object)으로만 보지 않고, 자기와 똑같은 주관이 있는 주관체(主觀體, subject)로 느낄 수 있는 능력을 뜻한다. 칸트(E. Kant)가 말한 양심의 절대명령(Categorical Imperative)도 같은 개념이다. 서(恕)의 대상은 바로 가까이 지내는 사람이니, 그만큼 그 당시의 보통사람들에게는 알기가 쉬웠을 것이다.

논어에 나오는 공자의 말은 가끔 모호할 때가 있다. 그런 점은 거의 다 문헌학적 혹은 고어(古語)해석의 문제에 기인한 것이다. 공자의 사상은 신비주의는 결코 아니다. 공자의 사상은 종교처럼, 양(羊)떼를 몰듯이, 뭔지 몰라도 덮어 놓고 믿으라는 것이 아니다. 강요하지 않는다. 사람을 생각하게 하는 가르침이다. 이 점에 대해서 옹야편(雍也編)에 흥미있는 구절이 있다.

(6-19) 선생님께서 말씀하셨다.
"중이상(中以上)의 수준(水準)이 되는 사람한테는 그 이상에 대해서 말해 줄 수 있지만, 중이하(中以下)인 사람에게는 그 수준 이상에 대해서는 말해 줄 수 없다."

子曰 中人以上 可以語上也 中人以下 不可以語上也

이 말은 공자가 교학에 있어서의 방법을 논하는 것 같다. 사람의 자질에 따라, 혹은 배움에 있어서 도달한 수준에 따라 가르쳐야 한다는 말이다. 예를 들면, 仁에 대한 말은 中이상의 자질과 수준에 있는 사람에게 해 주고, 그 수준에 미달한 사람에게는 仁을 향하는 길의 기본이 되는 서(恕)에 대해서부터 가르치는 것이 마땅하다는 말일 것이다. 그리고 다른 곳(7-29)에서 공자는 仁이란 결코 어려운 것이 아니라는 점을 강조한다.

(7-29) 선생님께서 말씀하셨다.
"仁이 먼 데 있겠는가? 우리가 원하기만 하면 바로 여기 오는 것일세!"

子曰 仁遠乎哉 我慾仁 斯仁至矣

仁은 누구나 간절히 원하기만 하면 바로 눈앞에 있는 것이고 하나도 어려운 것이 아니라는 말이다. 그러나 仁은 인류 사랑을 상징하는 만큼, 원대하고 또 신비로운 인상까지 줄 수 있다. 또 仁의 실천, 혹은 달성이 언뜻 비현실적으로 받아들일 수도 있다. 사실 예로부터 仁의 해석이 학자마다 다르다. 공자는 그러한 어려움을 충분히 인식했기 때문에 仁의 시발점을 제시하고, 인을 향하는 방향성 그리고 지향성(志向性)을 강조한 것 같다.

제3화. 충(忠)이 그런 뜻이 아니었다.

현대 한국말로 충(忠)이란 말은 위정자나 나라에 대한 "충성"에 해당한다. 이점은 동양 어느 유교 문화권의 어느 나라에 있어서도 같다. 그러나 공자는 그런 말을 한 일이 없고, 또 그 당시에는 忠이 그런 뜻이 아니었다. 논어에 나오는 忠의 뜻은 "자기 자신의 양심에 비춰 충실하고, 다른 사람을 위해서 성실하다"는 것이었다. 忠이란 말의 대상이 오늘날 군주(君主)나 국가로 바뀐 것은 아마 공자 사후(死後) 적어도 500년 후쯤 될 것이다. 중국이란 나라가 처음으로 막대한 제국으로 확장된 진(秦), 한(漢) 시대 초기라고 생각된다. 이 변화에 대해서는 후에 유교의 성립과 변천에 대해서 다시 고찰하기로 하고. 이제 몇 구절 용례를 보자.

(1-4) 내가 사람을 위해 상의했을 때, 성의를 다 했는가?

爲人謀而不忠乎

(7-14) 무슨 일이라도 실행할 때 너의 정성을 다하여라.

行之以忠

첫 번째 예 (I-4)는 공자의 문하생인 증자(曾子)의 말인데, "내가 사람을 위하여 상의할 때, 나의 정성을 다했었는가?"라고 자성하는 말이다. 둘째 예는 공자의 말인데, 무슨 일을 할 때라도, 너의 성심(誠心)을 다해야 한다는 뜻이다. 여기서 주목할 것은 충(忠)의 대상이 가까이 있는 사람, 같이 일하는 사람, 누구라도 좋다는 점이다. 재미있는 예를 하나만 더 보자. 아래의 구절은 忠의 용례(用例)와 공자의 이민족(異民族) 의식도 보여 주는 구절이다. 하민족(夏民族), 즉 지금의 한민족(漢民族)은 그들의 주변 민족보다 훨씬 일찍이 문화가 발달해서 타민족을 오랑캐라고 불렀지만, 공자는 그런 편견은 없었다. 그 점은 나중에 다시 보기로 하고, 아래에 충(忠)이 어떻게 쓰였는지를 보자.

(13-19) 사람과 같이 일할 때, 너의 誠意를 다 해야 한다. 이것은 동북(東北)쪽 오랑캐 나라에 가서도 버릴 수 없는 것이다.

與人忠 雖之夷狄 不可棄也

여인충(與人忠), 즉 사람들과 더불어 일할 때, 너의 책임을 성의 있게 다 하라고 하고, 덧붙여서 이러한 성실함은 동북(東北) 미개사회에 가서도 아무 다름이 없어야 한다는 뜻이다.

논어에 나오는 충(忠)이 군주(君主)를 대상으로 한 용례가 있기는 하지만 君主일 경우는 드물다. 한 토막 예는 팔일편(八佾篇)에 나온다. 군주도 같이 정사를 의논하는 사람이니, 충실하게 너의 책임을 다하라는 말은 맞는 말이다.

(3-19) 군주는 신하(臣下)에 대하여 예(禮)를 다 하고, 신하는 성의 있게 군주를 받들어야 한다.

君使臣以禮 臣事君以忠

이 구절은 공자가 제자의 물음에 대해 답한 말이데, 군주가 신하를 쓸 때에는 예법(禮法)에 맞게 대접해야 하고, 신하(臣下)가 군주를 모실 때에는 성실해야 한다고 말한 것이다.

그러나 공자가 사군(事君), 즉 군주를 어떻게 보좌해야 하는 가에 관해서는 군주에게 맹종(盲從)하면 안 된다는 말이 여기저기 나온다.

(11-24) 그렇다면, 군주를 따르기만 하는 신하가 아니냐?

然則從之者與

(14-25) 자로(子路)가 군주를 모시는 데 대해서 여쭤 보니, 선생님께서 말씀하시기를, "군주를 속이지 말고 (잘못이 있으면) 말려야 한다."라고 하셨다.

子路問事君 子曰 勿欺也 而犯之

첫 번째 예(11-24)는 공자의 제자 둘이 노(魯)나라 신하로 있을 때 얘기인데, 그의 제자들이 제대로 정무(政務)를 보지 못하고 있다는 것을 꾸지람하는 말이다. 둘째 이야기(14-25)는 제자 자로(子路)가 사군(事君)에 대해서 물었을 때, 공자가 한 말이다. 군주를 모실 때, 속이지 말고, 또 잘못이 있으면 반드시 말려야 한다는 말이다. 여기서, 범(犯)字는 현대 우리말의 죄를 짓는다는 뜻이 아니고, 잘못을 말린다는 뜻이다.

제4화. 충효(忠孝)의 대상이 군주였나?

오늘날 충효(忠孝)라는 말은 현대 유교 사회의 상징적인 최상의 덕(德)으로 올라 있다. 이 사실은 공자가 의도한 것인가? 아닐 것이다. 논어에는 충효(忠孝)라는 복합어(複合語)는 일절 나오지 않는다. 이것은 유교가 변질하였음을 의미하는데, 이러한 변질은 유교가 국교(國教)로 성립된 한대(漢代) 초기(기원전 156년)부터 시작되었다, 그때부터 忠의 대상은 주로 군주(君主)로 바뀌고, 충(忠)뿐만 아니라 효(孝)라는 말까지도 군주를 대상으로 쓰이기 시작했다. 이러한 변질이 후세 유가들이 공자의 가르침을 오해한 데서 기인한 것일까? 이것은 오해가 아니라, 의도적으로 곡해한 것으로 생각할 수밖에 없다. 강대한 중앙집권 체제가 확립되었을 때에 유학자(儒學者)들이 자진해서 황제 숭배를 위해서 유교를 왜곡했을 것이다. 무슨 사상이라도 권력과 손을 잡으면 타락하는 법이다. 원래의 忠이 그저 보통 사람을 대상으로 한다는 것은 이미 앞에서 보았으니, 이제 효(孝)에 대해서 고찰하기로 하자.

우리가 잘 알고 있듯이, 자식으로서 부모를 사랑하고 경애(敬愛)한다는 것은 당연한 일이다. 孝로서 상징되는 가족끼리의 사랑은 어떤 동물에도 있는 본능이니, 배울 필요도 없고 강조할 필요도 없는 것 같다. 그러나 자세히 보면, 인간의 가족애와 동물의 가족애에는 중요한 차이가 있다. 동물의 가족은 평생 지속되지 않는다. 새끼들이 성장하면 서로 이

산한다. 그에 비하여, 인간의 가족은 그들의 연대성(連帶性)이 끊어지지 않으며, 부모가 죽은 후에도 지속된다. 이것이 조상숭배(祖上崇拜)와 혈족주의(血族主義)의 시작이 되고, 사회적으로 제도화된다. 이러한 풍습은 어느 사회에도 있겠지만, 유교 사회에는 조상숭배(祖上崇拜)와 혈족주의(血族主義)가 유난한 것 같다. 이러한 경향이 공자의 가르침에서 시작된 것일까? 그런 것 같지가 않다. 공자가 孝를 중시한 이유는 다른 데 있었다. 공자에게는, 孝라는 소박한 사랑이 이상적 사랑이며, 仁을 향한 멀고 먼 길을 가는 좋은 시발점이 될 수 있다는 것이다.

공자는 효(孝)에 대해서 그 이상의 중요성을 부여하지 않았다. 그런데 이 공자의 사상이 한대(漢代) 후에는 역행을 한다. 효(孝)의 대상이 오히려 더 좁아져서 한 인간, 즉 군주나 황제로 집중된다. 이렇게 되리라고는 공자는 꿈에도 상상하지 못했을 것이다.

실은 공자는 효(孝)에 대해서 많이 언급하지 않았다. 논어의 총 522장 중, 孝에 대한 구절은 겨우 13장밖에 되지 않는다. 또 그 13장은 논어 20편 중에서 3편에만 나온다. 학이편(學而篇)에 넷, 위정편(爲政篇)에 다섯, 이인편(里仁篇)에 넷, 그것이 전부이다. 먼저 學而編에 나오는 孝에 대한 공자의 말을 살펴보자.

(1-11) 선생님께서 말씀하셨다. "부친이 살아 계실 동안은 그 뜻을 잘 이해하고, 부친이 돌아가신 후에는 부친이 실천하신 일을 생각하여, 삼 년 동안 부친이 살아가신 길을 바꾸지 않는다면, 참다운 효자라고 할 수 있을 것이네."

子曰 父在觀其志 父沒觀其行 三年無改於父之道 可謂孝矣

이 구절은 유교 사회에서 흔히 행하는 삼년상(三年喪)의 근원이 되어 있다. 삼 년이란 세월은 부모가 갓난아이에게 항상 눈을 떼지 않고 양육했으니, 적어도 자식이 삼 년 동안은 상을 지내야 한다는 말이다. 그러나 이것을 문자 그대로 효자의 기준으로 삼은 후세 유가들은 공자의 진짜 뜻을 제대로 보았다고는 할 수 없다. 필자는 공자가 그저 그 당시의 삼년상의 풍습을 긍정적으로 말한 것에 지나지 않는다고 보고 싶다. 공자가 한 말이 반드시 그 천재적 관찰력을 반영하지는 않을 것이다. 그는 본래 온화한 인품이었기 때문에, 별 큰 뜻 없이 한 말도 많을 것이다. 제자들이 그런 것도 기록했다가 논어에 섞여 들어갈 수도 있었을 것이다. 그리고 또 이 구절을 자세히 들여다보면 문제점이 있다. 즉, 부친의 뜻이나 행적이 반드시 옳다는 보장이 어디 있는가? 보존할 만한 것도 있고, 버려야 할 만한 것도 있을 것이다. 후세 사람들은 너무나 공자를 신성화(神聖化)했기 때문에 이런 구절까지도 유교 교리에 편입했을 뿐 아니라, 孝의 개념을 잘못된 조상 숭배, 혈족주의로 연장하여 유교의 보수적 성격을 조성한 것 같다. 공자가 孝에 대하여 말한 몇 장을 좀 더 보자.

(2-6) 맹무백(孟武伯)이 효에 대해서 여쭸더니. 선생님께서 말씀하셨다. "부모님께서 걱정하시는 것이 오직 자식의 건강뿐이라면, 효자라고 할 수 있을 것이다."

孟武伯問孝 子曰 父母唯其疾之憂

(2-7) 자유(子游)가 효에 대해서 여쭤 보니, 선생님께서 말씀하시길, "요새 효자라는 사람들은 그저 부모를 먹여 살리면 된다고 생각하는 모양인데, 그렇다면 개나 말을 먹여 살리는 것과 무엇이 다른가? 부모를 존경하는 마음이 없으면, 아무 다름이 없다."

子游問孝 子曰 今之孝者 斯謂能養 至於犬馬 皆能有養 不敬何以別

(2-8) 선생님께서 말씀하셨다. "제일 어려운 것은 부모님 앞에서 얼굴 표정을 항상 유화하게 지키는 것이다. 일이 있으면 너희들이 하고, 음식이나 술이 있으면 부모님께 올린다든가 하는 것만으로 효라고 할 수 있을까?"

子曰 色難 有事弟子服其勞 有酒食先生饌 曾是以爲孝乎

첫째 구절(2-6)은 부모가 자식에 대해서 아무 걱정거리가 없도록 하는 것이 孝라는 것이니 당연한 말이다. 둘째 구절(2-7)은 효행은 부모를 모시고 살면서, 의식주(衣食住)에 불편 없이 하는 것만으로는 孝라고 할 수 없고, 항상 부모를 존경하는 마음이 있어야만 孝라고 할 수 있다는 말이다. 셋째 구절(2-8)은 진정한 효심은 안색을 늘 부드럽게 지니고 부모를 즐겁게 해 드려야 하는 것이 중요하다는 말이다. 여기까지는 효에 대하여 별 특기할 만한 뜻은 없는 것 같다.

그러나 아래의 구절(4-18)은 특이하다. 부모에게 잘못이 있을 경우는 어떻게 하느냐 하는 어려운 경우에 관한 이야기다. 공자의 성품이 잘 나타나 있다.

(4-18) 선생님께서 말씀하셨다. "부모님께 잘못이 있을 때에, 몇 번 고치시도록 말씀드리고 듣지 않으시면, 그래도 부모님을 존경하고 역정을 내지 않을 것이며, 힘들겠지만, 원망하지 않아야 한다.

子曰 事父母幾諫 見之不從 又敬又違 勞而不怨

공자는 무작정 자기의 의견이 옳다고 주장하는 성품이 아니다. 특히 연장자를 늘 존중하고 경의를 표하는 사람이었으니, 이 구절은 그의 말이 옳든 그르든 공자다운 태도이다. 이러한 어려운 문제를 다룬 구절이 또 하나 있다. 아래의 예(13-18)는 실로 어려운 진퇴양난(進退兩難)의 문제를 다룬 구절이다.

(13-18) 섭공(葉公)이 공자에게 말하기를, "우리 지방에 정직하기로 유명한 자가 있는데, 그는 자기 아비가 양(羊)을 훔친 것을 고발했답니다."
공자는 그 말을 듣고, "우리 마을에서 정직하다는 자는 그럴 때 아비는 자식의 잘못을 숨기고, 자식은 아비의 잘못을 숨겨 줍니다. 그것을 정직하다고 합니다."라고 하셨다.

葉公語孔子曰 吾黨有直躬者 其父攘羊 而子證之

孔子曰 吾黨之直者於是 父爲子隱 子爲父隱 直在其中矣

어느 소국의 군주(君主)인 섭공(葉公)이 자기 지방의 백성이 정직하다는 것을 자랑하는 이야기이다. 이에 대하여 공자는 부자(父子)가 서로 감싸 주는 가족 사랑이 더 귀중하다는 말을 한 것이다. 이 공자의 말이 옳은지 그른지 판단하기 매우 어렵다. 그러나 이 이야기에는 그의 너무나 인간적인 성품이 잘 나타나 있다. 이런 문제를 솔직히 다룬다는 것 자체가 독자들로 하여금 깊이 생각하게 하는 일이다.

그러나 공자가 효(孝)를 그만큼 중시한 이유는 두 가지인 것 같다. 첫째로 가족끼리의 사랑은 무엇보다도 강하고 보상을 바라지 않는 헌신적인 무조건의 사랑이고, 仁이라는 이상, 즉 인류 "사랑"도 그러한 사랑이어야 되는데, 다만 사랑의 대상을 "가족"에서부터 "모든 사람"으로 대치(代置)했을 뿐이다. 둘째는 가족사랑은 구체적이고 누구나 잘 아는 감정이기 때문에 대중들이 그만큼 이해하기가 쉽다. 그래서 공자는 이 점에 착안하여, 孝를 仁을 향한 가장 효과적인 교육 방법으로 삼았다고 볼 수 있다. 그러나 한대초기 유학자들은 공자의 원대한 윤리관을 잘 이해하지 못하고, 공자가 그저 여러 덕행을 평탄하게 나열한 것으로 오해한 것이라고도 볼 수 있다.

필자는 공자를 성자(聖者)로 생각하지 않는다. 성자, 구세주, 황제, 천황, 절대 독재자 등 초인간적 존재를 등장시키는 일은 역사에서 흔한 일이다. 필자는 공자를 초인간적 존재로 보지 않고, 역사에 보기 드문 위대한 철학자로 보고 싶다. 그렇다면, 논어에 비치는 공자상(孔子像)에는, 문헌학적으로 신빙성이 희박한 것은 제외하더라도 인간적 약점이나 단점이 보일 수 있음은 당연할 것이다.

제5화. 유교(儒敎)가 언제 변질했는가?

공자가 후세의 유교를 본다면, 유교가 무슨 종교인지, 누가 창시자인지 알아보지도 못할 것이다. 권력자에게 절대 맹종을 요구하는 "충성(忠誠)," 위정자(爲政者)들의 당파(黨派) 싸움, 일반 대중의 조상숭배, 예식을 과대 중시하는 형식주의, 유교 사회의 보수적 경향, 공자의 말을 인용하면서 틀에 박힌 해석을 하는 도학자를 보고 놀랄 것이다. 보편적인 인류 사랑을 가르친 仁의 이상, 남을 남으로만 보지 않고 가족끼리의 따뜻한 사랑과 같이 배려하고 도와줄 수 있는 마음, 자기 안에 내재하는 동물적 욕망을 굴복시켜 인간다운 인간으로 완성하려는 끊임없는 노력, 독자적인 사고와 선택 등은 거의 언급 되지도 않는다. 이런 점은 우리나라 근세조선 시대에 현저하며, 오늘날까지도 그 잔재가 많이 남아 있다. 긴 중국 역사를 통해서, 儒敎에 여러 가지 변화가 있었다는 것은 당연하기는 하나, 여기서 간략하게 왜, 언제, 어떻게 변했는지 살펴볼 필요가 있다,

공자의 세계는 중국 황하(黃河) 유역(流域)에서 일어난 동양 최초의 문명(기원전 4,000년)에 속하는데, 공자가 뚜렷이 의식한 시대는 기원전 1,000년쯤에 그 일대를 통일한 주왕조(周王朝)였을 것이다. 주왕조는 약 300년 후에 실권을 잃고, 여러 군소국으로 분열되어 춘추시대(春秋時代)라고 불리는 시대로 들어간다. 공자(기원전 551년~ 479년)는 바로 이

시대에 살았던 사람이다. 공자가 살았던 춘추시대(春秋時代)부터 한대(漢代)까지의 역사를 고대 중동문화와 대조해서, 도표로 본다면 대략 아래와 같다.

<table>
<tr><th>770 BC →</th><th>450 BC → ～</th><th>221 BC</th><th>202 BC →</th><th>8 AD</th><th>25 AD → 220 AD</th></tr>
<tr><td>춘추(春秋)시대</td><td>전국(戰國)시대</td><td>진(秦)
제국</td><td>전한(前漢)</td><td>신
(新)</td><td>후한(後漢)</td></tr>
<tr><td rowspan="2">공자
(551~479BC)</td><td>맹자(孟子)
(372~289 BC)</td><td>진시황
(秦始皇)</td><td>高祖 ---武帝
(141 BC)</td><td></td><td></td></tr>
<tr><td>유교의 성립</td><td>유교
박해</td><td colspan="3">유교의 국교화(國教化)</td></tr>
<tr><td colspan="6">페르시아 왕국 (539~333 BC) 고대 희랍 문화 ———〉 로마 제국 ———〉</td></tr>
</table>

공자 때는 아직 유교가 성립되기 전이고, 그 당시 중국의 종교는 일종의 정령을 믿는 원시 종교였다. 현대 학자들은 이것을 원유교(原儒教)라고도 부른다. 공자의 가르침을 중심으로 유교가 성립된 것은 전국(戰國)시대 말에 소위 제씨백가(諸氏百家)라고 불리는 여러 학설이 성행했을 때였을 것이다. 그 후 기원 前 221년에 진시황(秦始皇)이 중국 전토를 통일하고, 유교서(儒教書)를 불태우고, 유학자(儒學者)들을 학살했다. 다행히 진(秦) 왕조는 바로 망하고 만다.

기원 前 202년에 농민출신인 고조(高祖)가 한(漢)나라를 건립한 후, 7대 황제 무제(武帝)가 기원 前 141年에 즉위하여 유교(儒教)를 관학(官學)으로 삼았다. 관리 양성을 위해 大學을 설치하고 오경(五經)을 선정하였으며 귀족 자제들을 가르치게 해서 관리등용과 양성의 길을 열었다. 그러나 이때에 유학자들은 秦시황의 유교 박해로 없어진 여러 경서(經書)를 재편집하는 큰 난관에 부딪쳤다. 그러나 유가들에게 이 난관은 동시에 황제의 환심을 사는 절호의 기회이기도 했을 것이다. 우리가 지금 알고 있는 경서들은 거의 다 한대 초에 재편집된 것이며, 편집 과정에 있어서 새로이 편입된 것이 많다는 것이 현대 학자들의 의견인 것 같다. 武帝의 시대(141 ~ 87 BC)는 공자(551 ~ 479 BC) 때부터 이미 600년 이상 지난 후이니, 그 당시의 사람들은 논어나 오경(五經)을 제대로 재구성하고 해독하기가 쉬운 일이 아니었을 것이다.

한(漢)의 무제(武帝)는 그의 영토를 서방(西方), 남방(南方 : 지금의 월남(越南)까지), 또 동북방(東北方)까지 확장했다. 이때에 요동(遼東)과 한반도 북부(北部)에 漢의 사군(四郡)이 설치되고, 한반도는 처음으로 중국 문화권(文化權)에 들어가게 되었던 것이다. 이 상태는 한대(漢代) 말까지 4세기 동안 지속됐다. 그리고 그 후 한국문화는 현대에 이르기까지 중국 본토의 유교 변천을 반영해 왔다.

漢代 후, 그보다 더 큰 유교의 변화는 송왕조(宋王朝) 때였다. 그때, 중국에 뿌리를 내린 불교(佛敎)와 도교(道敎)에 대항하기 위해 주희(朱熹)(1130~1200AD)가 거대한 우주론(宇宙論)과 형이상학(形而上學)을 유교에 도입하였다. 이것을 흔히 주자학(朱子學)이라고 부르는데, 이 학설이 중세(中世)에 유교의 주류(主流)가 됐던 것이다. 이 주자학(朱子學)이 바로 우리가 아는 유교(儒敎)이다.

제2장

사람으로서의 자기 완성(自己 完成)

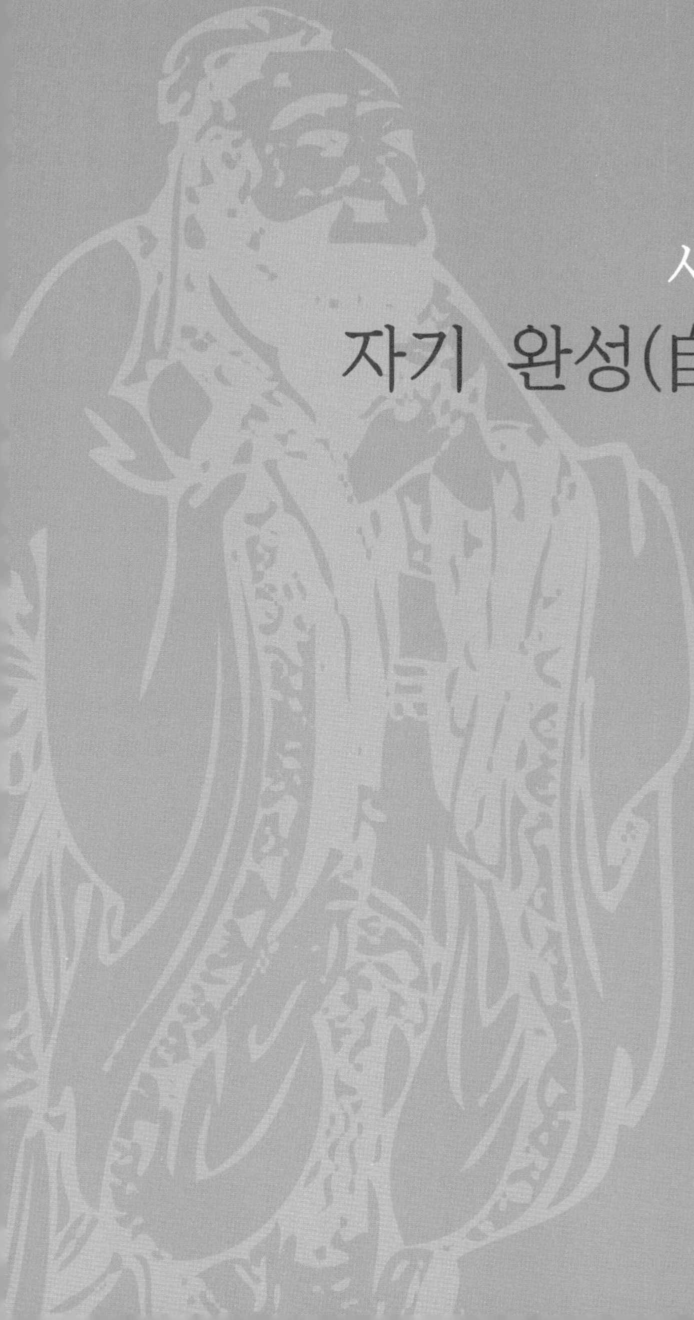

제1화. 군자(君子)와 소인(小人)

공자는 인간의 이상을 인(仁)이라는 말로 상징하여, 仁은 바로 사람을 사랑하는 것이라고 했다. 그리고 仁을 향하여 가는 길을 사람이 마땅히 걸어야 할 도(道)라고 했다. 인간은 당연히 사람다운 인간이 되어야 한다는 말이다. 사람은 다른 사람 없이 존재할 수 없다. "나"라는 의식은 "타인(他人)" 없이 생기지 않는다. 갓난아이는 어머니를 의식함으로써 처음으로 자아(自我)의식이 생기며, 그 의식은 필연적으로 어머니에 대한 "사랑"을 낳는다. 공자가 말하는 사랑은 자기 욕망을 채우려는 행위나 소유욕이 아니라, 타인에 대한 배려이고 책임감이며 잘되기를 바라는 마음이다. 공자는 이것을 인간 본래의 모습이라고 생각한 것이다. 그러나 아이는 성장하면서 다양한 인간 사회 양상에 오염되어 본래의 모습을 많이 잃게 된다.

인간이 사는 길은 다양하고 여러 가지 상극(相克)되는 방향이 있다. 그래서 우리는 언제나 어떻게 살아야 하는가 하는 선택의 기로(岐路)에 서게 된다. 여러 가지 선택이 있지만 크게 보면 두 갈래로 나누어 생각할 수 있을 것이다. 하나는 아무 분별없이 그저 대중이 움직이는 대로 따라가는 것이고, 또 하나는 독자적으로 어떻게 살 것인가 고찰하고 선택하는 것이다. 전자는 사고(思考) 결핍 때문에 생기는 습성, 혹은 태만이고 후자는 무엇인가 인생의 의미를 추궁하는 지향성을 뜻한다. 그러나 우리 보통 사람들은 이 두 갈림길을 왔다 갔다 하면서 살고 있는 것 같다.

인간 세계의 모든 현상을 원인과 결과의 연속뿐인 인과론(因果論)만으로 해석할 수는 없다. 인간은 다른 동물처럼 환경과 자질에 의해서 전적으로 규정할 수는 없을 것이다. 우리는 각기 자기 인생의 의미를 선택할 자유가 있다. 물론 인간도 동물이니 동물적 본성도 있으나, 동시에 인간다운 선택을 할 수 있는 양면성(兩面性)이 있다. 이 인간다운 자질이 우리로 하여금 다른 동물이 가질 수 없는 이성(理性)과 윤리성(倫理性) 그리고 예술성(藝術性)을 추구할 수 있게 하는 것이라고 할 수 있다. 공자가 말하는 군자(君子)는 바로 이 인간만이 가질 수 있는 이상을 향하여 노력하는 사람이고, 소인(小人)은 물질적 욕구, 아니면 아무런 사고(思考) 없이 행동하는 사람을 뜻한다.

군자(君子)라는 말은 아마 그 시대에 흔히 쓰이던 관용어에 지나지 않았을 것이다. 본래의 뜻은 문자 그대로 君主의 아들이었겠지만, 그 뜻이 넓어져서 귀족, 상류층의 자제 혹은 선비를 지칭하는 말이 되었을 것이다. 우리나라 말로는 근세 후 현대까지도(뜻은 좀 바뀌었지만) 남아있는 "양반"이란 말에 해당할 것이다. 공자는 이 말을 "인간다운 인간" 혹은 "도의성이 월등한 사람" 혹은 막연히 "훌륭한 인물"이라는 뜻으로 다양하게 썼던 것 같다. 그러나 이 말의 정확한 정의는 중요치 않다. 공자는 군자(君子)와 소인(小人)이라는 대조를 제자 교육의 방도로 삼았을 뿐이다.

공자는 어떤 때에는 군자라는 말을 단순히 선비라는 뜻으로 쓰기도 하고, 또 어떤 때에는 공자 자신에 대해서도 군자(君子)라는 말이 해당치 않다는 말을 할 때도 있다.

(7-32) 나는 군자(君子)로서의 도(道)를 실천하는데 있어서는, 아직 부족함이 많다네.

躬行君子 則吾未之有得也

이 말은 술이(述而)편에 나오는데, 여기서는 군자라는 말이 공자 자신도 달성하지 못한 이상(理想)적 인물이라는 뜻으로 쓰이고 있다. 더 말할 것도 없이, 이 구절은 실천의 중요함을 가르치는 말이다. 공자는 군자라는 말을 통해 배움과 사고(思考), 사람을 아는 지혜, 모르는 것을 모르는 것으로 보류하는 능력, 의지와 지향성, 자기를 이기는 힘, 과실의 원인과 수정, 때와 형편에 따라 적절하게 대처할 수 있는 유순(柔順)한 마음, 남에 대한 경양(敬讓)과 화목 등에 대하여 많은 교훈을 남겼다.

제2화. 배움과 사고(思考)

공자가 말하는 학문은 고전(古典)을 뜻할 때도 있으나, 무엇보다도 사람을 아는 것, 즉 지인(知人)이다. 학이(學而)편에 일찍이 아래와 같은 구절이 나온다.

(1-16) 선생님께서 말씀하셨다. "남이 너를 알아주지 않는다고 걱정하지 말고, 네가 남을 알지 못하는 것을 걱정해야 한다."

子曰 不患人之不己知 患己之知人也

우리는 흔히 타인이 자기를 잘 봐 주기를 바란다. 이런 마음은 보통 허영이나 이기심이 바탕이 되어 있다. 쓸데없는 심리다. 내가 타인을 아는 것은 동시에 자기 자신을 알게 된다는 말이다. 인간에 대하여 진정한 지식과 지혜를 넓힐 수 있는 방법은 무엇일까? 공자는 학(學)과 사(思), 즉 배움과 고찰(考察)을 각별히 강조한다. 이 두 방법은 사람의 두 발처럼 반드시 함께 있어야만 제대로 걸을 수 있고, 하나만 가지고는 걷지 못한다. 이 뜻을 공자가 다음과 같이 말하는 구절이 위정(爲政)편에 있다.

(2-15) 배우기만 하고 생각을 하지 않으면 어둡고, 생각만 하고 배우지 않으면 위태롭다.

學而不思則罔 思而不學則殆

여기서 배움은 넓은 뜻으로 사람 간의 대화(對話)라고 볼 수 있다. 대화의 상대는 가까운 사람도 좋으나, 시간과 공간을 넘어서 넓으면 넓을수록 좋다. 학교 선생일 수도 있고, 선배일 수도 있고, 친구일 수도 있고, 책일 수도 있고, 먼 다른 지역의 외국인도 좋고, 오래전 옛날 사람이라도 좋다. 사람은 누구한테서나 배워야 한다. 그러나 남의 말을 그대로 믿을 수는 없다. 특히 상식이라든가, 권위(權威)라든가, 관습이라든가, 주변에 많은 사람이 믿는다 등의 이유는 반드시 받아들일 이유가 못 된다. 중요한 정보일수록 침착하고 자립적 고찰이 요구된다. 여기서 망(罔)이라는 말은 어둡다는 뜻이다. 아무리 새로운 지식이 주입(注入)되어도 자립적으로 생각하지 않으면 자기 것이 되지 않을 터이니, 머릿속이 어두운 채로 남게 된다. 그와 반대로 혼자서 아무리 열심히 생각을 해도, 다른 사람한테서 배우지 않거나 대화가 없으면 독단이나 독선이 되기 쉬운 위험성이 크다는 교훈이다.

이 교훈은 알기 쉽고 당연한 것 같이 들리나, 반드시 쉬운 일이 아니다. 어느 인간사회에 있어서도 대중의 유행이니 시대의 추세는 막강한 압력이 있고, 그 사회 구성인원인 각 개인의 사고력을 마비시키는 힘이 있다. 비근한 현대사에 예를 보자. 군국주의 국가의 외침 전쟁이나 독재자의 절대 통제 정치는 그 나라 대중의 열광적 지지를 받지 않았는가?

독일의 히틀러(Hitler)나 일본의 도죠(東條)의 예를 볼 필요도 없다. 공자가 이러한 권력자나 대중의 압력을 이기고 자립적 사고력을 길러야 한다고 강조하는 교훈이 위령공(衛靈公)편에도 나온다.

(15-28) 선생님께서 말씀하셨다. "사람들이 모두 미워하더라도 반드시 신중히 살펴보고, 모두가 좋다 하더라도 반드시 신중히 살펴보아야 한다."

子曰 衆惡之必察焉 衆好之必察焉

모든 주석은 여기의 구절 중오지(衆惡之)와 중호지(衆好之)의 대상을 사람으로 해석한다. 이 해석이 옳을 것이다. 그러나 필자는 그 대상이 반드시 사람이라고는 해석하지 않는다. 보통 사람이라는 뜻은 인(人)이나 자(者)로 표시하고 지(之)라는 대명사를 쓰는 것 같지 않다. 하여튼, 원문은 폭넓게 해석할 수 있는 여지가 있는 것 같다. 그 대상이 무엇이라도 관계없다. 사람일 수도 있고, 사실일 수도 있고, 사상일 수도 있다. 그렇게 보면 이 공자의 말이 더욱 넓게 응용되는 교훈이 된다고 본다.

옛날이나 지금이나 사람은 사물을 자세히 살펴보지 않고 대중이 움직이는 대로 따라가는 동물적 습성이 있다. 특히 우리 현대사회는 정보 범람 시대라서 텔레비전, 컴퓨터, 신문 잡지 광고들로 젊은 세대나 성인들이나 끊임없이 선전 폭격을 받고 있다. 정치인이나, 상업체나 기득 이권자들은 아무리 공허한 표어나 선전이라도 여러 번 되풀이하면 대중이 받아들이고 믿는다는 것을 잘 알고 있기 때문이다.

교육자들은 진정한 교육을 하려면, 학생들을 하여금 자립적 사고력을 기르는 것이 전문 지식보다 더 중요하다는 것을 인식해야 한다. 그러나 불행히 현대 교육제도는 이러한 인간 교육을 등한시하고 있는 것 같다. 사회의 지도자나 교육자들은 윤리 혹은 철학을 (꼭 그런 용어를 쓰지 않더라도) 초등학교서부터 고등교육까지 필수 과목으로 규정해야 한다고 본다. 그리하여 그러한 학문이 모든 분야에 활성화(活性化)된다면 비교적 단시일 내에 사회 전반에 큰 변화가 일어날 수 있을 것이다.

공자는 자립적 사고(思考)를 강조하지만, 그 이상 배움을 중시하는 인상을 주는 구절도 여기저기 보인다. 위령공(衛靈公)편에 나오는 공자의 말을 보기로 하자.

(15-31) 선생님께서 말씀하셨다. "나는 이전에 하루 종일 먹지도 않고, 밤새도록 잠도 안 자고 생각을 해 본 일이 있는데, 별 소득이 없었다. 아무래도 배우는 것만 못하다네."

子曰 吾嘗終日不食 終夜不寢 而思 不益 不如學也

여기에 학(學)이라는 말은 시(詩) 아니면 서(書) 같은 고전을 읽고 공부한다는 뜻으로 해석할 수 있지만, 그저 선생이나 독서를 통하여 배운다는 뜻으로 넓게 해석할 수도 있고, 그보다 또 한층 넓게 아무한테서나 대화 혹은 관찰을 통하여 배우는 자세로 볼 수도 있다. 공자와 같은 대천재라도 사고(思考)만으로는 소득이 없다고 하니, 보통 사람은 말할 것도 없다. 배움은 누구한테서나 얻을 수 있다. 자기보다도 못한 사람한테서도 무엇인가를 배울 수 있다. 이 뜻을 가르치는 유명한 구절이 술이(述而)편에 있다. 논어를 읽지 않은 사람도 들어 본 일이 있을 것이다.

(7-21) 선생님께서 말씀하셨다. "나는 세 사람 동행으로 다니면 반드시 내 스승을 얻을 수가 있다. 선한 사람을 골라서 그를 따르고, 선하지 못한 사람을 보면 거울삼아 나의 잘못을 고친다."

子曰 我三人行 必得我師焉 擇其善者而從之 其不善者而改之

이것은 공자가 누구한테서나 무엇인가를 배울 만한 것을 발견할 수 있다는 말을 한 것이다. 왜 삼인(三人)인가 하면, 공자 자신이 하나요, 선(善)한 사람이 하나요, 또 선하지 못한 사람이 하나라는 뜻인데, 선한 사람한테서는 선한 점을 배우고, 선하지 못한 사람한테서는 자기 자신을 내성하여, 무엇을 고쳐야 하느냐는 점을 배워서 고친다는 뜻이다.

또 공자는 배움에 있어서 누구나 빠지기 쉬운 함정에 대해 경고를 해 준다. 위령공(衛靈公)편에 나오는 아래의 구절은 사람을 올바르게 판단하는 능력과 진실을 제대로 파악할 수 있는 능력을 기르는 좋은 교훈이라고 할 수 있다.

(15-23) 군자는 사람의 말만을 듣고 그 사람을 높이 평가하지 않으며, 또 좋지 못한 사람의 말이라 해서 그의 말을 버리지 않는다.

君子 不以言擧人 不以人廢言

이 구절은 사람이 어떠한 말을 하든, 말만 듣고서 그 사람을 판단하지 말 것이며, 또 그와 반대로 말하는 사람의 평판이 좋지 않다고 해서 덮어놓고 그 사람의 말을 배척하지 말라는 뜻이다. 공자의 말은 늘 간결하면서도 풍부한 함축성이 있어서 여러 가지 해석을 허용한다. 또 하나의 해석은 사람은 행동을 보지 않고 말만으로는 판단할 수 없으며, 올바른 말이라면 누가 한 말이라도 받아들여야 한다는 뜻으로 해석할 수도 있다. 독자도 새로운 해석을 찾아내기 바란다. 같은 편에 또 하나 비슷한 내용을 담은 구절을 보기로 하자.

(15-8) 선생님께서 말씀하셨다. "같이 대화할 만한 사람과 대화를 안 하면, 사람을 잃고, 대화할만하지 못한 사람과 대화하면, 말을 낭비하게 되는 것이니, 지혜로운 사람은 훌륭한 사람을 잃지 않으며, 또 말을 낭비하지 않는다."

子曰 可與言而不與之言 失人 不可與言而與之言 失言 知者不失人 亦不失言

실인(失人), 즉 사람을 잃는다는 말은 좋은 대화 상대나 동지를 잃는다는 뜻이고, 실언(失言), 즉 말을 잃는다는 말은 말을 쓸데없이 낭비하게 된다는 뜻으로 해석할 수 있다. 뜻을 같이하는 사람을 만난다는 것은 흔히 있는 일이 아니다. 더구나, 같이 대화나 토론을 할 수 있는 친구가 있다는 것이 얼마나 다행이고 기쁜 일인가? 이 장은 논어의 첫머리에 나오는 학이(學而)편 첫 장과 관련이 있을 것이다.

(1-1) 선생님께서 말씀하셨다. "배워서 때에 맞추어 복습하는 것이 또한 얼마나 기쁜 일인가? 친구들이 있어서 먼 곳에서 온다는 것이 또 한 얼마나 즐거운 일인가? 사람들이 자기의 진가를 알아주지 않는다 해서 노여워하지 않는다면 또한 군자라 하지 않을 수 있겠는가?"

子曰 學而時習之 不亦說乎 有朋自遠方來 不亦樂乎 人不知而不慍 不易君子乎

공자의 이 말은 제자들에게 배움에 대해서의 마음가짐을 가르친 학단의 표어처럼 해석되어 있다. 세 구절로 되어 있는데, 첫째는 배움의 기쁨이고, 둘째는 뜻을 같이하는 동지들과의 만남의 즐거움이고, 셋째는 배움의 목적이 오직 자기 개발을 위한 것이며, 벼슬이나 출세가 아니라는 점을 강조한 말일 것이다. 아마 논어를 편집하는 과정에서 제자나 손자뻘 되는 제자들이 모두 이 말을 잘 기억하고 있어서 논어의 서론처럼 첫머리에 편입한 것 같다.

같은 편에 공자의 짤막한 자서전(自敍傳)에 다음과 같은 말이 나온다. 이장의 전문은 다음 장에서 다시 보기로 하고 지금은 여기에 나오는 한 구절만 음미하자.

(2-4) 나는 나이 육십에 남의 말을 순순히 들을 수 있게 되었다.

六十而耳順

이 말은 짧아서 학자들 간에 해석이 조금씩 다르다. 문자 그대로 "귀가 순해졌다," 즉 남의 말을 순순히 들을 수 있게 되었다고 해석할 수 있고, 또 듣기 좋지 않은 남의 말을 들어도 감정적으로 반응하지 않게 되었다고 해석할 수도 있다. 또는 무슨 말을 들어도 바로 그 말의 핵심을 파악할 수 있게 되었다는 해석도 가능하다.

위대한 교육자이며 철인인 공자가 어찌 나이 육십까지 남의 말을 순순히 알아듣지 못했는가 하는 의아심이 들 수도 있겠지만, 남의 말을 순순히 들을 수 있다는 것은 결코 쉬운 일이 아니다. 보통 사람은 나이 육십이 되면 반대로 완고해진다. 그리고 젊은 사람의 말에 대해서 쉽게 화를 내기도 한다. 공자는 언제나 누구한테서나 뭔가를 배울 수 있는 여유와 능력이 있는 사람이다. 필자는 이 공자의 말과 앞에서 본 지자불실인(知者不失人: 15-8)과 일관되는 교훈으로 보고 싶다.

진정한 대화를 한다는 것은 결코 쉬운 일이 아니다. 우리는 흔히 상대방의 말을 똑똑히 듣지 않거나, 자기가 듣고 싶은 쪽으로 속단한다. 또 심한 경우에는 전연 듣지 않으려고 하거나, 또 자기감정에 따라서 제멋대로 곡해(曲解) 하거나, 상대방의 말꼬리를 잡아서 토론에 이기려고만 급급하거나, 그저 자기 말만 하려고 해서 남의 말이 귀에 들어오지 않을 경우가 적지 않을 것이다. 대화를 통해서 서로 성과가 있으려면, 상대에 대한 존경과 배려가 있어야 한다는 것은 당연한 일이다. 이것은 개인 간의 대화뿐만 아니라, 정치에서 국가 간의 대화에서도 마찬가지라고 생각한다.

제3화. 모르는 것을 모르는 대로 보류하는 지혜

위정편(爲政篇:2-17)에 다음과 같은 말이 나온다.

(2-17) 선생님께서 말씀하셨다, "유야, 너는 진실로 안다는 것이 무엇인지를 가르쳐 주마. 아는 것을 안다고 하고, 모르는 것을 모른다고 하는 것이 진실로 아는 것이다."

子曰 由 誨女知乎 知之爲知之 不知爲不知 是知也

공자 말의 핵심은 모르는 것을 모른다고 할 수 있는 능력이다. 자기의 인식의 한계를 제대로 안다는 것은 쉬운 일이 아니다. 모르는 것을 안다고 허세 부리는 것은 제외하더라도, 잘 므르는 것을 안다고 착각하는 경우, 또 확인할 수 없는 남의 말을 분별없이 믿는 일이 얼마나 많은가? 특히 그 믿기 어려운 말이 어떤 권위자, 권력자, 혹은 어떤 이권(利權)을 위한 선전일 경우, 덮어놓고 믿는다는 것은 현명하지 못할 것이다. 또, 친구, 동료 간에 유행이라든가, 그들이 다 믿는다든가, 누구나 다 잘 아는 상식이라든가 하는 이유는 믿는 이유가 못 된다. 믿음을 보류한다는 것은 깊은 자립적 사고(思考)와 용기가 요구된다.

인간의 쉽게 믿는 습성은 어디에 기인(起因)한 것일까? 사실, 인간뿐만 아니라 모든 동물은 본래 "믿는 동물"이라고도 할 수 있다. 원시시대의 인간이나 동물은 자연환경에서 항상 위급한 상태에 놓여 있었기 때문에, 생존하려면, 순식간에 반응할 수 있는 행동력이 필요했다. 그래서 환경의 조그마한 변화라도, 그것이 실지로 위험물인지 아닌지 판단할 시간이 없었다. 우선 위험물로 믿고 뛰어야 한다. 양(羊) 떼의 움직임을 봐도 그렇다. 각개 양은 떼의 움직임에 민감해야 한다. 이러한 원시적 본능이 지금도 인간사회에 존속되어 있어서, 인간은 시간의 여유가 생긴 오늘날에도 아직도 사물을 쉽게 믿는다. 그러나 지금은 이런 습성이 오히려 인간사회 발전의 걸림돌이 되어 있다. 이제는 인간이 쉽게 믿는 습성을 넘어서 사물을 잘 판단해야 하고, 또 판단이 어려울 때에는 그대로 속단을 보류할 줄 알아야 한다. 인간역사에서, 세계 어디서나, 어느 시대나, 철학 혹은 과학은 바로 이러한 "상식" 혹은 "믿음"에 대해서 회의(懷疑)를 가지고 재고찰하는 데서 시작이 된다. 위의 공자 말은 간결 하지만, 이러한 쉽게 믿는 습성에 대한 경구라 할 수 있을 것이다.

선진편(先進篇)에 있는 구체적 예를 또 하나 보자. 여기에도 자로(子路)가 등장하는데, 계로(季路)라고 나온다.

(11-12) 제자 계로(季路)가 "죽은 사람의 혼(魂)을 어떻게 섬겨야 합니까?"라고 여쭈니까,
선생님께서는 "나는 아직 산 사람을 섬길 줄도 모르는데 어떻게 죽은 사람을 섬길 줄 알겠는가?" 하셨다.
제자는 그다음, "죽음에 대하여 말씀하여 주십시오." 하니까,
선생님께서는 "나는 아직 삶에 대해서도 잘 모르는데, 어찌 죽음에 대해서 알겠느냐?" 하셨다.

季路問事鬼神 子曰 未能事人 焉能事鬼 曰敢問死 曰未知生 焉知死

이 장은 공자와 제자 자로(子路)와의 재미있는 문답이다. 자로(子路)는 성은 계씨(季氏)이고, 유(由)가 이름이다. 성인이 된 후에 쓰는 자(字)는 자로(子路) 혹은 계로(季路)라고 한다. 그는 원래 협객(俠客)이었는데, 공자에게 감화를 받아, 스승의 충실한 동반자로서 일생을 마쳤다.

논어에는 공자가 모른다고 하는 말이 자주 보인다. 사람이 진정한 지식과 지혜를 얻으려면, 먼저 사람으로서 알 수 있는 한계를 알아야 한다. 신이라든가 죽음이라든가 사후에 어떻게 되느냐는 문제는 인간의 지식의 한계를 넘는다. "나는 사람을 위해 어떻게 해야 하는지도 충분히 알지 못한다. 내가 귀신에 대해 무얼 알겠느냐." 또 "나는 인간의 삶에 대해서도 잘 모른다. 어찌 죽음이 무엇이라고 말할 수 있겠는가." 공자의 답이 얼마나 아름다운가? 그의 관심사는 어디까지나 우리 인생에 있었던 것이다.

오늘날에도 세계의 여러 종교는 여전히 사후(死後)의 천당, 천국, 지옥, 윤회 등 신앙의 보수(報酬)와 징벌(徵罰)을 미끼로 내세우면서, 속기 쉬운 대중을 끌어들이려고 애쓴다. 그러나 종교는 모두 사람에게 무언가 정신적으로 귀중한 것에 대한 비유 혹은 상징적 표현으로 봐야 한다. 그러지 않고, 문자 그대로 해석한다면, 독선, 독단 혹은 배타적인 편견밖에 되지 않는다. 인류 장래에 아무 도움도 되지 않을 것이다.

우리의 경험 세계에 이런 문제점은 얼마든지 있다. 또 한 예를 본다면, 20세기 영미(英美) 실증주의(實證主義) 철학자들은 논리나 언어구조가 인식론의 절대적 기반이라고 믿어 왔는데, 데리다(Derrida, J. 1930-2007)라는 프랑스 학자가 이러한 철학자들의 "믿음"을 근본적으로 부인함으로써, 인간의 언어나 논리가 인식론의 절대적 기준이 될 수 없다고 주장한 것이다. 이 주장은 철학계 최대의 쟁점으로 20세기 후반서부터 최근까지 가장 큰 관심사가 되어, 철학계의 위기를 초래했다고 해도 과언이 아닐 것이다. 본래 논리는 언어 명제(命題) 구조에서 유추(類推)된 것이고, 우주 만상을 논리만으로는 파악할 수 없다. 영미 철학자들은 물질의 본질을 탐구하는 물리학(物理學)에도 논리적으로 해명이 안 되는 신비로운 현상이 있다는 것을 들어보지도 못했다는 말일까? 아인슈타인(A. Einstein)의 상대성(相對性)원리(1905)나, 괴델(K. Gödel)의 불확실성(不確實性)원리(1940) 같은 설은 어디선가 들어 보기는 했을 터인데.

팔일(八佾)편에도 공자가 모른다고 하면서 재미있는 제스처를 하는 이야기가 있다.

(3-11) 어떤 사람이 체(禘)라는 제사에 대하여 여쭈어 보았더니, 선생님께서는 "나는 모른다. 그런 것을 설명할 수 있는 사람이 있다면, 그 사람은 온 세상에 모든 것을 이렇게 보여 줄 수 있을 것일세." 하시면서 손가락으로 손바닥을 가리키셨다.

或問禘之說 子曰 不知也 知其說者之天下也 其如示諸斯乎 指其掌.

이 문답은 해석이 여러 설이 있으나, 대략 노(魯)나라의 대부(大夫)가 격에 맞지 않는 제사를 감행하는 것을 마땅치 않게 생각한 공자가 말을 돌려서 책망하는 것이라고 해석하는 것 같다. 체(禘)는 왕실(王室)의 제사이니 노(魯)의 대부가 거행할 것이 아니라는 뜻이다. 이 해석이 옳을 것 같지만, 확인할 수는 없다. 그러나 단순히 공자가 잘 몰라서 모른다고 하고, 그런 것은 알 수가 없다는 점을 강조한 것으로 볼 수도 있다. 공자는 예절에 대해서 많이 배운 사람이지만, 잘 모르는 것을 아는 척하는 사람이 아니다. 손가락으로 손바닥을 찍는 동작은 세상에는 인간이 알 수 없는 것이 반드시 있다는 점을 강조하는 상징적 표현 이라고 해석할 수도 있다.

옹야(雍也)편에도 확인할 수 없는 것에 대한 말이 있다. 그런 경우에 어떻게 대처하는 것이 현명한 것일까?

(6-22, 셋째 구절) 귀신은 존경하되 멀리 하라.
敬鬼神而遠之

경원(敬遠)한다는 말의 어원은 이 구절에서 왔을 것이다. 다만, 우리 현대어의 경원 한다는 말은 뜻이 아주 같지는 않다. 지금은 그저 어떤 사람을 존경하면서 피한다는 말인데, 공자가 한 말은 사람들이 많이 믿는 것을 배려하여 경의는 표하되 사람이 알 수 있는 한계를 넘어서는 것을 쉽게 믿지 말라는 뜻일 것이다. 원래 귀신(鬼神)이라는 말은 죽은 사람의 혼을 뜻하는데, 여기서는 넓은 뜻에 있어서, 자연의 원천을 상징하는 말이라고도 볼 수 있다. 필자는 이 말을 앞에서 본 미능사인 언능사귀(未能事人 焉能事鬼:6-12)라는 구절, 즉 아직 사람도 제대로 섬기지 못하는데, 어찌 귀신을 섬길 줄 알겠느냐는 말과 상통되는 뜻으로 보고 싶다. 우리가 사는 경험의 세계도 충분히 알지 못하면서 어찌 초현실적 사물을 논할 수 있겠는가? 무엇보다 우리는 우리를 알아야 한다. 공자의 말이 간결하면서 얼마나 힘찬 표현인가? 그의 관심은 오직 인간이며, 인간만이 우리가 사는 인간 세계의 모든 사물의 기준이며 척도가 된다는 말이라고 해석할 수 있다.

이제 이장의 전문을 자세히 보기로 한다. 여기서 공자는 지(知)와 인(仁)에 대해서 조금 다른 각도에서 설명한다.

(6-22: 전문) 제자 번지(樊遲)가 지(知)에 대해서 물었다. 선생님께서는 말씀하시기를 "백성을 위해서 정의를 앞세워 힘쓰고, 귀신을 공경하되 멀리한다면, 지혜롭다고 할 수 있다"고 말씀하셨다. 이어서 제자가 인(仁)에 대하여 여쭤 보니까, 선생님은 "인(仁)이란 어려운 일을 먼저 하고, 자신을 위한 것은 그 후에 얻는다면, 인(仁)이라 할 수 있다"고 말씀하셨다.

樊遲 問知 子曰 務民之義 敬鬼神而遠之 可謂知矣
問仁 子曰 仁者 先難而後獲 可謂仁矣

이 장에서는 공자가 동문서답과 같은 말을 한다. 제자 번지(樊遲)가 지(知)에 대해서 물었을 때, 공자는 아래의 두 가지 교훈을 한다.

(1) 무민지의(務民之義): 백성을 위한 정의(正義)
(2) 경귀신이원지(敬鬼神而遠之): 귀신을 존경하면서 멀리함

다른 곳에서는 공자는 지(知)를 추상적으로 사람을 알게 되는 것이라고 하고, 여기서는 더욱 구체적으로 백성을 위하여 정의(正義)로운 사회를 구현하도록 노력하는 것이라고 설명한다. 그리고 위에서 보듯이 귀신을 공경하되 멀리하라는 교훈을 한다. 그 당시 사람들은 거의 다 귀신을 굳게 믿고 있었으니, 경의를 표하되 멀리하는 것이 지혜로운 일이라고 말한다. 이 가르침을 우리 현대에 응용한다면 종교를 굳게 믿는 사람들 앞에서 신(神)이 있느니 없느니 하는 말싸움은 말의 남용이요, 시간의 낭비이라는 말이 될 것이다.

공자에게 지(知)는 단순히 지식을 얻는다는 말이 아니라, 사람을 아는 것이고, 자기를 아는 것이고, 사람을 위하여 올바른 사회를 조성하는 길을 알게 된다는 뜻이다. 그렇다면 이 말은 동문서답이 아니다. 공자 눈

에는 정(政)이 따로 없고, 지(知)가 따로 없고, 인(仁)이 따로 없다. 논어를 제대로 읽어 보지 않은 사람은 공자가 일종의 정치꾼이고, 논어는 주로 정치 이야기라고 생각하는데, 이것은 완전히 틀린 인식이다. 공자에게 정(政)은 민(民, 즉 보통 사람)을 위한 정의(正義)를 뜻한 것이다.

이장의 후반에는 인(仁)에 대한 문답이 나오는데, 공자는 또 뭔가 동떨어진 답을 한다. 왜 그럴까?

(1) 선난(先難): 힘든 일을 먼저 하라.
(2) 이후획(而後獲): 그 후에야 자기를 위한 일을 하라.

공자는 여기서 새로운 각도에서 인(仁)을 설명한다. “어려운 일을 먼저 하고, 자기를 위한 일은 후에 하라.” 이 말은 실천의 중요함을 강조하는 것 같다. 아무리 고상한 이상(理想)을 가졌다 하더라도 실천이 없으면 아무 뜻이 없다. 그리고 인(仁)은 학문의 대상이 아니라, 일상생활에 있어서 행동의 기준을 말하는 것이다.

제4화. 공자의 실천 철학

공자는 배움과 고찰만을 강조하지 않는다. 아무리 많이 배우고 자립적 사고를 하더라도 실천을 하지 않으면 아무 뜻이 없다. 실천 철학에 있어서 무엇이 가장 중요한 관건이 되는가? 이상(理想)을 향한 굳은 의지, 그리고 사람이 빠지기 쉬운 과오(過誤)를 알면 서슴지 않고 고치는 능력이라고 할 수 있다. 위령공(衛靈公)편에 아래와 같은 구절이 있다.

(15-16) 선생님께서 말씀하셨다. "어떡할까, 어떡할까 하지 않는 사람은 나는 어떡하면 좋을지 모르겠구나!"

子曰 不曰如之何 如之何者 吾末如之何也已矣

여지하(如之何)는 "어떡할까?"라는 뜻인데, 이 말이 세 번이나 되풀이 된다. 여기서는 자기가 스스로 문제를 해결하려고 고민한다는 뜻이다. 얼마나 재미있는 표현인가? 그러한 의지 혹은 지향성이 없는 사람은 공자도 도와 줄 길이 없다고 한다. 또 자한(子罕)편에 있는 한 구절을 보자.

(9-26) 선생님께서 말씀하셨다. "대군의 사령관을 빼앗을 수 있어도, 일개 천민이라도 그의 뜻을 빼앗을 수는 없는 것일세."

子曰 三軍可奪帥也 匹夫不可奪志也

삼군(三軍)은 당시 군 조직에 있어서 거대한 대군단을 뜻하는데, 그들의 총사령관을 포로로 잡을 수 있어도 하찮은 일개 천민이라도 의지는 빼앗을 수 없다는 뜻이다. 이 말에는 세 가지 뜻이 함축되어 있다. 첫째로 인간이 굳게 지닌 의지는 그 아무도 막을 수가 없다는 것이며, 둘째로 인간의 준엄성의 선언이다. 그에게는 모든 인간존재가 가장 귀중한 것이며, 인간이 모든 가치관의 근원이 된다. 그 오래전 고대사회에서 누가 감히 이런 말을 입에 담는다는 말인가? 놀라운 일이다. 셋째로 여기서 군사라든가 강압적인 권력정치를 혐오하는 공자의 성품을 엿볼 수 있다. 100여 년 후에 이러한 공자의 뜻을 잘 이해한 맹자(孟子)는 더 직선적으로 표현한다. "사람이 가장 귀한 것이고, 그다음이 나라이고, 가장 가벼운 것은 군주(君主)이니라."(民爲貴 社稷次之 君爲輕: 민위귀 사직차지 군위경). 후세에 경직된 유학자들은 이러한 맹자를 위험 사상이라고 배척하지만, 이런 사상은 이미 공자 철학에서 시작되어 있던 것이다. 또 하나 자한(子罕)편에 있는 공자의 말을 들어 보자.

(9-19) 선생님께서 말씀하셨다. "말하자면, 산을 만들어 올리는 것과 같다. 만약에 내가 하다가 한 망태기를 남기고 그만둔다면, 나 자신이 그만둔 것이며, 또 땅을 갈아서 평지를 만드는 것과도 같다. 만약에 흙 한 망태기라도 파나간다면, 나 자신이 스스로 일을 진행시킨 것이 아니겠는가?"

子曰 譬 如爲山 未成一簣 止吾止也 譬如平地 雖覆一譬 進吾往也

이번에는 공자가 자기 자신을 극복해서 정진해 나가는 힘을 산을 지어 올리는 일과 땅을 다듬어 평지를 만드는 일에 비유한다. 아무 일이나 중도에서 하다 말거나, 끝까지 전진해 나가는 것은 자기 자신에 달린 것이고 자기 자신이 책임을 지어야 한다. 인(仁)을 향하여 정진하는 것도 궁극에는 자신의 의지에 달렸을 뿐이다.

실천철학에 있어서는 인간이 빠지기 쉬운 과오(過誤)에 대해서 깊이 고찰하지 않을 수 없다. 인간은 잘못이 없을 수가 없다. 중요한 것은 자기의 과오를 인식할 수 있느냐, 또 과오를 알았을 때에 서슴지 않고 고칠 수 있느냐가 문제점이 된다. 이인(里仁)편에 있는 공자의 말을 자세히 생각해 보자.

(4-7) 선생님께서 말씀하셨다. "사람의 잘못이란 각기 무리를 짓고 사는 데서 생기는 일이 많다. 그래서 사람의 잘못을 관찰하면 그가 인자한 사람인지 아닌지 알 수 있다."

子曰 人之過也 各於其黨 觀過斯知仁矣

이 장은 셋째 구절의 당(黨)이라는 말을 어떻게 이해하느냐에 따라 해석이 달라지는 것 같다. 역대 주석책 중에서 가장 오래된 고주(古註)서부터 내려오는 전통적 주석은 여기의 당(黨)이라는 말을 유형으로 해석한다. 주자(朱子: 1123-1200)의 신주(新注)도 대동소이 (大同 異)이라고 할 수 있다. 가장 보편적인 해석은 군자(君子)의 잘못과 소인(小人)의 잘못이 다르기 때문에 사람의 잘못을 관찰하면 그 사람이 군자인지 아닌지를 알 수 있다는 뜻으로 본다. 군자는 너무 후하고 친절하기 때문에 과실을 범하고, 소인은 너무 박해서 잘못을 저지른다 해석한다.

그러나 이런 해석은 무언지 석연치 않다. 왠지 공자답지 않은 말이다. 문맥으로 보아서 그렇게도 해석할 수 있으나, 당(黨)이라는 말은 다른 곳에서는 사람의 유형이라는 뜻으로 쓰이는 데가 없다. 이말은 단순히 같이 지내는 사람들, 아니면 한쪽으로 기울어진 당파성을 뜻한다. 즉 고향 사람이라든가, 동네집 사람들이라든가, 친구들이라든가, 청년회, 노인회 같은 사회적 소집단(小集團), 또는 공정치 못한 행동, 한쪽으로 편을 드는 당파적 경향을 말한다. 그래서 필자는 이 공자의 말은 "사람의 잘못은 각기 같이 지내는 무리의 당파성에 기인한다. 그래서 그런데에서

오는 잘못을 보면, 그들이 인자한지 아닌지를 알 수 있다."라고 해석하고 싶다. 그렇게 보면, 이 구절이 다른 장에 나오는 말과 잘 어울리게 된다.

사람은 항상 무리를 짓고 산다. 이러한 집단성은 사람뿐만 아니라 동물에도 있는 생존수단이라고 볼 수 있다. 그러나 동시에 이런 집단성 혹은 당파성은 흔히 사람의 자립적 사고력을 마비시킨다. 우리나라 근세 말기 역사의 예를 본다면, 동인(東人)이니 서인(西人)이니 하는 치열한 당파싸움이 망국(亡國)의 비극을 초래했다 해도 과언이 아닐 것이다. 이러한 당파성에 대한 공자의 말을 더 보기로 하자. 위령공(衛靈公)편에 다음과 같은 말이 있다.

(15-22) 선생님께서 말씀하셨다. "훌륭한 사람은 지조가 있으며 공정해서 사람들과 다투지 않는다. 사람들과 같이 잘 지내면서도 편협(偏狹)하게 한쪽으로 기울어지지는 않는다."

子曰 君子衿而不爭 群而不黨

여기서는 당(黨)이라는 말이 분명히 협소한 편당성(偏黨性)을 뜻한다. 그리고 그러한 편당성은 군자답지 못하다는 것은 말할 바 없다. 이 교훈의 핵심은 군이부당(群而不黨), 즉 사람들과 같이 모여 있어도 늘 화목하게 지내며, 남의 허물을 뜯거나 남과 다투지 않고, 편을 가르거나 당파적으로 한쪽으로 기울어진 언사나 행동은 하지 않는다는 점이다. 그렇다면, 위에서 본 구절(4-7: 人之過也 各於其黨)은 군자에게는 해당이 될 수가 없다. 군자도 사람이니 잘못이 없을 수는 없지만, 군자의 잘못은 편당적인 것일 수가 없다. 어떻게 군자가 사람의 무리와 작당을 한다는 말인가? 이러한 군자가 지녀야 할 성품을 더욱 구체적으로 설명하는 구절이 위정(爲政)편과 자한(子罕)편에도 있다.

(2-14) 선생님께서 말씀하셨다. "훌륭한 인물은 넓게 사람들과 사이좋게 지내되, 한쪽으로 기울어지지는 않는다. 그와 반대로, 작은 인물은 편협하고 한쪽으로 기울어져서 넓게 사람들과 화목하게 지내지 못한다."

子曰 君子周而不比 小人比而不周

여기에는 공자가 주(周)와 비(比)라는 말로 군자와 소인을 대조한다. 주(周)라는 말은 넓게 사람들과 화목하게 지낸다고 해석하기도 하고, 또 넓게 보편적인 각도에서 사물을 관찰하고 판단할 수 있는 능력으로 해석하기도 한다. 그와 대조적으로, 비(比)는 한쪽으로 기울어져 공정치 못한 당파성으로 해석하기도 한다. 현대 어느 사회를 보더라도 대부분의 정치인이니 권력층은 그저 자기네 이권을 위한 투쟁이 당연한 것으로 여기고 어떻게 해서 대중을 움직이느냐에만 부심할 뿐이며, 대중은 또 표어나 수적(數的) 우세에 현혹당하고 양 떼처럼 남이 눈치만 보고 움직인다. 자한(子罕)편에도 대략 같은 점에 대한 구절이 있다.

(13-23) 선생님께서 말씀하셨다. "훌륭한 인물은 남과 화목하게 지내되, 남의 말에 덮어놓고 동조(同調)하지는 않는다. 작은 인물은 남의 말에 덮어놓고 동조하되, 남과 사이좋게 조화를 이루지는 못한다.

子曰 君子和而不同 小人同而不和

이 장도 사람들과 여럿이 같이 지낼 때, 군자다운 태도와 소인의 태도의 차이가 어디에 있는가를 보여 준다. 여기서는 공자가 화(和)와 동(同)이라는 개념을 대조한다. 아무리 공자가 음악을 좋아 했더라도 설마 협화음(協和音)의 합창(合唱)과 제창(齊唱)을 생각한 것은 아니었겠지만, 흥미 있는 표현이다. 화(和)는 사람들과의 조화를 이루는 것이고, 동(同)

은 분별없이 사람들과 똑같이 행동하는 것이다. 부화뇌동(附和雷動)이라는 말이다. 공자는 이러한 뜻에 있어서 화목을 중시한다. 실은 예(禮)도 그 자체가 덕목이 아니고, 사람들과의 화목, 그리고 경양(敬讓)에 표현이라고 보는 것이 옳을 것이다.

제5화. 공자의 걱정거리

공자가 자신의 네 가지 걱정거리에 대해서 독백과 같이 말하는 구절이 술이(述而)편에 있다.

(7-3) 선생님께서 말씀하셨다. "덕을 닦지 못하는 것, 학문을 배워서 깊이 익히지 못하는 것, 정의(正義)를 듣고서 따라 행동하지 못하는 것, 옳지 못한 것을 알면서 고치지 못하는 것, 이런 것이 나의 걱정거리라네."

子曰 德之不脩也 學之不講也 聞義不能徒也 不善不能改也 是吾憂也

공자의 걱정거리 넷을 자세히 정리해 보자.

(1) 덕지불수야(德之不脩也): 덕(德)을 닦지 못하는 것,
(2) 학지불강야(學之不講也): 배움을 익히지 못하는 것,
(3) 문의부능도야(聞義不能徒也): 정의를 듣고서 따라 행동 못하는 것,
(4) 불선부능개야(不善不能改也): 옳지 못한 것을 알면서 고치지 못하는 것.

첫째로, "덕지불수야(德之不脩也)"라는 구절서부터 생각해 보자. 덕

(德)을 닦는다는 말이 무슨 말인가? 우리 현대인도 자주 듣는 말인데, 사실 우리는 무슨 말인지 잘 모르면서 쓴다. 사람이 사람다운 길을 알았으면 되지, 왜 어떻게 무엇을 닦는다는 말인가? 그러나 덕(德)은 지식이 아니다. 덕성(德性)을 안다는 것은 먼 길을 가는 시발점일 뿐이다. 덕성이 진실로 자기 인격의 바탕이 되려면 깊은 사색과 명상과 실천이 필요하다. 한 마디로 간단히 수양이라든가 인격 도야(陶冶)라고 하는 말도 그런 뜻이라고 할 수 있다. 덕을 닦는다는 개념 자체도 아마 논어에서 시작했을 것이다. 논어 학이편(學而篇, 1-15)에 유명한 "여절여차 여탁여마"(如切如蹉 如琢如磨) 라는 말이 나온다. 덕을 닦는 것을 보석 만드는 것에 비유하여, "자르는 것처럼, 가는 것처럼, 쪼는 것처럼, 닦는 것처럼" 노력해야 한다는 말이다.

둘째로, "학지불강야(學之不講也)"는 배운 것을 충분히 익히지 못한다는 말인데, 여기서는 강(講)이라는 문자는 강의(講義)의 강(講)이 아니라, 강습(講習)의 강(講)을 연상해야 할 것이다. 무엇이든 배웠다 해서 거기서 그칠 수는 없다. 배움이 진정한 배움이 되려면, 실생활 세계에 어떻게 적용이 되는지 여러 각도로 생각하고, 친구나 동료들과 대화나 토론을 통해서 서로의 이해를 다시 새로이 해야 한다. 이 공자의 근심은 모든 학도의 근심이야만 될 것이며, 또 올바른 사람은 항상 진지한 학도의 자세를 버리지 말아야 한다.

셋째로, "문의부능도야(聞義不能徒也)"는 정의(正義)를 위하여 어떤 해동이 필요하다는 것을 알게 되었을 때, 바로 서슴지 않고 헌신할 수 있는 용기를 뜻한다. 이것도 얼마나 어려운 일인가? 넷째로, "불선부능개야(不善不能改也)"는 말 그대로다. 옳지 못한 행동을 하고 그것을 깨달았을 때 바로 고치지 못할까 우려한다는 말이다. 위의 해석은 보편적인 해석인데, 어떤 학자는 공자의 걱정거리를 제자들의 부족함을 걱정하는 것으로 해석하는데, 어느 쪽으로 보아도 상관없으나, 필자는 보편적인 전자의 해석을 따르고 싶다.

위령공(衛靈公)편에 공자가 과실(過失)이란 무엇인가를 정의하는 구절이 있다.

> **(15-30)** 선생님께서 말씀하셨다. "잘못을 저지르고도 고치지 않는 것이 진정한 잘못이다.
>
> 子曰 過而不及 是謂過也

어떤 사람이나 과실이 없는 사람은 없다. 인간의 과제는 오직 과실을 인식했을 때 고칠 수 있느냐 없느냐에 있을 뿐이다. 공자는 자신의 과실을 서슴지 않고 인정한다. 또 술이(述而) 편에 공자가 자신의 과실을 인정하는 재미있는 이야기가 있다. 좀 길기 때문에 마지막 줄에 있는 공자의 말만 여기에 인용하고, 그전에 이야기는 간략하게 설명하기로 한다.

> **(7-30)** 선생님께서 말씀하시기를, "나는 참으로 다행인 사람일세. 내가 잘못이 있으면, 누가 반드시 알아서 나에게 말해 준단 말이야."
>
> 子曰 丘也幸 苟有過 人必知之

공자가 진(陳)나라에 갔을 때 이야기다. 공자가 그 나라의 사법관(司法官)인 진사패(陳司敗)라는 사람을 만났는데, 진사패가 공자가 모시던 노(魯)국의 군주 소공(昭公)에 대해서 물어본다.

진사패: 소공(昭公)은 예(禮)를 잘 아시는 분입니까?

공자: 예(禮)를 잘 아시는 분입니다.

공자가 퇴장한 후에 진사패는 제자 무마기(巫馬期)를 불러서 말을 한다.

진사패: 나는 군자(君子)는 편을 들지 않는다고 들었는데, 군자도 편을 드는군요. 노국(魯國)의 소공(昭公)께서는 동성(同姓)인 오씨(吳氏) 딸을 부인으로 삼으셨는데, 그 일을 감추시고 부인을

오맹자(吳孟子)라고 부르셨으니, 그런 분이 예(禮)를 아시는 분이라고 한다면, 예(禮)를 모르는 사람이 어디 있단 말이오?

무마기: ....

제자 무마기는 말문이 막혀서 답을 못했다. 그 후에 그는 진사배의 말을 공자께 고하였더니, 공자께서 말씀하시기를,

공자: 나는 참으로 다행인 사람일세. 나에게 잘못이 있으면, 반드시 누가 알아서 말해 준단 말이야.

이 공자의 말은 명제(命題) 자체, 즉 문자 그대로의 뜻은 어려운 것이 없다. 그러나 이 말이 진담일 수도 있고, 농담일 수도 있고, 아니면, 공자가 반 농담으로 반 진담으로 가벼운 마음으로 제자에게 한 말로도 해석할 수 있다. 사실, 많은 해설자들은 공자가 소공(昭公)의 허물을 남 앞에서 이야기하는 것이 예(禮)가 아니기 때문에 그저 원만하게 그렇게 답을 했다고 해석한다. 공자가 자신의 잘못을 인정하는 말이 아니라, 그가 때맞추어 원만하게 처했을 뿐이라고 본다. 그러나 어떻게 해석하든 그리 큰 차이는 없다. 중요한 것은, 여기에 드러나는 공자의 성품이다.

(1) 공자는 자신을 과오가 있을 수 없는 인간으로 생각하지 않았다.
(2) 공자는 예(禮)라는 사회 풍습을 절대적 권위나 가치로서 인식하지 않았다.
(3) 공자가 완고(頑固)하거나 아집(我執)이 없었다.

여기서는 한 가지 특기할 점이 있다. 후대의 동양 유교 사회 전통에 있어서는 예(禮)가 공자 사상의 핵심인 것처럼 여기는데, 실은 그렇지 않은 것 같다. 공자 철학에 있어서 예(禮)가 무엇인가 하는 점은 간단하지 않다. 이에 대해서는 후에 더 자세히 보기로 하고, 지금은 공자가 사적(私的)인 것에 고집하거나 자신의 체면이라든가 입장이라든 가에 집착이 전연 없었다는 점에 대해서 알아보기로 하자.

제6화. 온화(溫和)하고 자유로운 공자

이인(里仁)편에는 공자가 군자의 마음가짐이 어떠해야 하는가를 가르치는 장이 있다. 군자는 항상 마음이 온화(溫和)하고 자유로워서, 한 가지 일에 집착하는 일이 없으며, 늘 다른 사람의 입장을 배려해야 한다고 한다. 어떤 경우에 있어서도, 미리 특정해 놓은 공식적 해답은 없고, 그 상황에 알맞은 판단을 하고 행동해야 한다고 강조한다.

(4-10) 선생님께서 말씀하셨다. "군자는 세상만사에 대처하는 데 있어서, 반드시 이래야 한다든가, 저래야 한다는 법은 없다. 오로지 정의에 의해서 때에 맞춰 판단하고 대처할 뿐이다."

子曰 君子之於天下也 毋適也 無莫也 義之與比

여기에 적(適)은 꼭 이래야 한다는 말이고, 막(莫)은 이래서는 안 된다는 말이다. 그래서 공자가 말하는 뜻은 세상 일에 대처하는 데 있어서, 수학 공식(公式)과 같은 고정된 답이 있지 않다는 말이고, 실제로 인간 세상에 대처할 때에 정의(正義)만을 기준으로 삼아 판단하고 경우에 알맞은 판단을 하고 행동해야 한다는 말이라도 본다.

자한(子罕)편에는 제자들이 부드럽고 고집이 없는 공자의 성품에 대한 말이 있다. 아마 공자가 세상을 떠난 후, 제가들이 스승을 회상하며 기록했을 것이다.

(9-4) 선생님께서는 네 가지 행동을 하지 않으셨다: 자신의 사의(私意)를 주장하는 일이 없으시고, 억지로 꼭 이래야 한다고 주장하지 않으셨고, 아무 일이나 고지식하게 하나를 고집하시는 일이 없으셨고, 자기 입장만을 생각하는 아집(我執)이 없으셨다.

子絶四 毋意 毋必 毋固 毋我

여기에 네 가지 행동은 학자마다 해석이 조금씩 다르지만, 대략 비슷하게 해석되어 있다. 무의(毋意)는 자기 마음대로 독선적 혹은 독단적 행동을 안 하는 것이고, 무필(毋必)은 사물을 억지로 꼭 이래야 한다고 남의 의견을 무시하는 행동을 안 한다는 뜻이고, 무고(毋固)는 고집을 부리지 않는다는 것이고, 무아(毋我)는 자기 입장만을 생각하고 남에 대한 배려가 없는 이기적인 거동이 없다는 말일 것이다. 이말은 또 후세에 중국 불교 선종(禪宗)에서 말하는 무아(無我)의 사상의 모체(母體)라고도 볼 수 있다. 이제 이런 사상과 관련이 있는 위정편(爲政)편에 있는 짧은 구절을 보기로 하자.

(2-12) 선생님께서 말씀하셨다. "군자는 그릇이 아니다."

子曰 君子不器

이말은 짧지만 여러 가지 뜻이 함축되어 있다. "그릇이 아니라"는 비유는 한 가지 용도에 한정되어 있지 않다는 뜻으로 해석하는 것이 보통이다. 군자는 특정된 전문적인 지식인이 아니라, 폭넓게 배우는 자유로운 인간이라는 뜻으로 해석할 수도 있다.

이 말에는 오늘날 우리 현대인이 깊이 생각할 만한 중요한 교훈이 담겨 있다. 현대 어느 사회에 있어서도 모든 분야에서 극단적인 분화(分化) 현상이 진행되고 있다. 과학 기술이 발달하면서 지식이 방대해져서, 전문화되는 경향이 있다. 그러나 그럴수록 넓은 시야(視野)에서 사물을 관찰하는 능력이 손실될 위험이 크다. 그런 거시적(巨視的) 관점은 왜 필요한가? 어떤 전문 분야라도 주기적으로 개신(改新) 혹은 재평가 없이는 침체(沈滯)되거나, 체제적(體制的) 위기에 부닥치게 되는데 그것을 내다보는 데에 거시적 안목이 요구되기 때문이다. 현대 사회에 있어서 몇 가지 예를 보자.

현대 영미 철학계에서, 경험주의서부터 실증주의(實證主義), 그리고 언어 용법을 중심으로 분석을 하는 언어철학 학자들은 고대 희랍시대서부터 내려오는 형이상학(形而上學), 혹은 존재론(存在論:ontology)은 말장난이라고 배척한다. 이러한 태도는 거의 종교적 도그마에 가깝다. 또 논리(論理)지상주의가 사람의 주관적 의식구조를 어떻게 해명하는가? 인간의 주관과 객관의 관계를 탐구하려는 현상학(現象學)에 대해서는 그들은 아무 관심도 없다. 그래서 그들은 윤리, 문학과 미술, 그리고 인간의 자유 의지 같은 과제에 대해서는 매우 빈약하고 피상적인 견해밖에 없다. 전문화가 반드시 나쁘다는 것은 아니되, 학자라면 인접(隣接) 영역에 대해서도 광범위한 관심과 지식이 있어야만, 자기 전문 분야를 충분히 발전시킬 수 있다고 본다. "작은 그릇"이 돼서는 자기 분야에도 큰 공헌을 할 수 없을 것이다.

정치계나 경제계에서도, 같은 현상을 볼 수 있다. 특권층의 정치인들이나 경제인들은 자기 이권과 이익을 최대화시키는 말단 기술은 날로 발달시키고, 그들의 사회적 제약(법이나 정부 관리법) 등을 빠져나가는 기술은 그들의 특기라고 할 수 있다. 그런 것이 사회 전반에 커다란 불황이나 어려움을 초래하더라도 그들의 눈에는 자기네 이익밖에 보이는 것이 없다. 국민 일반의 복지가 자기들의 본래 임무이고 책임이라는 것은 완전히 망각하고 있다.

이런 경향은 학교 교육에도 반영되어 있다. 교양이나 윤리, 수신(修身), 혹은 사회 교육은 너무 소홀히 하는 것 같다. 폭넓은 교양 교육이나 윤리는 종교에만 맡길 수 없을 것이다. 지나간 역사를 보면 현대나 옛날이나 종교 전쟁, 종파 싸움, 타 종교 박해로 가득하다. 얼마나 많은 비극을 초래해 왔던가? 소년들이나 청년들이 쉽게 이해하도록 하는 것이 쉽지는 않겠으나, 불가능하지는 않을 것이다. 고전을 간략하게 읽게도 하고, 과제를 던져서 생각하고 토론을 하게 하는 것도 한 방법일 것이다. 그리고 그러한 과제를 입시(入試) 과목 중에 포함시켜야 한다. 그렇지 않으면 교사들이 어떻게 교양 교육을 진지하게 다루겠는가?

체육에서도, 운동 경기의 기본정신을 충분히 인식하지 못하는 것 같다. 대부분의 학생들은 이기는 것이 최우선이며, 공정하게 최선을 다하면 된다는 본래의 경기정신은 말뿐인 것 같다. 심지어는 법칙에 어긋나더라도 잡히지만 않으면 모든 수법도 용납된다고 생각을 한다. 영어로 "Winning is everything."이라는 말이 있는데, 바로 이런 것이 현대 자녀 교육의 허점(虛點)을 반영하는 것이다.

제3장

공자는 어떤 사람이었나?

제1화. 미천(微賤)하고 가난한 소년

공자는 기원전 552년(혹은 551년)에 지금의 중국, 산동(山東) 지방의 노국(魯國)에서 태어나, 인간 교육에 일생을 바치고, 기원전 479년에 사망하였다. 공자의 성은 공(孔)이고, 이름은 구(丘)라고 했다. 자(字)는 중니(仲尼)이다. 자(字)라는 말은 성인이 된 후에 쓰는 이름인데, 우리나라 말로는 호(號), 혹은 필명(筆名)에 해당될 것이다. "공자"라는 말은 존칭으로 "공 선생님"이라는 말이다. 공자가 자신을 지칭할 때는 "구(丘)라고 했다. 丘라는 말은 "언덕"이라는 뜻인데, 일설에 의하면, 그의 이마가 커다랗게 돌출되어 있어서 "구"라고 이름을 지었다고 한다. 말하자면, "짱구 대가리"라는 뜻이었을 것이다. 이 전설에 의하면, 공자는 비상하게 키가 큰 거인이었다고도 한다. 이러한 전기는 주로 한대(漢代) 초에 사마천(司馬遷)이 쓴 사기(史記)라는 역사책에 나온다. 사기(史記)는 중국 최초의 역사책이라고 할 만한 대작(大作)이지만, 이 책은 공자 후 300년 이상이나 후에 된 것이어서, 그리 정확한 것은 아닐 것이다. 역시 진한(秦漢)제국이 출현하기 전에 쓰인 논어나 맹자(孟자)가 좀 간략하지만, 정확할 것이다.

사기(史記)에 의하면, 공자의 부친은 송(宋)나라의 천민이었고, 무슨 이유인지 모르나 인접(隣接)한 나라 노(盧)국으로 도망치고, 거기서 안씨녀(顔氏姓의 여자) 사이에 아들을 낳았는데, 그 아들이 바로 공자라고 전한다. 사기에는 부친의 이름이 숙량흘(叔梁紇)이라고만 나오는데, 성(姓)이 안 나온다. 그의 호칭은 성(姓)도 없는 천민이라는 것을 암시하지만, 혹은 성(姓)이 있는 계층에 있다가 몰락하여, 천민이 된 것일지도 모른다. 어떻게 됐든지 간에, 공자가 천민 출신이었다는 것은 확실하다. 그리고 공자는 세 살 때에 부친을 잃고 가난하게 자랐다. 공자는 열아홉 살에 결혼을 하고 스무 살 때에 남아 이(鯉)를 얻었다. 논어에는 공자가 자기가 미천한 계층의 사람이었다는 것을 마치 자랑하듯이 말하는 장이 있다.

(9-6) 나는 어려서 천민이었다. 그래서 여러 가지 잡일에 능하다네. 양반이 그런 잡기가 많을 것인가? 많지 않고말고.

吾少也賤 故多能鄙事 君子多乎哉 不多也

이말은 자한(子罕)편 6장에 나오는 말인데, 어떤 나라 고관이 공자의 제자 자공(子貢)에게 묻기를 "공자가 성자(聖者)인가? 왜 그리 재능이 많은가?"라고 하기에 자공이 "선생님은 하늘의 뜻으로 오신 성자이시지만, 또 여러 가지 잔일에도 다능하십니다."라고 답했다. 이말이 공자의 귀에 들어가자, 공자는 "그 사람은 나를 잘 아는구나. 나는 어려서 천민이었단다."라고 한 말이다. 공자는 그러한 천민 출신이라는 것을 조금도 부끄럽게 생각하지 않았다. 공자는 그 후에 제자 교육을 위해 학당(學堂)을 열었을 때, 귀천(貴賤)을 가리지 않고, 학당을 일반 대중에게 개방한 것을 말하는 구절이 같은 자한편(子罕篇)에 나온다.

(9-8) 선생님께서 말씀하셨다. "내가 뭐 아는 것이 있느냐? 아는 것 없네. 나는 다만 어떤 비천한 사람이라도 나에게 와서 무엇을 묻는다면, 아무리 멍청한 질문이라도, 나는 내가 아는 것을 모두 털어놓고 가르쳐줄 뿐일세."
子曰 吾有知乎哉 無知也 有鄙夫 來問於我 空空如也 我叩其兩端而竭焉

아무리 비천한 사람이라도, 또 아무리 유치한 질문이라도, 공자는 자기가 아는 것이라면, 모든 것을 털어놓고 보여 줄 것이라고 선언한다. 다만, 공공여야(空空如也)는 질문하는 사람이 아무 다른 뜻 없이 성실한 마음으로 알고 싶어 하면"이라고 해설하는 주석도 있고, 또 "머릿속이 빈 것처럼 멍청한 질문이라도"라고 해석하기도 한다. 당연한 것처럼 들리는 말이지만, 고대 사회에 있어서 학(學)은 아무나 하는 것이 아니었다는 사실을 잊지 말아야 한다. 공자의 말은 그 시대의 교육제도에 있어서 전대미문의 "개방(開放)"을 뜻한 것이다.

제2화. 공자의 자서전(自叙傳)

공자의 전기를 논할 때, 가장 유명하고 믿을만한 것은 위정편(爲政篇)에 나오는 자서전일 것이다. 공자는 74세까지 살았으니, 이 장은 그가 말년에 자기 일생을 회상하면서, 인생관의 발전을 간략하게 말한 것이다. 공자의 인품을 알려면 이 장을 좀 자세히 볼 필요가 있다.

(2-4) 선생님께서 말씀하셨다. "나는 열다섯 살에 학문에 뜻을 두었고, 서른 살에 자립하게 되었다. 마흔 살이 되어서는 나의 삶의 회의함이 없게 되었다. 그리고 쉰 살에 하늘의 뜻을 알았고, 예순에는 남의 말을 순순히 들을 수 있게 되었고, 일흔 살에는 내 마음이 가는 대로 행동을 해도 도를 지나치는 일이 없게 되었다."

子曰 吾十有五而志乎學 三十而立 四十而不惑 五十而知天命 六十而耳順 七十而 從心所欲不踰矩

공자는 자기의 내면적 경지를 여섯 단계로 나누어 회상하였다. 제일 먼저 오십유오이지학(吾十有五而志乎學)은 15세에 배움에 뜻을 두었다 하는 말인데, 오늘날 15세라면, 중등학교에 들어가 있을 나이다. 이때에 좀 똑똑한 아이면, 자기 장래에 대해서 생각할 수도 있을 것이나, 그런 것은 거의 다 가족이나 친척 가운데 누군가가 말해준 것이 아니면, 누가 멋이 있어 보여서 그 사람같이 되고 싶어 하는 영웅 숭배에 지나지 않고, 자립적으로 생각한 것은 아닐 것이다. 더구나, 공자 시대에 그런 학교나 서당은 있었다 하더라도 귀족들을 위한 것이었을 터이니, 어린 천민 출신인 공자가 어떻게 학문에 뜻을 품었는지는 상상하기 쉽지 않다. 또 그때 학문이 무엇을 의미했을까? 아마 글을 배우고, 고전을 읽는다는 것이었겠지만, 공자가 어려서 천하고 가난한 처지에 있어서 여러 농사니 노동 잔 일이나 하고 지냈을 터인데, 어떻게 왜 그런 생각을 했을까? 여기에 벌써 그의 비상한 천재적 자질이 보인다.

둘째 구절 삼십이립(三十而立)은 공자가 노(魯) 나라에서 처음으로 하급 관리 생활을 시작하여 사회적으로 자립했을 시기를 말한 것이겠다. 무슨 농작물 창고의 책임자가 된 것이다. 이 시기에 공자는 관제(官制)에 대해서 단자(郯子)라는 학자한테서 배웠다는 이야기도 있다. 그러나 또 하나의 해석은 나이 서른에 학자로서 인정받을 만한 경지에 이르렀다고 보는 것이다. 이때가 공자의 사상이 점차로 조성되어 가는 과정이 아니었을까? 후자의 해석이 전자보다 좀 더 가능성이 크다. 왜냐하면, 바로 앞 구절과 바로 뒤 구절이 다 학문에 대한 것이기 때문이다. 이 무렵 공자는 배움에 있어서 중요한 경험을 하게 된다. 주(周)왕조의 옛 수도인 낙양(洛陽)에 가서 예악(禮樂)을 배우고, 또 고문헌(古文獻)을 수집하여 편집했다고 전해진다.

셋째 구절 사십이불혹(四十而不惑)은 틀림없이 사상적 성숙과 자신감을 뜻할 것이다. 즉, 마흔 살에는 자기가 택한 인생의 길에 대하여, 회의심이나 망설임이 없게 되었다는 말일 것이다. 공자는 35세 때 노국의 군주 소공(昭公)을 도와 삼대부(三大夫)의 행패를 막으려고, 개혁을 시도하다 실패하여, 소공을 따라 이웃 나라 제국(齊國)으로 떠났었다. 그 무렵에는 노(魯) 나라는 완전히 세 대부(大夫)의 손아귀 속에 들어가 있었다. 공자는 그 후 43세까지 고향으로 귀국하지 않았었다.

넷째 구절, 오십이지천명(五十而知天命)은 두 가지로 해석되는 것 같다. 하나는 오십에 하늘이 자기에게 내린 사명을 깨닫게 되었다고 읽는 것이고, 또 하나는 하늘이 정한 진리를 깨달았다는 뜻으로 해석하는 것이다. 이때 공자에게 무슨 일이 있었던 것일까? 공자는 51세에 노국(魯國)의 대관(代官: 지금의 사법관)을 지냈고 대사구(大司寇: 지금의 사법장관)를 지냈다. 그러나 노국의 실권자인 대부(大夫) 계씨(季氏)의 비리(非理)를 말리지 못한 공자는 벼슬을 버리고 노국을 떠나 버렸다. 논어 미자편(微子篇)에는 이러한 공자가 실망으로 정계를 떠나버리는 이야기가 둘이 있다. 그중의 하나만 보기로 하자.

(18-4) 제(齊)나라 사람이 노(魯)나라에 여성 악단을 보냈는데, 계씨(季氏)는 그들을 받아들이고, 사흘 동안 정사를 보지 않았다. 공 선생님은 (그것을 보시고 노국을) 떠나 버리셨다.

齊人歸女樂 季氏子受之 三日不朝 孔子行

이웃 나라 제(齊)나라의 대부가 노(魯)나라를 약화시키려고 여성 무악단(舞樂團)을 보냈는데, 계씨(季氏)는 이것을 접수하고 사흘 동안 조정에 나가지 않아서, 공자는 고국을 버리고 떠났다는 이야기다. 이런 이야기는 전적으로 믿을 것은 못되지만, 공자의 정치적 개혁시도가 여러 차례 실패하여, 끝내 정사를 버리고 제자교육에 전념하게 되었다는 공자 일생의 큰 변환을 반영하는 상징적 표현으로 볼 수 있다. 그 후 공자는 고국에 돌아오기는 했으나 다시는 정계에 복귀하지는 않고, 차세대(次世代) 교육에만 희망을 걸었다. 그리고 55세에 다시 고국을 떠나 14년이라는 긴 세월을 여행길에 오르고 여러 나라로 유세하고 다니게 된다. 공자는 정치에 완전히 실패한 사람이라고 할 수 있다. 그러나 이 사실은 우리 인간사회에는 전화위복(轉禍爲福)이다. 만약에 공자가 정치에 있어서 작은 성공에 만족하고 제자교육에 그의 반생을 바치지 않았더라면, 오늘날 우리가 아는 위대한 인류의 교사, 공자는 존재하지 않았을지도 모른다.

다시 공자의 자서전으로 돌아가서, 다섯째 구절 육십이이순(六十而耳順)은 이미 第2 章에서 본 바와 같이 문자 그대로 귀가 순해졌다고 해석하는 것이 옳다. 말을 하는 것은 쉽지만, 남의 말을 제대로 듣는다는 것은 어렵다. 이것은 사제(師弟)간의 관계에 있어서도 같다.

훌륭한 스승은 어리석은 제자의 말이라도 똑똑히 들어야 제대로 가르칠 수 있다. 우리는 토론할 때나, 말싸움을 할 때에는 상대의 말을 제대로 듣는 경우가 드물다. 이런 점은 오늘날 가장 이성적이라고 자부하는 지식인들이나 학계에 있어서도 같다. 그런 대화는 흔히 닭싸움이 되고 만다. 이는 최근 서양 철학계에서 이대(二大) 학파(學派)끼리의 토론을 보면 뚜렷이 알 수 있다. 20세기 후반서부터 전환기를 맞이한 영미(英美) 철학파와 대륙계 철학파(특히 프랑스) 사이의 말다툼은 마치 서로 곡해(曲解)하기 위한 싸움과 같다. 남을 알려고는 하지 않고, 그저 어떻게 하면 그럴듯하게 곡해할 수 있느냐에 급급하기만 하다.

여섯째 구절, 칠십이종심소욕불유구(七十而從心所欲不踰矩)는 말 그대로다. 마음이 가는 대로 따라도 길에서 벗어나는 일이 없다는 뜻이다. 진정한 자유를 얻었다는 말이다. 자기 인생의 뜻에 대하여 확신을 갖게 된 것뿐만 아니라, 실천에 있어서 도를 벗어남이 없는 경지에 이르렀다는 말이다. 실천이 없는 윤리는 진정한 윤리가 아니다. 이 점에 대해서 일본말에 재미있는 속담이 있다. "논어를 읽는 자가 논어를 모르네."라는 말인데, 좀 오래된 말이라 젊은 세대는 잘 모를 수도 있겠지만, 그 뜻은 논어의 교훈을 운운하는 사람이 그 교훈을 실천하지 못하는 것을 조롱하는 말이다. 현대 서양 철학의 동향을 보면, 고대 희랍 아리스토텔레스의 윤리학에서부터 시작하여, 근세의 혁신 후 현대까지 인식론(認識論)을 벗어나지 못하고 있는 인상을 받는다. 인식론이 중요하지 않다는 말은 아니되, 이론을 어떻게 실천에 옮기느냐, 실천에 있어서 무엇이 장애가 되어 있느냐 등의 방법론을 탐구하는 점에서 공자의 사상에 비해 그들은 아직도 많이 뒤떨어져 있다고 생각한다.

공자는 74세까지 살았으니, 그 당시의 기준으로는 비상하게 장수한 사람이다. 그의 사상은 어떻게 시작되고 어떻게 대성한 것일까? 김용옥(金容沃) 교수는 그의 역작 "논어 한글 역주(2008 출판)에서 공자의 사상을 14년의 유랑기(流浪期)를 중심으로 전기(前期)와 후기(後期)로 나누었다. 과거에는 공자 사상의 유동성(流動性)을 전제로 연구하는 해석은 없었다. 논어 해설은 거의 다 공자의 사상이 마치 고정돼 있었던 것처럼 보아 온 것이다. 그러나 앞으로는 공자 사상의 발전을 염두에 둔다면, 논어 해설에 큰 도움이 될 것이다. 공자의 사상은 그가 죽을 때까지 계속 발전됐을 것이다. 이 점은 예술이나 어느 학문에 있어서나 다름이 없다. 위대한 작품이나 학설은 후기작품일수록 성숙되어 있다는 것은 당연한 일이다. 앞으로 공자 사상 연구에 있어서도 그저 막연히 자기가 선호한다는 이유만으로 해설할 것이 아니라, 논어 각 구절마다 대략 어느 시기의 것인지를 밝히는 작업이 필요하다고 생각한다.

공자의 긴 생애에 그가 겪은 여러 시절을 개관할 때, 공자의 사상에 몇 단계의 발전 혹은 변화가 있었을 것이다. 당연히 논어에 실린 공자의 사상은 대부분 후기에 속하겠지만, 또 전기 사상을 반영한다는 인상을 주는 것도 없지는 않다. 논어에 나오는 공자 말에는 다른 장에 나오는 말과 서로 잘 어울리지 않는 경우가 가끔 있다. 특히 예(禮)에 관한 말, 혹은 복고사상을 나타내는 말 중에는 전기 사상이라고 보는 것이 자연스러울 때가 꽤 있다.

제3화. 공자의 인품

논어에는 제자들이 공자의 성품이 어떻게 보았는가 하는 말이 여러 곳에 나온다. 술이편(述而篇)에 있는 구절부터 살펴보자.

(7-37) 선생님께서는 따뜻하시면서도 엄격하시고, 위엄이 있으시면서 사납지 않으시고, 공손하시고 편안하셨다.

子溫而厲 威而不猛 恭而安

술이편(7-37)에 나오는 이말은 공자가 항상 온순하면서 엄격한 양면이 있었던 것을 뜻한다. 이러한 공자의 모습은 공자가 교육자로서 뿐만 아니라, 일반 대인 관계에 있어서도 어떠한 태도로 사람을 대했는가를 보여 준다. 특히 누구나 교육자로서 배워야 할 요목이라고 생각한다.

우리는 모두 항상 다른 사람한테서 무언가를 배워야 하지만, 또 반면 다른 사람을 가르쳐야 할 때가 언젠가는 온다. 학교 선생이 아니더라도, 적어도 자식을 교육하는 데 많이 고심하게 된다. 자식 교육에 있어서 엄하기만 하면 자식은 부모를 피하게 되는 등 역효과가 날 수도 있으며, 그렇다 해서 유순하기만 하면 교육이 되지 않는다. 교육의 이 양면성을 조화하는 것이 얼마나 어려운가 하는 과제는 성실한 교육자라면 누구나 절실하게 느끼고 있을 것이다. 사실 이 어려움을 잘 인식한다는 것 자체가 교육자로서의 필수 조건이다. 훌륭한 교육자는 학생을 사랑하면서도 때에 맞춰서 적절하게 엄해야 한다. 그러나 공자의 이러한 인품은 교육자로서의 기술면만 뜻하는 것은 아니다. 그의 인(仁)의 사상에서 우러나오는 것이다. 인(仁)은 사람을 사랑하는 것이며, 인의 전제는 지(知), 즉 사람을 아는 것이다. 이 정신이 바로 교육의 바탕이 되어야만 한다.

논어에는 공자가 자신의 성품이나 인생관에 대해서 말하는 흥미로운 이야기도 가끔 보인다. 같은 술이편(述而篇)의 예를 보면, 아래와 같다.

(7-18) 선생님께서 말씀하셨다. "너 왜 대답하지 않았느냐? 그분의 성품은 학문에 열중하면, 식사도 잊고, 즐기느라고 걱정거리도 잊고, 노년이 다가오는 것도 모르는 분이라고."

子曰 女奚不曰 其爲人也 發憤忘食 樂以忘憂 不知老至將至

이 이야기는 공자의 유랑기에 남쪽 초(楚) 나라에 갔을 때에 있었던 일이다. 초(楚) 나라의 대부(大夫)인 섭공(葉公)이라고 하는 사람이 공자의 사람됨에 대해서 자로(子路)에게 물었을 때, 자로는 어떻게 대답하면 좋을지 몰라서 대답을 안 했는데, 후에 공자가 그 말을 듣고 자로에게 한 말이다. 엽공은 혹시 공자에게 자기 정사를 맡겨 볼까 했을지도 모르나, 자로가 왜 대답을 안 했는지는 독자의 상상에 맡길 수밖에 없다. 또 이 공자 말에는 무엇에 열중한다는 말인지, 또 무엇을 즐긴다는 말은 없지만, 보통 학문 아니면, 사람으로서의 길 즉, 도(道)라고 해석하기도 한다. 어느 쪽이든 참으로 공자다운 말이다.

공자는 늘 심각한 애기만 하지는 않는다. 제자들을 웃기는 농담도 자주 하고, 익살맞은 면도 있다. 자한편(子罕篇)에 나오는 말을 두어 구절만 보자.

(9-2) 달항(達巷)이라는 마을 사람들이 말하기를 "공 선생님은 대단한 사람일세. 저렇게 박식하면서 어느 한 특기(特技)에도 이름을 날리는 데가 없네요." 선생님은 이말을 들으시고, 문하생들에게 말씀하셨다. "그래, 내가 무슨 특기를 해서 명성을 올릴까? 말 몰기를 할까? 활쏘기를 할까? 말 몰기를 하지."

達巷黨人曰 大哉孔子 博學而無所成名 子聞之 謂門弟子曰 吾何執 執御乎 執射乎 執御乎

이 이야기는 달항(達巷)이라는 어느 마을에서 사람들이 공자를 평하는 말을 듣고, 공자가 제자에게 한 말인데, 이 공자의 말은 두 가지로 해석할 수 있다. 대부분의 주석가들은 공자를 너무나 점잖은 선비로만 보는 나머지 이 말을 진담으로 해석하는 주석이 많지만, 이 말은 분명히 농담이다. 그 당시에 공자의 명성은 오를 대로 올랐을 것이고, 또 그렇지 않더라도 공자가 왜 명성을 원했겠는가? 그리고 또, 공자의 표현 어조가 우습고 익살스러운 데가 있다. 여기서 어(御)라는 말은 말을 모는 기술이다. 사(射)는 활쏘기를 뜻한다. 그 당시 하급 관리들이 배워야 할 육예(六藝: 여섯 가지 전문 분야)에 속하는 기술인데, 육예에는 예(禮), 악(樂), 사(射), 어(御), 서(書), 수(數)를 포함하고, 그중 사(射)와 어(御)는 무술(武術)에 속했을 것이다. 왜 검술이 여기에 안 들어 있는지는 알 수가 없다. 하나 더 양화편(陽貨篇)에 있는 공자의 농담을 보자. 좀 길기는 하나 재미있는 이야기이니, 전문을 인용한다.

(17-4) 선생님께서 무성(武城)이라는 마을에 계셨을 때, 현악(弦樂)과 노랫소리를 들으시고, 빙긋 웃으시고 말씀하셨다.
"닭고기를 잡는데 왜 소 잡는 칼을 쓰는고?"
이 말씀을 들은 제자 자유(子游)는 옛날에 저는 선생님께서 "선비가 도(道)를 배우면 사람을 사랑하게 되고, 소인(小人)이 도(道)를 배우면 다스리기 쉬워진다' 고 하셨는데요."
(그 말을 들으시고) 선생님은 "너희 제자들아, 언(偃)의 말이 옳다. 내 아까 한 말은 농담일 뿐일세."라고 하셨다.

子之武城 聞絃歌之聲 夫子 莞爾而笑曰 割鷄焉用牛刀 子游對曰 昔者偃也 聞諸夫子 曰

君子學道則愛人 小人學道則易使也 子曰 二三者 偃 之言是也 前言戱之耳

어느 날 공자 일행이 무성(武城)이라는 작은 마을에 갔을 때 이야기다. 무성에는 제자 자유(子游)가 벼슬을 하여 다스리고 있던 마을이다. 거기서, 공자는 현악(弦樂) 소리, 노래 부르는 소리가 들려오기에 공자는 언뜻 "왜 닭을 잡는데 소 잡는 칼을 쓰는가?"라고 했던 것이다. 작은 마을에 어울리지 않는 예악(禮樂) 행사라는 뜻이다. 그 마을의 책임자인 자로(子游)가 물론 변명을 한다. "이전에 저 언(偃)은 선생님께서 '군자가 사람으로서의 도(道)를 배우면 사람을 사랑하게 되고, 보통 사람이 도(道)를 배우면 다스리기 쉬워진다'고 하시지 않았어요?"라고 대꾸한다. 이말을 듣고, 공자는 "언(偃)의 말이 맞다. 아까 내가 한 말을 농담일세"라고 했다는 이야기다. 여기에 언(偃)이라는 말은 자유(子游)의 이름이고, 그 당시에 젊은이가 윗사람 앞에서 자기를 지칭할 때에는 대명사를 쓰지 않고, 자기의 아명(兒名)을 쓰는 관습이 있었던 것 같다. 공자는 제자들과 이야기 할 때에는 흔히 "이삼자(二三者)"라고 부른다. 이 말이 그의 말버릇이었는지, 혹은 그의 곁에 제자들이 그리 많지 않았다는 것을 뜻하는 것인지는 알 길이 없다.

제4화. 고달픈 나그넷길 그리고 말년

공자의 일생에 있어서 가장 비상하고 특기할만한 것은 나이 오십이 넘어서 14년이나 되는 긴 세월을 정처 없이 나그넷길에 올랐다는 사실이다. 그것도, 바로 그러기 전까지 공자는 정치적으로 대부(大夫) 바로 아래 지위, 지금으로 말하면 장관급 자리까지 올라서 정치적 활동에 종사했었는데 모든 것을 버리고 고향을 떠난 것이다. 그는 그 후 그때를 회상하면서 "오십이 지천명(五十而 知天命), 즉 "하늘이 내린 사명을 깨달았다"고 했다. 이 말은 무슨 종교적 선언처럼 들리나, 그것이 아니다. 그런 종교 예언자니 성자니 하는 인물은 세계 인간역사에 흔해 빠졌다. 공자가 한 말은 지천(知天)이 아니라, 지천명(知天命)이다. 하늘을 알 수는 없다. 그의 이념은 하늘을 알거나 사랑하는 것이 아니라, 어디까지나 사람을 알고 사람을 사랑하는 것이다. 인생의 진정한 의미는 다른 사람과 더불어 서로 돕고 서로 배려하는 데 있고, 그 진리를 확신하게 되었다는 말이다. 공자는 그 이념을 널리 사람들에게 알리려고, 당시 혼란의 극에 달한 세계를 (물론 그가 아는 세계는 하(夏)나라 뿐이었지만) 구원하려고 떠난 것이다. 불행히도, 그런 꿈은 실패할 수밖에 없다. 공자는 그런 현실을 잘 알면서도 그의 이념을 끊임없이 추구했다. 왜 그랬을까? 헌문편(憲問篇)에 한 토막의 꿈같은 우화(寓話)가 들어 있다.

(14-40) 자로(子路)가 석문(石門)이라는 마을에서 하룻밤 투숙하고 아침에 성문을 지나니, 문지기가 묻기를, "어디서 오셨나요?"라고 묻기에, 자로는 "공씨 댁에서 왔소."라고 하니까, 문지기가 "아, 안 된다는 것을 뻔히 알면서도 계속 애를 쓰는 사람 말씀이군요!"라고 했다.

子路宿於石門 晨門曰 奚自 子路曰 自孔氏 曰 是知其不可而爲之者與

석문(石門)은 노(魯) 나라 국경에 있는 작은 마을인데, 자로(子路)가 어떡하다가 공자 일행에 뒤떨어져서 성문을 통과하지 못하고 마을에서 하룻밤을 지냈다. 아침 새벽에 성문이 열리기를 기다렸다가 문을 지날 때, 문지기가 자로에게 말을 건다. "어디서 오셨소?"라고 물어서 자로가 "나는 공씨 댁에서 온 사람이오."라고 하니까, 문지기는 "아, 공씨라면, 안될 줄 뻔히 알면서, 계속 애쓰는 사람 아니오?"라고 했다는 이야기다. 문지기가 무슨 뜻으로 그런 말을 했는가에 대해서는 두 가지 해석이 있는 것 같다. 하나는 문지기가 숨어 사는 도가(道家)이어서 공자를 조롱하는 말이라고 보는 해석이고, 또 하나는 공자의 노력을 찬양하는 말로 해석하는 것이다. 그러나 그것은 어느 쪽이든 관계없다. 무슨 의도이었든, 그의 말은 공자의 사상을 매우 적실하게 표현했기 때문이다. 이 장을 누가 기록했는지는 모르나, 이 시절의 공자 모습을 꿈과 같이 울적하면서도 아름다운 시적(詩的)으로 표현한 우화라고 생각이 든다.

다시 한 번 물어보자. 왜 되지 않을 일을 뻔히 알면서 하려고 하는가? 공자의 이념은 2,500년 후인 오늘날에도 현실화한다는 것은 어림도 없다. 그런 꿈은 시적(詩的) 감상에 지나지 않을까? 꼭 그렇지는 않다. 아름다운 꿈은 큰 효력이 있을 수 있다. 우리가 지금 사는 사회를 생각해 보자. 공자같이 꼭 인(仁)이라고 부를 필요는 없고, 잠시 선(善)이라고 부르기로 하자. 선(善)을 지향하고 자립적으로 사고하는 사람이 우리 나라 인구의 1 퍼센트라고 가상(假想)하자. 그리고 그 수가 2 퍼센트로 증가했다고 상상하자. 우리 사회는 엄청나게 달라지지 않았을까? 공자의 꿈은 요행히도 오늘날까지 남아 있는 논어를 통해서 지속되어 있다. 논어를 읽고 진정한 공자 사상을 알려고 하는 젊은이가 많아지기를 절실히 바란다, 다시 논어에 돌아가서 공야장(公冶長)편에 있는 한 토막을 보자. 공자가 어느 곳에서 향수에 젖어 곁에 있는 제자들에게 하는 말이다.

(5-22) 선생님께서 진(陳)나라에 계셨을 때에 말씀하셨다. "돌아가세, 돌아가세! 우리 고향 젊은이들은 대망이 있고, 멋있는 무늬를 짜내기는 하지만, 아직 제대로 재단할 줄 모른다네."

子在陳曰 歸與 歸與 吾黨之小子狂簡 斐然成章 不知所以裁之也

진(陳)은 공자의 부친의 고향인 송(宋)나라 남쪽에 있는 소국인데, 거기서 공자는 고국에 두고 온 젊은 제자들 생각을 한다. 그는 고향으로 돌아가고 싶어도 돌아갈 수 없는 형편이었다. 그럼에도 불구하고 돌아가자는 말을 한다. 얼마나 애처로운 이야긴가? 공자는 젊은 제자들을 소자(小子)라고 부른다. "꼬마들"이라는 말이다. 젊은 꼬마들은 대망을 품고 벌써 문화인으로 성장했으나, 아직 군자의 길을 완성하지는 못하고 있으니 우리가 돌아가서 도와주어야 하지 않겠느냐는 뜻이다. 또 하나 자한(子罕)편에 있는 공자의 독백을 보자

(9-17) 선생님은 흐르는 강물 가에서 말씀하셨다. '사라져 가는 자는 이런 것일까? 낮이나 밤이나 머물지를 않는구나.'

子在川上曰 逝者如斯夫 不舍晝夜

공자는 고달픈 유랑(流浪)의 길에서, 따라온 제자들과 같이, 잠시 강가에서 쉬면서 끊임없이 흘러가는 강물을 보면서, 지난 일, 사라진 사람들을 회상하고 혼자 이런 말을 했을 것이다. 이것은 한 폭의 그림이요, 한 줄의 여정시라고 아니할 수 없다. 시속에 시인 공자가 보인다. 미자(微子)편에는 이러한 공자의 모습을 그린 꿈과 같은 우화(寓話)가 몇 장 있다. 누가 기록한 것인지는 모르나, 공자의 말년을 그린 상징적 토막이라고 할 수 있다.

(18-5) 초(楚) 나라의 미치광이, 접여(接與)라는 자가 공자 일행의 수레를 지나가면서 노래를 했다.

"봉황새야, 봉황새야, 너의 덕(德)은 어찌 그리 쇠퇴했는고! 이미 지난 일은 어찌할 수 없는 것, 앞으로 오는 일이야 아직 따라갈 수 있지. 그만 하게, 그만 하게. 지금 세상의 정치란 위태로운 것일세!" 공 선생님은 이말을 들으시고 수레에서 내려서 무언가 말씀하시려고 했으나, 그는 걸음 빠르게 사라져서, 말씀을 할 수가 없었다.

楚狂 接與歌 而過孔子 曰 鳳兮 鳳兮 何德之衰也 往者不可諫也 來者猶可追也 已而已而 今之從政者殆而 孔子下慾餘之言 趨而辟之 不得與之言

이 이야기는 고대 중국의 지식인들이 어떻게 난세에 처신했는가를 보여준다. 거기에는 상반되는 두 갈래의 취향이 있었다. 하나는 적극적으로 정치에 참여하여 정치를 바로 잡으려는 것이고, 또 하나는 속세를 버리고 은신(隱身)하는 것이다. 이 전형적인 갈등은 중국역사를 통해 여러 번 되풀이 한다. 전자는 후에 유교(儒敎)가 되고 후자는 도교(道敎)가 된다. 그러나 그것은 한대(漢代) 초기 전후이고, 공자 당시에는 그 두 갈래 길은 아직 완전히 분화되지 않았다. 논어를 읽을 때에는, 이 사실을 염두에 둬야 할 것이다.

이제 제일 장 첫머리에 인용한 공자의 말, "새나 짐승들과 무리 짓고 살 수는 없지."(18-6: 鳥獸不可 與同群也: 조수불가 여동군야) 하는 장을 다시 한 번 보자.

이번에는 이장의 전문을 음미하기로 한다. 좀 긴 이야기가 돼서 아래에 풀이해서 본다.

어느 날, 장저(長沮)라는 농부와 걸익(桀溺)이라는 농부가 나란히 밭을 갈고 있었는데, 그 앞을 공자 일행이 지나가게 됐다. 공자는 강물을 건너려고 제자 자로(子路)를 시켜서 나루터가 어디 있는지 물어보게 한다.

자로(子路): 여기 나루터가 어디 있지요?
장저(長沮): 저기 말 고비를 잡고 있는 사람은 누구요?
자로(子路): 공구(孔丘) 선생님입니다.
장저(長沮): 노(魯)나라의 공씨 일행이오?
자로(子路): 그렇소만.
장저(長沮): 그러면, 그 사람이 나루터가 어딘지 모를 리가 없지.

그리고 장저는 왠지 답을 안 한다. 자로는 할 수 없이 걸익(桀溺)에게 묻는다.

그랬더니 이번에는 걸익(桀溺)이 묻는다.

걸익(桀溺): 당신은 누구요?
자로(子路): 중유(仲由)라고 합니다만.
걸익(桀溺): 공씨를 따라다니는 사람이오?
자로(子路): 그렇습니다.
걸익(桀溺): 온 세상이 흙탕물에 빠져 흘러가는데, 그것을 누가 어찌한단 말이오? 그리고 또, 이 사람도 안 되고 저 사람도 안 된다하면서 사람을 버리는 인간을 따라 다니는 것 보다, 우리처럼 세상을 버리고 사는 것이 현명하지 않겠소?

그러면서, 계속 땅에 씨를 뿌리고 있었다. 자로는 별수 없이 공자에게 가서 그 말을 전했더니, 스승은 서글픈 표정으로 말씀하셨다.

공자: 새와 짐승들하고 함께 무리 짓고 살 수는 없는 노릇. 내가 사람들과 함께 살지 않는다면, 누구하고 더불어 산단 말인가? 천하에 인간의 길이 행하여진다면야, 내가 뭘 바꾸겠다고 애쓰겠느냐?

이 이야기도 초(楚)나라 미치광이 이야기도 꿈같은 이야기다. 둘 다 은자가 공자를 조롱하는 이야기인데, 이런 기록은 누가 쓴 것일까? 제자가 쓴 것 같지는 않다. 그러나 적어도 공자의 업적이 그 당대에 널리 알려지고 사람들의 큰 관심사가 됐었다는 것은 분명하다. 하여튼, 우리 현대인에게는 요행이라 본다. 이러한 공자의 모습까지 볼 수 있으니.

공자는 14년 후에 늙은 몸을 끌고 고국으로 돌아간다. 그는 그때 벌써 68세이었다. 현대 사람과는 달리 그 나이에는 힘이 다 빠진 백발노인이었을 것이다. 몇 년 후에 늙은 공자가 병상에 누워 있을 때의 이야기가 한 토막 술이편(述而篇: 7-34)에 있다. 제자 자로(子路)가 스승을 위해 기도를 올리려고 청을 했는데, 공자는 자신을 위한 기도는 거부한다.

(7-34) 선생님께서 말씀하시길, "내가 기도를 올린 지는 오래된다. (새삼스럽게 그런 기도를 할 것 없다)."

子曰 丘之禱之久矣

공자의 말은 자신을 위해서 하는 기도라면, 할 필요 없다는 뜻이다. 공자는 이미 오래전부터 하늘의 뜻을 받들고 (知天命), 인간의 길을 걸어온 지 오래되니, 그 자체가 기도이고 희망이라는 게 아니겠는가? 기도라고 따로 있지 않다는 말이다. 죽음에 처해서 공자가 어찌 자기 개인의 연명(延命)에 집착했겠는가? 역사상 어느 때를 봐도, 세계 어디에 가도, 인간의 공통적 약점은 바로 자기 욕심을 채우려는 "기도"라고 할 수 있다. 절이니, 교회니, 성당이니, 사당이니 등에 사람들이 모여드는 것이 무엇 때문인가? 기복(祈福) 종교란 근본적으로 이런 것에 의해 지속되고 성한다.

귀향한 그해 공자는 아들 이(鯉)을 잃고, 2년 후에는 그가 가장 사랑했던 제자 안회(顔回)가 죽는다. 또 2년 후에는 공자를 끝까지 시종한 자로(子路)가 전쟁에 휘말려서 전사(戰死)한다. 공자가 그 어려운 유랑(流浪)생활 시절을 회상하는 구절이 선진(先進)편에 보인다.

(11-2) 선생님께서 말씀하셨다.
"진(陳)나라, 채(蔡)나라까지 나를 따라다니던 나의 동반자들은 이제 내 문하에는 오지 못하게 되었구나."
子曰 從我於陳蔡者 皆不及門者也

진(陳)나라, 채(蔡)나라들은 남쪽에 있는 소국이다. 그 시절에 공자 일행은 최악의 상태에 놓이게 됐던 때다. 위령공(衛靈公: 15-1)편에 식량이 떨어져 아사(餓死) 직전의 곤경에 달하고, 성급한 자로(子路)는 투덜거리며, "군자도 이런 고생을 해야 합니까?" 라고 스승에게 대들기까지 하는 이야기가 있다.

공자는 74세에 세상을 떠났다. 기원전 479년으로 알려져 있다.

공자 연대표: 춘추시대(春秋時代)

연대	연세	주요 사항	공자의 자서전
−552	1	노(魯) 나라에서 탄생: 성: 공(孔), 이름: 구(丘), 자(字): 중니(仲尼), 부친: 송인(宋人) 숙량흘(叔梁紇), 모친: 안씨(顔氏)	
−550	3	부친 사망 (死亡) −553: 자로(子路) 생	
−538	15		십유오 지학 (十有五 志學)
−534	19	결혼	
−533	20	남아, 이(鯉) 탄생	
−525	28	노(魯)나라 사관(仕官)	삼십이립 (三十而立)
−522	31	주(周)왕조 고도 낙양(洛陽)에 가서 예악(禮樂)을 배움. −522: 안회(顔回) 생	
−517	35	소공(昭公)과 더불어 삼대부(三大夫) 타도(打倒) 실패 소공(昭公)을 따라 망명(亡命), 제(齊)나라로 감	
−516	36		
−513	43	노(魯)로 귀국, 제자 교육을 위해 학단(學團) 조직	사십이불혹 (四十而不惑)
−505		양호(陽虎) 전재 시작 → −502: 삼환씨(三桓氏) 陽虎 추방	
−501	51	노(魯)나라 대관(代官=사법관) 대사구(大司寇= 사법장관)	오십이지천명 (五十而知天命)
−497	55	위(衛)나라로 감 ⇨ 14年 여행, 유세(遊說) 조(曺)→송(宋)→ 진(陳)→제(齊)→초(楚) →위(衛)	육십이이순 (六十而耳順)
−484	68	노(魯)로 귀국 → 아들 이(鯉) 사망(50세) −482 안연(顔淵) 사망 (41세) → −460 자로(子路) 전사(戰死)	칠십이종심소욕 불유구 (七十而從心所欲 不踰矩)
−479	74	공자 세상 떠남	

제4장

공자와 후세의 유교

제1화. 잘못된 유교(儒敎) 비판

우리는 막연히 유교는 공자의 가르침을 중심으로 한 전통이라고 생각한다. 서양에 있어서도 유교라는 말은 따로 없고, 그저 "공자주의"(Confucianism)라고 부른다.

이는 전적으로 틀린 말이라고는 할 수 없지만, 맞는 말도 아니다. 그 이유는 좀 후에 자세히 논하기로 하고, 지금은 현대인이 유교를 어떻게 인식하고 있는지를 생각해 보자. 유교를 생각한다는 것은 우리 문화에 내재하는 심층 구조를 들여다보는 것이기 때문에 쉬운 일은 아니다. 그러나 먼저 우리가 흔히 유교의 특색이라고 하는 몇 조항을 검토해 보자. 아래의 조항은 유교 비판에 있어서 자주 듣는 말이다.

(1) 권위주의(權威主義) : 군주나 국가에 대한 절대 충성(忠誠)
(2) 예식주의(禮式主義) : 가예(家禮), 제사, 성묘, 예법 등의 관습
(3) 혈족주의(血族主義) : 조상숭배, 가장제(家長制), 남성우위 등
(4) 보수주의(保守主義) : 과감한 개혁을 거부하는 중세적 문화 잔재

이러한 비판은 언뜻 듣기에 유교문화권 국가에만 해당되고, 다른 문화사회에는 해당되지 않는 것처럼 들린다. 과연 그럴까? 만약에 이런 비판이 옳다면, 이것은 세계의 어느 시대, 어느 지역에도 해당되는 것이며, 유독 유교문화권에만 해당되는 말은 아니다. 동서를 불문하고, 실권

자에게의 충성이라든가, 애국이라든가, 기존 사회 규범(관습, 법률, 윤리체제 등)에 복종을 요구하지 않는 나라가 어디 있는가?

인습적인 예식, 예절, 종교적 윤리 등도 사회 규범으로 지속되어 있지 않은 나라는 없다. 사회주의 국가도 다를 것이 없다. 이런 사회 규범은 두어 세대만 지나도 새로운 인습으로 계승되어 나간다. 그리고 가족, 친척을 중심으로 하는 혈족주의는 사람뿐만 아니라 동물사회에도 있다. 가족은 항상 사회의 기본 단위이며, 조상숭배, 가장제(家長制), 남성 우위(男性優位), 가례(家禮), 제사, 성묘 등의 풍습은 형태는 달라도 어느 사회에나 있다.

개혁을 거부하는 보수적 경향 또한 어느 사회에나 항상 막강한 세력을 유지하고 있다. 한 예로, 비교적 건국 역사가 짧은 미국을 보더라도 선거 때마다 우익(右翼)파는 미국이 기독교 국가라고 외친다. 그들에게는 (반드시 말로 표현하지 않더라도) 애국자의 정의가 백인 기독교인이어야만 된다. 종교의 자유를 미국 건국의 이념으로 삼고, 헌법에 명기한 나라가 어찌 기독교 국가라는 말일까? 이러한 모순은 어느 시대, 어느 지역에서나 흔히 볼 수 있다. 이런 보수파는 큰 세력을 형성하여 사회의 어떠한 개신이라도 막으려고 한다.

유교는 공자의 사상을 토대로 한 가르침이라고 할 수 있으나, 그 개념이 성립된 것은 공자 사후 300년은 족히 지난 때이다. 이런 맥락에서 보면, 위의 유교 비판은 공자 사상에 반드시 해당되는 것은 아니다. 따라서 유교를 제대로 비판하려면, 창시자로 알려진 공자가 시도한 혁신이 무엇이었는지, 또 공자 후에 유교가 어떻게 성립, 변천되었는지 등 간략하게라도 알아볼 필요가 있다. 우선 공자가 살았던 춘추시대(기원전 771~400)의 고대 중국이 어떤 사회였으며 그들의 종교가 무엇이었는지 알아보고자 한다.

제2화. 유교의 기원(起源)과 원유(原儒)의 세계

고대 중국의 종교는 "샤머니즘"(Shamanism)에 속하는 원시 종교였다. 우리나라에 아직도 남아 있는 무당, 그리고 일본의 신또오(神道)와 같은 종류이다. 이런 원시 종교에서는 산에는 산신(山神)이 있고, 바다에는 해신(海神)이 있고, 세상 만물에 정령(精靈)이 있고, 또 사람이 죽으면 혼이 남아서 어딘가를 헤매고 있다고 믿었다.

이런 종교는 고대 사회에는 어디서나 찾아볼 수 있다. 원시시대에 제사(祭事)와 정사(政事)는 분리되어 있지 않았었다. 따라서 원시사회의 수장(首長)은 동시에 무당이었다고 할 수 있다. 우리의 시조 단군(檀君)도 하늘에서 내려온 사람이며, 일본 황실의 조상이라고 하는 "아마떼라스"도 여자 무당이다. 사실, 왕권이나 종교는 원래 이러한 정령숭배 혹은 다신교(多神敎)에서 시작된 것이다. 유대교나 기독교나 이슬람교는 처음부터 유일신이라고 주장한다. 하지만 구약성서를 보면, 하나님을 "엘로힘"이라고 한다. "엘로힘"은 "엘"의 복수이다. 또 십계명의 첫째가 "나는 질투하는 신이라."고 하는데, 유일신이 누구를 질투한다는 말인가? 물론 다른 신을 믿지 말라는 말이지만, 이 말은 다른 신이 있다는 것을 인정하는 것이 아닌가? 또 삼위일체(Trinity)라는 말은 셋이 하나가 되고, 인간 예수가 신이 된다는 말인데, 이런 믿음은 예수 후 4세기 말에 기독교를 국교로 삼은 로마 황제 콘스탄틴(Constantine)이 선포해서

(391 A.D.) 확립된 것이다. 예나 지금이나 정치인이거나 종교지도자들은 말이 안 되는 소리라도 계속 되풀이하면 사람들이 믿는다는 것을 잘 알고 있는 것 같다.

공자가 살았던 춘추시대까지는 아직 유교(儒教)라는 말은 없었다. 그러나 정사(政事)와 제사(祭事)는 분리된 지 이미 오래되었고, 이 시대에는 제사를 맡아보는 전문인들이 따로 있었을 것이다. 처음에는 이러한 제사(祭事), 기도(祈禱), 점술(占術) 등을 업으로 삼는 사람들을 유(儒)라고 불렀는데, 이러한 직업인은 글을 읽고 쓰고 하는 사람, 즉 "학자" 혹은 "선비"라는 말이 된 것 같다. 아무리 고대 중국에 글이 생긴 지 오래된다 하더라도 공자가 산 시대에는 아직 글을 읽고 쓰는 것은 대중에게 예사로운 일이 아니며 특별한 일이기도 했을 것이다.

논어에 유(儒)라는 말이 자주 언급되지는 않았는데 옹야(雍也)편에 공자가 제자 자하(子夏)에게 한 말 중 유(儒)라는 말이 나온다. 여기서 공자는 군자유(君子儒)라는 말과 소인유(小人儒)라는 말을 대조하면서 이야기한다.

(6-13) 선생님께서 자하(子夏)에게 말씀하셨다. "너는 군자유(君子儒)가 되어라. 소인유(小人儒)가 되지는 말아라.

子謂子夏曰 女爲君子儒 無爲小人儒

군자유(君子儒)는 선비라는 말이고 소인유(小人儒)는 제사 담당의 전문인이라는 말이다. 이 장은 대략 두 가지 해석이 있는데, 하나는 도(道)를 향하여 정진하는 군자(君子)다운 학자가 되고, 자기 출세를 위해서 학문을 하는 작은 인물이 되지 말라는 뜻으로도 보고, 또 하나의 해석은 소인유를 예식에만 밝은 작은 인물이 되지 말라는 뜻으로 보는 것이다. 어느 쪽으로 보아도 큰 차이는 없다. 주목할 것은 공자 시대에 유

(儒)라는 말이 학자와 제사 전문인의 두 계층으로 갈라지는 과도기였다는 점이다. 그러나 이 공자의 경구는 후세에 가서 수(隋)나라(581A.D.) 시대에 과거제(科擧制)를 실시함에 따라 출세의 수단이 되고 만다. 그 후 근세까지 대부분의 유학자들은 공자가 우려했던 문자 그대로 "소인유(小人儒)"라고 할 수 있지 않을까?

또 태백(泰伯)편에 제자 증삼(曾參)이 하는 말에 제사에 관한 일은 담당자가 따로 있으니 그들에게 맡기는 것이 좋을 것이지 군자가 할 것이 아니라는 말이 있다. 이말도 공자가 말한 소인유(小人儒)를 일러 말한 것이라고 짐작이 간다.

(8-4) 제기(祭器)에 관한 일은 그런 것을 다루는 사람들이 따로 있지 않는가?

籩豆之事 則有司存

이를 혼동할까 염려되어, 원래의 유(儒), 즉 태고에서부터 공자시대까지 있던 종교적 직업인을 "원유(原儒)"라고 부르고, 그 시대의 종교를 원유교(原儒教)라고 부르기로 하자. 공자 시대 원유들은 동시에 행사를 기록해야 하고, 또 고전(古典)에 대해서 어느 정도 지식이 있어야 하므로 지식인 혹은 학자가 되어야 했을 것이다. 공자도 젊어서 고향 노(魯)나라에서 예식담당의 관리를 지냈던 원유(原儒)였다고 할 수 있다. 그는 중년에 주(周)왕조의 고도(古都) 낙양(洛陽)에 가서 예악(禮樂)과 고전(古典)을 배우고, 또 이런 고서(古書), 특히 서(書), 시(詩), 춘추(春秋)를 정리하고 재편(再編)하여, 역사와 문헌학에 있어서 큰 공헌을 하는 대학자가 된다.

그러나 공자는 학자로서만 대성한 것이 아니다. 새로운 실천철학을 창시하고 후반의 인생을 후계자 양성에 몸을 바친다. 그의 교단은 단순한 사적(私的) 모임이 아니라, 중국사 최초의 관리양성소이며 유일한 고등교육 기관이었다고 할 수 있다. 그 후 공자 자신은 정계를 떠났으나, 제자들은 군소국(群小國)에서 벼슬을 하고 공자의 이상을 실현하려고 노력을 했다. 이 새로운 전통이 계승되어 100여 년 후 전국(戰國) 시대에는 여러 학설이 성행하는 제씨백가(諸氏百家)를 조성하는 직접 원인이 된다.

제3화. 한대(漢代) 후의 변천

이제 진한(秦漢)시대 후의 유교의 변천을 개관하고, 동양 사회에서 우리들이 "유교"라고 부르는 "종교" 혹은 문화체가 무엇인가를 알아보기로 한다. 광대한 진(秦) 제국이 유교를 박해하고 유교 서적을 불태웠다는 이야기는 본서 1장 5화에서 이미 말했다. 이 진(秦) 제국은 바로 망하고, 전한(前漢) 시대에 유교는 관학(官學)이 되고, 국교(國教)로 선정되어 역설적으로 유교는 또 변질되게 된다. 그 후 서쪽에서 불교와 찬란한 불교문화가 중국에 들어오고, 또 도교(道教)가 난세(亂世)를 피하고 불로장생(不老長生)을 바라는 종교로 변하여 번성한다.

당대(唐代: 618-907)에 가서는 불교와 도교적 요소가 유교에 많이 편입되고, 12세기에 남송(南宋) 시대의 주희(朱熹 1130-1200)에 의해서 집대성됐다. 이것을 보통 주자학(朱子學)이라고 부르는데, 영어로는 "신유교"(Neo-Confucianism)"라고 부른다. 이 주자학은 당대 불교나 도교와 대항하느라고 거대한 우주론을 도입하여, 우주의 궁극을 태극(太極)이라 하고, 모든 사물이 음(陰)과 양(陽)의 조화로 이루어진다고 한 것이다. 이것이 바로 우리가 아는 "유교"이고, 우리나라나 일본에서 말하는 "유교"는 모두 주자학을 뜻하는 것 같다. 지금도 우리나라 국기에는 주자학에서 나온 태극이 그려져 있지 않은가? 현재 유교에 대한 우리의 인식을 보면, 우리 조상이 간직하고 지켜온 유교의 전통문화는 주자학이고,

이 점에 있어서는 중국이나 일본도 다름이 없다. 이러한 유교 전통은 긴 역사를 통해서 인습화되고 현대까지 남아 있으나, 논어에서 볼 수 있는 공자의 본래 사상과는 거리가 멀다는 것을 항상 염두에 두어야 한다.

유교 문화권 사회의 가장 뚜렷한 특색은 조상숭배라 할 수 있을 것이다. 기독교가 근세에 처음 우리나라에 들어왔을 때, 선교사들은 조상숭배를 우리나라 종교라 여기고 제사(祭事)나 기타 여러 가지 가례(家禮)부터 "미신"이니 "우상(偶像)숭배"니 하고서 금지하려고 했다. 이런 사실은 벌써 옛날이야기고, 그런 것을 이제 논하고자 하는 것은 아니다. 다만 여기서 잠시 조상숭배가 공자 사상과 무슨 연관이 있는지 또는 어떤 보편적인 의의가 있는지 생각해 보자. 우리의 조상숭배 전통을 지키는 것은 잘못된 것이 아니다. 어느 문화체제에서도 조상숭배는 어떤 형식으로든 지속되고 있다. 유대-기독교-이슬람교 사회도 예외가 아니다.

가족들이 모이는 아이의 생일잔치처럼, 적어도 가족, 친척, 친구, 이웃 사람들이 자리를 같이 하는 좋은 기회를 마련하여 주지 않는가? 미국처럼 역사가 길지 않은 나라에서도 요즈음 조상을 찾으려는 사람들이 늘어나, 조상이나 족보를 찾아주는 업자까지 있다. 그러나 지금 우리의 관심은 유교에서 조상숭배를 왜 중시하는지, 또 공자가 이에 대해서 무슨 말을 했는지, 그리고 보편적으로, 특히 현대인에게 조상이란 무슨 뜻이 있는 것인지를 생각해 보자는 것이다. 결론부터 말하면, 우리는 조상이 누구인지 모른다. 부모, 조부모, 고조부모 외에는 알 수가 없다. 왜 그럴까?

그럼 논어에 조상숭배에 대한 구절이 있을까? 논어에는 돌아가신 부모의 장례나 제사에 대한 말 외에 조상숭배에 관한 언급이 거의 없다. 국가의 실권자나 귀족사회에 한해서 중요한 의식(儀式)이 바로 조상의 혼(魂)을 모시는 행사였고, 귀족들의 권세는 모두 왕조(王朝)와 관련된 것이며, 왕권은 "하늘의 명"으로 부여되는 것이니, 국왕은 "천자(天子)"이고 왕실의 행사는 바로 그들의 종교라고 할 수 있다. 공자가 살던 춘추시대는 주(周)왕조가 유명무실이 되고 군소국의 실권자들은 화려한 제사를 거행하여 자기 권력을 과시한 것 같다. 이러한 참월(僭越)을 공자가 비난하는 구절이 심심치 않게 나온다. 위정편에 있는 한 구절을 보면,

(2-24) 선생님께서 말씀하시기를 "자기 조상의 혼이 아닌데, 제사를 올린다는 것은 아첨일 뿐이다"라고 하셨다.
子曰 非鬼而祭 諂也

여기에 조상숭배라는 말은 안 나오지만, 귀(鬼)는 "조상의 혼(魂)"이라는 뜻이고, 이 구절은 보통 자기의 조상이 아닌 혼을 제사 올린다는 것은 무엇인가를 얻기 위해서의 아첨이라고 해석되어 있다. 이 시대의 군소국의 군주나 실권자들은 주(周) 왕실의 제사를 모방하거나, 격에 넘치는 의례를 함부로 올리곤 한 것 같다. 이 구절은 이러한 의례의 혼란 상태에서 제사를 정치적으로 악용하는 것을 비판한 말일 것이다.

이 과도기에 상공업(商工業)이 발달하여 새로운 중산계급과 부유층이 형성되며, 서민들이 사족(士族)으로 오르고, 재능과 배움만 있으면 관리로서 고관까지 출세할 수 있으며, 기회만 있으면 실권을 잡을 수 있는 하극상(下克上)의 세계였다. 천민 출신인 공자도 이러한 시대에 살았기 때문에 대사구(大司寇=사법장관)라는 고관까지 될 수 있었을 것이다. 그 후, 전국시대(기원전 454년)에는 7대국이 서로 싸우다가 끝내 진(秦)나라가 전대미문(前代未聞)의 광대한 통일국가로 기원전 221년에 출현한다. 공자가 조상숭배에 대해서 많이 말하지는 않았으나, 좀 더 보기로 하자. 같은 위정편에 있는 아래의 공자 말은 (2-24)와는 그 화제의 대상이 좀 다르다.

(2-5) 선생님께서 말씀하시기를 "살아 계실 때는 예에 의해서 모시고, 돌아가시면 예에 의해서 상례를 올리고, 그 후에는 예에 의해서 제사를 올릴 것이다."

子曰 生事之以禮 死葬之以禮 祭之以禮

이 장은 우리가 보통 "조상"이라는 말에서 연상하는 잘 모르는 옛날의 조상 혹은 시조(始祖)가 아니라, 같이 사는 부모, 돌아가신 부모, 조부모(祖父母)를 추모하는 이야기이다. 이점이 왜 중요하냐 하면, 이분들은 바로 현재 가족의 연장이 된다. 그러니까, 이 이야기는 귀족사회뿐만 아니라, 일반 서민(庶民)에게도 해당되는 것이다. 공자가 살던 시대가 아무리 과도기라 해도, 서민들은 대부분 성씨(姓氏)도 없고 "조상"도 없다는 것이 그 당대의 현실이었을 것이다. 그래서 공자는 동물사회에도 있으며 따로 배울 필요도 없는 본능적인 가족애(家族愛) 혹은 혈족애(血族愛)를 효(孝)라는 말로 상징하여, 인(仁: 인류애)의 시발점으로 삼은 것이라 볼 수 있다. 그러나 본능적인 사랑도 仁으로 발전시키려면, 남에 대한 경양의 표시, 즉 예(禮)라는 사회적 규범을 통해서만 달성할 수 있다고 본 것이다. 천재적 사상가이며 교육자인 공자는 이점에 착안하여 효(孝)를 강조하고, 살아계신 부모, 조부모를 어떻게 모시고, 돌아가시면 어떻게 모시는지, 조상의 기일(忌日)에는 어떻게 해야 하는지 등이 바로 이장의 뜻이라고 본다.

실은 위의 구절은 이장의 전부가 아니다. 전문(前文)을 간략하게 요약하면, 다음과 같다. 어느 날 공자가 노(魯)나라의 대부(大夫)인 맹의자(孟懿子)와 같이 수레를 타고 가게 됐는데, 맹의자(孟懿子)가 공자에게 효(孝)에 대해서 물어보니까, 공자는 부모를 어기는 일이 없도록 하는 것이라고 말한다. 그 후 공자는 수레의 어자(御者)로 있던 젊은 제자한테 그 이야기를 했더니, 젊은 제자는 잘 이해할 수 없어서 "그것이 무슨 뜻입니까?" 라고 묻는다. 그래서 공자가 더 자세히 설명하는 말이 위에 인용한 구절이다.

제4화. 우리 조상의 수수께끼

우리의 조상이 누구인가 잠시 생각해 보자. 이를 정확히 안다는 것은 공자의 인(仁) 이라는 개념과 관계가 있기 때문이다. 그것은 나중에 논하기로 하고, 우선 조상의 수(數)부터 생각해 보자. 나의 바로 윗세대(世代)의 조상은 물론 둘이 있다. 바로 부모가 아니겠는가? 그런데 우리는 보통 부친만 가계(家系)를 따지는 줄기로 본다. 한 대 더 올라가면, 조부(祖父)만을 조상으로 생각하고 조모(祖母)는 생각하지 않는다. 이것은 현대 우리나라 문화가 부계(父系)사회이기 때문이다. 사실은 우리 각 개인은 유전자(遺傳子)를 부모 두 사람에게서 똑같이 받았고, 더 일대 올라가면 네 사람한테서 골고루 받았을 것이다. 그전 세대로 올라가면 조상의 수가 여덟이 된다. 한 세대의 평균 연세(年歲) 차이를 30세로 보고, 10대를 올라가면, 한 개인의 300年 前의 조상이 592명이 된다. 그 이상으로 올라가면, 조상(祖上)의 수가 기하급수적(幾何級數的)으로 확대되어 아마 1,000년 전, 고려(高麗) 초기가 되면 한반도 총인구의 수를 능히 초과할 것이다. 그뿐만 아니라, 조상의 수는 올라가면 갈수록 확대되어 무한으로 늘어난다. 이상한 일이다. 이 고찰에 무엇인가 논리적으로 잘못이 있는 것일까? 아마 동성불혼이나 다른 금기(禁忌)와 같은 함수(函數)가 작용할지 모르나, 우리 조상(祖上)의 수가 기하급수적으로 늘어난다는 것은 잘못되지는 않을 것이다.

우리의 짐작이 맞는다고 치면, 이말은 우리나라의 역사가 시작되기도 전에 한반도 전체뿐만 아니라, 모든 근접(近接) 민족까지, 한반도에 일시라도 살았던 사람들이 모두 우리의 조상이라는 말이 아닌가? 여기에 잊지 말아야 할 것은 고대사회에는 확실한 국경은 없었다는 사실이다. 역사에서 "국가"라 부르더라도 모두 성벽으로 둘러싸인 도읍(都邑)국가여서 유동적인 세력권은 있어도 국경이라는 것은 없었다. 논어에 동이(東夷), 북적(北狄)이라고 하는 동북방(東北方)민족들, 또 역사에 나오는 예(濊)족, 맥(貊)족, 흉노(匈奴)족, 돌골(突骨)족, 몽고(蒙古)족, 거란(契丹)족, 부여(夫餘)족, 여진(女眞)족, 왜(倭)족, 모두 한국 땅에 살던 부족들이다. 그리고 한족(漢族)도 한반도 서북(西北)지역, 즉 지금의 평안도(平安道), 경기도(京畿道)까지 4세기 이상을 낙랑군(樂浪郡), 대방군(帶方郡)으로 있으면서 지배했다. 한족(漢族)도 우리의 조상이 아닐 수 없다. 세계의 모든 민족을 포함해서 인류는 문자 그대로 같은 조상을 나누는 사람들이 아닐 수가 없다. 현재 인간이 언제 어떻게 다른 동물에서 분화(分化)되어 원시인(原始人)이 됐는지는 잘 모르나, 대략 2백만 년 전이라고 한다. 더 과거로 돌아가면, 모든 생물체(生物體)와도 친척관계가 있을 것이다. 그러나 그 以上은 생각하지 말고, 이러한 관점에서 우리가 사는 현실로 돌아와 보자.

우리는 가끔 우리나라가 "자랑스러운 단일민족국가"(單一民族國家)라는 말을 듣는다. 일본인들도 똑같은 말을 자주 한다. 단일민족국가? 그런 나라가 이 지구상에 어디 있을까? 우리는 단일문화(單一文化)국가라고는 할 수 있을지 모르나, 단일민족 국가는 아니다. 그리고 단일민족국가가 무엇이 자랑스러운 것인가? 또 단일민족이 자랑스럽다면, 복합 혼혈 민족은 수치스러운가? 실은 인간은 모두 복합 혼혈 민족이고, 이런 현실을 직시 못 하는 것을 수치스럽다고 해야 할 것이다.

이런 점은, 중국과 같은 거대한 나라에서는 더욱 그렇다. 하(夏)족이라고 자칭한 지금의 한(漢)민족은 우리보다 일찍이 여러 민족과 융화(融化)되어 통일문화체를 구성하여, 그 후 그들의 영토 확장과 문화적 우월에 인하여 여러 변방 민족들을 계속 흡수했다. 그리고 그들은 그 후 여러 번 이민족(異民族)의 지배를 받았다. 소위 한(漢)족도 단일 민족은 결코 아니다.

일본도 같다. 남쪽 류큐(琉球) 계통 민족, 구주(九州)에 있던 구마소(熊襲) 계통, 바다를 건너간 우리의 조상도 고대서부터 현대까지 계속 흘러들어 가고 있다. 일본에서 벼농사를 시작한 소위 "야요이" 문화는 지금의 구주 북단에서 점차 동쪽으로 퍼진 것으로 알려져 있다. 왜 한국과 가장 가까운 데서 벼농사가 시작됐을까?

"야요이(彌生)" 문화는 한국계 도래인이었을 것이다. 그뿐만 아니라, 일본 야마또(大和) 왕조의 영토는 12 世紀까지 지금의 반밖에 안 되는 서부(西部) 일본이고, 관동(關東)지방 이북(以北)은 이민족 "아이누" 족의 영역이었다. 19세기까지 지속된 도쿠가와(德川) 무인정권의 수도, 에도(江戶), 그리고 유명한 "후지산"(富士山)도 "아이누" 어에서 온 말이라고 한다. 아이누족은 최근까지도 이민족으로 차별을 받고 북해도(北海道) 이북으로 쫓겨가 있다. 아이누족은 아마 일본열도의 원주인이었을 터인데, 북방계와 남방계의 도래인(渡來人) 민족에게 정복당해 지금도 그들에게 멸시당하고 살아온 것은 사실일 것이다. 일본도 결코 단일민족이라고는 할 수 없다.

이미 제1장에서 본 제자 자하(子夏)가 한 말(12-5)을 상기하자. "온 세상의 사람은 모두 형제이다."(사해지내 개위형제야: 四海之內 皆爲兄弟也). 이 말은 분명히 그의 스승 공자의 가르침을 반영한 것이다. 공자는 직감으로 그것을 느꼈을 것이고, 그가 인(仁)을 설명할 때 가장 간단한 말은 "사람을 사랑하는 것이다(愛人)"라고 여러 번 말한다(1-5, 1-6,

12-22). 공자가 조상의 수를 생각하지는 않았겠지만, 같은 결론을 직관적으로 느끼고 있었을 것이다. 그는 이와 같이 항상 아무것도 아닌 일상사에서 영원한 진리를 발견하는 철인이었다.

제5장

공자의 혁신(革新)

제1화. 보수(保守)주의인가, 혁신(革新)인가?

공자의 사상은 고대 전통을 이상으로 삼은 보수주의로 볼 수도 있고, 춘추시대의 난세에 새로운 혁신을 시도한 것으로 볼 수 있다. 그는 먼 요순(堯舜) 신화와 주(周)왕조의 시조를 이상적인 사회라고 믿은 것 같다. 후세의 해설자가 어느 쪽을 선호하고 강조하더라도 고대 경전에는 그러한 해석의 뒷받침이 될만한 자료가 충분하다. 그렇기에 한대(漢代) 후의 유교는 주자학(朱子學)을 포함해서 현대까지 예식과 문화전통과 사회 질서를 지나치게 중시하는 보수주의 사상의 근원이 된 것은 틀림없는 사실이다. 예를 들어, 20세기 초반 중국학자 임어당(Lin Yutang, 1938)은 공자를 중국문화의 특별한 전통주의자로 보았다. 그는 주로 예기(禮記)와 중용(中庸)을 중심으로 공자 사상을 기술하며, 논어는 대부분의 장이 너무 짧고 충분한 문맥을 보여 주지 않는다는 이유로 피했던 것 같다. 그러나 필자는 그렇게 보지 않는다. 공자 사상을 이해하는 데는 문맥보다는 여러 장에 걸쳐 나타나는 상호 관련성이나 일관성이 더 중요하다고 생각한다. 또 더욱 중요한 것은 논어는 예기(禮記)나 중용(中庸)에 비해서 훨씬 오래전에 성립되었다는 사실이다. 그래서 현대 논어 연구자들은 대부분 논어에 의존하여 공자의 사상을 논하고, 공자를 과감한 혁신자로 보는 것 같다.

공자의 활동이 일으킨 사회적 변화와 발전도 중요하지만, 그보다 더 주목할 것은 당대 사람들이 들어보지 못한 새로운 꿈을 공자가 말하기 시작한 점이다. 공자는 인(仁)이란 말로 전대미문의 괴상한 인류애를 가르치기 시작한다. "사람"을 사랑하라, 중생을 사랑하라, 사람을 알아야 한다고 하는데, 그게 다 무슨 말인가? 공자의 제자들도 잘 이해가 안 간다. 그들은 仁에 대해서 자꾸 물어보지만, 공자의 답은 다양하고, 오묘하고, 신비스럽기도 하다. 제자들이 仁의 개념을 모르는 것은 아니다. 남에게 인자스럽고, 친절하라는 말인데, 공자는 왜 그런지 이상하게 돌려가면서 말하는 것 같다. 공자는 이말을 어떻게 쓰고 있는 것일까? 어디서 어떻게 시작하라는 말일까? 그런데 공자의 답은 어떤 때는 의외로 간단하고, 또 어떤 때는 동문서답 같기도 하고, 수수께끼 같다. 공자가 세상을 떠난 후, 제자들이 모여서 서로의 이해를 확인하려고 토론도 많이 했을 것이다. 이미 제 일장에서 보다시피 어떤 제자는 스승이 인에 대해서 많이 말을 하지 않았다는 인상까지 받는다. (9-1: 子罕言利 與命與仁: 자한언리 여명여인)

공자의 사상을 제대로 파악하려면 仁의 양면성(兩面性)을 파악해야 한다. 하나는 仁의 시발점이고, 또 하나는 仁의 끝없는 발전성이다. 仁의 시발점은 바로 앞에 있는 가까운 가족끼리의 사랑에 있다. 이 말은 너무나 쉽고 당연하며 배울 필요도 없다. 부모, 형제, 친구, 사제끼리 서로의 마음을 헤아리고, 동정하고, 동감하고 배려하는 것인데, 이것을 모르는 사람이 어디 있는가? 공자는 이러한 사랑을 서(恕)라는 말로도 설명한다. "자기가 원치 않는 것은 남에게 하지 마라." (12-2: 己所不慾 勿施於人: 기소불욕 물시어인) 또 다른 곳에서는 한층 더 적극적으로 자기가 원하는 것을 타자도 성취할 수 있도록 도와야 한다고 가르친다.

(6-30) 인(仁)이란 것은 자기가 일어서기 원하면 다른 사람도 일어서게 하고, 자기가 무엇을 달성하기 원하면 다른 사람도 그것을 달성하게 하는 것이다.

夫仁者 己欲立而立人 己欲達而達人

이 장은 제자 자공(子貢)의 질문에 대해서 공자가 말한 답의 일부분이다. 좀 길어서 간략하게 풀어 이야기한다면 다음과 같다. 어느 날 자공(子貢)이 스승에게 묻기를, "만약에 나라 사람에게 널리 혜택을 베풀고, 대중의 어려움을 구제한다면, 어떻습니까? 인자(仁者)라고 할 수 있겠습니까?" 공자는 답한다. "왜 인자(仁者)라고만 하겠는가? 성인(聖人)이라 해야 마땅할 것이다. 요(堯), 순(舜) 같은 성천자(聖天子)도 바로 그런 것에 고심을 많이 하신 것이다." 그리고 공자가 계속한 말이 바로 위의 말이다. 여기서는 공자가 타인을 위해서, 인류를 위해서 자기 일처럼 애쓰는 것이 仁이라고 설명한 것이다.

공자의 혁신 중 가장 핵심이 되는 것은 사랑하는 대상의 발전성이다. 仁의 사상은 밖으로 전개돼 나가야만 의미가 있다. 가까운 사람을 사랑하는 데서 그친다면 누가 못하겠는가? 사랑이 자기 마을 사람을 넘어, 자기 나라 사람을 넘어, 타국인으로, 타민족으로 뻗어 나가는 것임을 안다면 바로 공자의 사상을 이해했다고 할 수 있다. 공자가 14년을 유세하면서 그 긴 여정 길에 오른 것도 그것을 성취하기 위해서였다고 할 수 있다. 공자는 오랑캐 나라로 가서 살고 싶다는 말도 자주 한다. 공자에게는 국경도 없고, 선민(選民)도 없고, 인종(人種)이라는 벽도 없다.

仁의 전개가 어느 지점에서 정지한다면, 그것은 원점으로 돌아가는 것과 다름이 없다. 가령 타인에 대한 배려가 마을에서 멈춘다면 "로미오와 줄리엣"(Romeo and Juliet)과 같은 비극을 초래할 것이며, 국경에서 멈춘다면, 평화로운 대화의 끝을 의미하며, 언젠가는 사람을 대량 살육(殺戮)하는 전쟁으로 직결될 것이다. 세계 역사를 펼쳐 볼 필요도 없다.

제2화. 인간 준엄성(峻嚴性)의 개안(開眼)

2,500년 전 고대사회에 공자가 신선한 개혁의 바람을 일으킨 것 중 또 하나의 역사적 의의는 인간의 준엄성(峻嚴性)에의 개안이다. 귀천의 차별이 엄격한 고대사회에서 민(民) 혹은 대중(大衆)은 군주가 소유하는 산업, 경제, 전쟁 등의 수단에 지나지 않았다. 그런 시대에 공자는 인간을 최대의 가치기준으로 삼았던 것이다. 이미 보았다시피 공자는 아무리 하찮은 사람이라도 그의 의지를 빼앗을 수 없다고 한다. (9-26: 匹夫不可奪志也: 필부불가탈지야). 개인의 자유 의지의 긍정이다. 우리는 모두 같은 인간이므로 인간 이상의 기준은 있을 수 없다는 말이다. 2,500년이 흘러온 지금에도 우리들은 이 간단한 사실을 망각하고 살고 있지는 않을까?

공자가 말하는 배움은 인간을 아는 것이다. 사람과의 대화이다. 공자는 언제나 어디서나 누구한테서나 배울 것이 있다고 한다. 이것은 당대의 중하급 관리들이 배우는 예(藝), 즉 기술이나 예식을 배우는 학(學)과는 전연 다른 배움을 뜻한다. 대부분의 경우에 공자가 말하는 학은 지인(知人), 즉 사람을 아는 것이다. 사람을 안다는 말은 자기를 아는 것이며, 또 사람이 마땅히 걸어야 할 길을 아는 것이고, 또 이러한 뜻의 학은 특히 사회나 국가의 지도층에게는 더욱 요구된다. 논어에서 공자가 정치에 대해서 많이 언급했으나, 그것은 현대 우리가 생각하는 정치학이 아니다. 정치학의 기반이 되어야 할 윤리관과 인류사회의 이상(理想)을 논한 것이었다. 공자에게는 정치와 윤리가 분리되어 있지 않다. 그가 현대 과학이나 기술공학의 비약적 발전을 본다면, 무엇보다도 그런 발전이 초래하는 지구 환경 파괴와 대량살육 무기의 확산을 몹시 슬퍼할 것이고, 과학자들이나 정치 지도자들에게 각성을 호소할 것이다.

공자 사상에 있어서 학(學)은 반드시 사(思)가 동반되어야 한다. 思가 없는 學은 진정한 학이 아니다. 學과 思는 모든 배움에 있어서 필수적인 양면성(兩面性)을 구성한다. 차량의 두 바퀴처럼 하나만으로는 앞으로 나아갈 수 없다.(2-15: 學而不思則罔 思而不學則殆) 특히 思는 독자적(獨自的) 사고를 뜻한다. 기성(旣成)의 상식이나, 대중의 취향, 어떤 권위 있는 말이라도 다시 검토를 할 수 있는 힘을 말하는 것이다. (15-28: 衆惡之必察焉 衆好之必察焉). 이러한 독자적 고찰은 또 대인관계에 있어서 다른 사람의 말을 공평하고 편견 없이 판단할 수 있는 능력과 직결되어 있다.(15-23: 君子不以言擧人 不以人廢言) 그러나 이런 사고력이 현대인들에게나 당대 사람들에게나 알기 쉬운 말은 아니었을 것이다. 필자는 가끔 잡다한 신화나 미신으로 둘러싸인 고대사회에 공자의 위대함을 이해한 사람들이 있었다는 것 자체도 놀라울 때가 있다.

공자는 또 판단 혹은 확신을 얻기 어려울 경우에는 판단을 중지(中止) 혹은 보류할 수 있어야 한다고 가르친다.(2-17: 不知爲不知) 인간 사회에는 어느 시대에도 과다한 정보가 난무하고 있다. 우리 주변은 신문, 잡지, 텔레비전, 인터넷, 간판, 광고 등으로 꽉 차 있다. 이런 정보를 무조건 헛된 것이라고 볼 필요는 없지만, 대다수는 어떤 이권을 위한 선전에 지나지 않다. 이런 과다정보가 무의식중 우리 머릿속으로 침입하는 것을 허용해서는 안 된다. 충분한 정보와 합당한 의미를 파악하기 어려울 때에는 판단을 보류하는 것이 중요하다. 공교롭게도 이러한 공자의 고찰은 현대 유럽 대륙계 철학에 큰 줄기가 되어 있는 현상학(現象學)의 발상(發想)과 상통되는 점이 많다. 간략하게, 20세기 초반서부터 지금까지 유럽 대륙계 철학에 커다란 영향을 미쳐 온 현상학을 고찰해 보자.

현상(顯象)이라는 말은 18세기 철학자 칸트(I. Kant, 1724~1804)가 사물자체(事物自體)와 인간이 감지(感知)할 수 있는 측면을 구별함으로써 시작된 개념이다. 예를 들면, 앞에 보이는 소나무는 "소나무 자체"(즉 그 나무의 모든 것, 혹은 본질)가 아니라, 우리가 감지하여 의식 할 수 있는 한정된 현출(現出)이라고 한 것이다. 그런데 19세기 말에 후썰(Edmund Husserl: 1858~1938)이 현상은 사람이 그의 지향성(志向性: intentionality)에 따라 구성되는 것이라고 주장하며, 현상에 대한 새로운 학설을 제시하였다. 이리하여 현상학은 주관과 객관의 관계를 세밀히 해명하는 방법론과 의식구조, 생활 세계관의 성립 등에 대하여 새로운 연구를 전개하게 된다. 후썰에 의하면 사람이 감지할 수 있는 현상은 감지자의 지향성(志向性)과 환원(換元)에 의해서 구현된다. 지향성이라는 말은 인간의 의식은 반드시 무언가에 대한 의식이며, 또 감지 대상은 어느 측면 혹은 일부에 대한 의식이라는 말이다. 사람의 의식은 감지자의 뜻이 없이는 생길 수가 없다는 말이라고 할 수 있다. 이것에 비해서, 환원(換元: 판단 중지)이라는 말은 좀 이상한 술어지만, 간단히 말하면, 괄호(括弧)에 넣어서 판단을 중지한다는 말이다. 의식 대상의 어떤 부분을 의식에서 삭제(削除)하는 것이다. 예를 들어, 저 길가에 보이는 같은 소나무라도 나그네는 고향을 회상하며, 목수는 목재를 생각하며, 화가는 그림을 구상하듯이, 어떤 현상이든 개인의 지향성과 환원에 따라 달리 감지된다고 본다. 후썰은 또 이 방법론은 어떤 분야의 철학 체계에 있어서도 시발점이 되어야 한다고 주장했다. 다시 말하면, 기존의 어떤 체계도 환원(판단 중지)하고서 전개해야만 한다고 했다. 학설이란 근본적으로 모두 가설(假說)에 지나지 않는다. 철학이나 과학에 있어서 획기적인 혁신은 모두가 무심히 받아들이고 있는 과거의 학설을 다시 백지로 돌려서 새로이 출발하는 데서 시작되는 경우가 많다.

인간 세계에는 확인할 수 없는 정보가 얼마나 많은가? 이런 것은 그 자체가 주제(主題)가 되지 않는 한, 판단을 보류해야 한다. 이렇게 해서 후썰은 인간의 의식구조를 설명하는 동시에, 철학 하는 사람들에게 새로운 방법론을 제시했다. 이 사고방식은 이미 공자가 말한 판단의 보류와 동일하다. 제2장에서 이미 고찰한 공자의 말을 상기하자. 공자는 "모르는 것은 모른다고 하라."(2-17: 不知爲不知), "아직 삶도 충분히 모르는데 어찌 죽음을 알겠는가?"(11-12: 曰未知生 焉知死), "귀신은 경의를 표하되 멀리 하라"(6-11: 敬鬼神 而遠之). 그리고, "그런 것을 아는 자는 온 세상의 모든 것을 자기 손바닥을 보듯이 알 것이 아닌가?"(3-11: 知其說者之 於天下也 其如示諸是乎 指其掌) 등, 공자의 풍자와 손짓을 음미할 수 있을 것이다. 이러한 교훈은 "생각하는 사람들"에게 얼마나 중요한 것인가? 또 이러한 공자의 사상은 종교가 모든 것을 지배했던 고대사회에서 필연적으로 종교의 중요성을 상대적으로 감소시킬 것을 의미한다. 그렇다고 공자가 종교를 전적으로 부정한 것은 아니다. 그렇다면, 여기서 잠시 종교란 무엇인가에 대해서 고찰할 필요가 있다.

제3화. 공자에게 천(天)은 무엇이었나?

원시사회에 있어서 천(天)은 우주 삼라만상(森羅萬像)의 근원을 상징하는 말이다. 세계 어디서나 어느 때나, 사람들은 넓은 하늘을 보고 세상천지의 원천(源泉)을 느꼈다. 서구(西歐) 세계에서 신(神) 혹은 하느님(하늘+님)이라고 부르는 것도 같은 뜻이다. 다만 서구에서는 하늘을 인격화(人格化)하여 늙은 할아버지를 상상하게 하며 하늘은 그의 거처(居處)로 보는 것이 좀 특이할 뿐이다. 천이라고 부르든, 산이라고 부르든, 태극(太極)이라 부르든, 궁극(窮極)의 진리를 뜻한다는 데에는 종교나 철학이나 다름없다. 소위 무신론자도 이 점은 같을 것이다.

공자도 천(天)이라는 말을 궁극의 진리라는 뜻으로 쓴 것은 두말할 바 없다. 그러나 공자의 종교 개혁이 특이한 점은 천을 진리의 상징으로 쓰기는 하되, 그 이상은 가지 않았다는 사실이다. 다시 말하면, 천을 만물의 대원천으로 보기는 했으나, 그 이상은 사람이 알 수 있는 한계를 넘어선다고 생각한 것이다. 공자는 하느님의 말을 대변(代辯)한다든가, 신의 뜻을 예언한다든가, 설명하는 일은 전연 없었다. 이와 같은 공자의 말은 이미 제2장에서 많이 보았다. "귀신은 존경하되 멀리 하라." (6-22: 敬鬼神而遠之)

구체적으로 공자가 천에 대해서 무슨 말을 했는지 보기 전에, 한 가지 다짐할 것은 사람들은 흔히 천이라는 말을 감탄사(感嘆詞)로 쓴다는 점이다. 사람은 어떤 어려움에 닥치거나, 두려움이나 슬픔의 감정이 극도에 닿았을 때, "하늘"이니 "신"을 입에 올린다. 이 점은 공자도 예외가 아니다. 공자는 그가 그리 사랑하고 자신의 후계자로 생각했던 수제자 안연(顔淵)이 죽었을 때, "하늘이 나를 버렸다."고 두 번 외친다.

(11-9) 안연(顔淵)이 죽었을 때, 선생님께서는 "아, 하늘이 나를 버렸구나! 나를 버렸구나!" 하시면서 슬퍼하셨다.

顔淵死 子曰 噫天喪予 天喪予

그러나 이 말은 아무 다른 뜻이 있다고 볼 수 없다. 공자의 말 중에 가장 여실히 그의 천에 대한 사상을 나타내는 유명한 구절은 "하늘의 뜻을 아는 것." 즉 지천명(知天命)이라는 말일 것이다. 논어 전편의 마지막 구절이 바로 그 말인데, 자세히 보자.

(20-5) 공 선생님께서 말씀하셨다. "하늘의 명(命)을 모르면 훌륭한 인간이 될 수 없고, 예(禮)를 모르면 사회인으로서 자립할 수 없으며, 남의 말을 이해하지 못하면, 사람을 제대로 알 수 없다."

孔子曰 不知命 無以爲君子也 不知禮 無以立也 不知言 無以知人也

여기에는 공자의 말을 자왈(子曰)이라고 하지 않고, 공자왈(孔子曰)이라고 하는 것이 특이하다. 논어의 마지막 5편에는 공자를 지칭하는데 주로 "공자" 또는 "부자(夫子)"라고 한다. 일설에 의하면, 공자를 "공자" 혹은 "부자"(夫子)라고 부르는 것은 공자 외에 사회적으로 상위층의 사람이 동석했을 때, 그렇게 부르는 것이 당대의 관습이라고 한다. 그러나 어쩌면 마지막 5편은 첫 15편보다 후에 삽입된 것이어서 문장의 양식이

다르고, 공자에 대한 호칭이 일관되지 않는지도 모른다.

여기서 부지명(不知命)이라는 말은 부지천명(不知天命)과 같은 말이다. 공자가 말하는 하늘의 명은 하늘이 인간에게 부여한 자질이라는 뜻으로 해석할 수 있다. 이것이 공자 사상의 인(仁)의 근거가 됐다고 볼 수 있다. 사람의 본질을 공자는 성(性)이라고 불렀는데, 이 개념이 200여 년 후에 맹자(孟子)에 의해서 성선설(性善說)의 근거가 되고, 또 그와 대립된 순자(荀子)의 성악설(性惡說)과 맞서는 제씨백가(諸氏百家) 시대가 온다.

공자의 사상은 아마 성선설에 가까울 것이다. 우리는 일상생활에서 흔히 선한 사람, 인자한 사람, 착한 이, 훌륭한 사람은 "인간답다."라고 한다. 서구 언어로도 이러한 사람은 "휴메인(humane)"이라고 하고 인도주의를 "휴머니즘(humanism)"이라고 한다. 이것은 선행을 보고 누구나 느끼는 표현이라 하겠다. 사람이 가장 사람다운 것이 선 아닌가? 사람의 원래의 성(性) 혹은 천성(天性)은 인간성의 본질이고 "하늘이 정한 것"이니, 천명이라고 할 수 있다. 그럼에도 불구하고, 사람이 선하지 못하면, 하늘의 명을 모르는 것이 아닌가? 바로 이것이 첫 구절 "하늘의 뜻을 모르면 훌륭한 사람이라고 할 수 없다. "부지명 무이위군자야"(不知命 無以爲君子也)의 뜻이다.

이미 제3장에서 본 공자의 자서전에 그는 나이 50에 "하늘의 뜻을 알게 됐다"(오십이지천명: 五十而知天命)고 했는데, 공자와 같은 대천재가 왜 나이 오십에야 천명을 알았다는 말일까? 필자는 이말을 문자 그대로 해석하지 않는다. 이 무렵에 공자는 노(魯)나라 정계(政界)에서 일단 성공했으나, 끝내 실패를 하고 여정에 오르는 전환기를 맞이한다. 그는 정치와 제자 교육의 갈림길에 있었던 것이다. 그렇다면, 여기서 지천명은 새로운 천명, 즉 사명감(使命感)을 느낀 것으로 해석할 수 있다. 그리고 공자의 이 느낌은 적중한 게 아닐까? 이 새로운 사명감으로 인하여 오늘날까지 크나큰 영향을 온 세계에 미치고 있으니 말이다.

그러나 공자는 후생의 여행길에서 좌절감에 시달린다. "나의 일생은 무엇이었을까?" 하는 고달프고 곤혹스러운 허탈감으로 한숨을 쉬면서 하는 말이 양화(陽貨)편에 있다.

(17-19) 선생님께서 말씀하셨다. "나는 이제 아무 말도 하고 싶지 않네." 자공(子貢)이 여쭸다.
"선생님께서 아무 말씀을 안 하시면 저희 문하생들은 어찌 도를 전하겠습니까?" 이어 선생님께서 말씀하셨다.
"하늘이 무엇을 말하는가? 사계절이 돌고 돌아, 그에 따라 만물이 생기지 않는가? 하늘이 무슨 말을 하는가?"

子曰 予欲無言 子貢曰 子如不言 則小子何述焉 子曰 天何言哉 四時行焉 百物生焉 天何言哉

공자의 삶은 결코 실패한 것이 아니다. 공자는 후세의 세계가 어떻게 돌고 돌았는지는 알 까닭이 없다. 오늘날 공자 지도는 선왕 지도를 능가하여, 성인(聖人)이라고까지 숭배받게 될 것도 알 까닭이 없다. 우리도 그렇다. 공자의 걱정거리, 인류의 장래가 언제 조금이라도 호전 될 때가 올 지 여전히 알 수가 없다.

제4화. 공자의 세계(世界)와 그의 이민족(異民族) 의식

공자가 인(仁)의 이상이 온 세상 사랑을 사랑하는 것이라고 할 때, 그가 말하는 "세계"가 현재 우리가 아는 "세계"와 같은 세계라고 할 수 있을까? 물론 그때 세계와 지금의 세계는 다르다. 아무리 하(夏)나라 땅이 크다 해도 오늘날 중국의 반도 안 되는 크기였는데 그 나라에 살았던 공자가 거대한 오늘의 세계를 어떻게 알았겠는가? 인류(人類)라 해도 그 당시 가까운 주위의 야만스런 오랑캐들, 즉 동이(東夷), 북적(北狄), 서융(西戎), 남만(南蠻) 이라 부르는 이민족(異民族)밖에 무엇이 더 있었겠는가? 그러나 "온 세상 사람"이라는 개념은 다를 바 없다. 18세기에 실러(F. Schiller)가 "세계의 모든 사람이 형제이다."라고 했을 때, 누가 21세기의 세계와는 다르다고 주장하겠는가?

중요한 것은 세계가 아무리 달라져도, 인류가 아무리 많아져도, 모든 인류가 같은 조상을 나눈 동포라는 점은 바뀌지 않는다는 것이다. 공자가 인류애를 말했을 때, 그는 하(夏)나라 사람만을 대상으로 했는지, 아니면 온 세상 사람을 의식했는지, 이민족을 어떻게 인식하고 있었는지 궁금하다. 그 당시 주변의 미개인들을 지칭하는 단어는 거의 다 짐승이나 벌레를 뜻하는 글자를 썼는데, 공자는 그러한 편견을 넘어섰을까? 논어에 이방인(異邦人)에 대한 말이 심심치 않게 곳곳에 보인다. 우선 팔일(八佾)편에서 한 예를 살펴보자. 흥미롭게도 아래의 장(3-5)은 예로부터 두 가지 다른 해석이 있다.

(3-5)
원문: 子曰 夷狄之有君 不如諸夏之亡也
해설 A: 선생님께서 말씀하셨다. "동북쪽 야인들도 군주가 있고 (질서가 서있다.)
그런데, 우리 하(夏)나라는 엉망이니, 그들만도 못하구나."
해설 B: 선생님께서 말씀하셨다. "동북쪽 야인들은 군주가 있고 (질서가 서있다.)
그러나 우리 하(夏)나라는 엉망이지만, 그들보다는 낫다."

논어의 짤막한 구절에는 여러 가지 해석이 있기 마련이지만, 상반(相反)되는 경우는 드물다. 이 구절(3-5)은 해설 A와 해설 B가 완전히 상반되는 예이다. A는 우리 하나라가 오랑캐 나라만도 못하다고 한탄하는 뜻으로 해석하는데, B는 오랑캐 나라가 우리만 못하다고 풀이하는 것이다. 그 이유는 불여(不如)라는 말의 용법이 둘이기 때문이다. 첫째 해석 A는 문자 그대로의 뜻으로, {x가 y와 같지 않다}라고 해독하는데, 둘째 해석은 관용구로서 {x가 y만 못하다}라고 읽은 것이다. 그래서 이 문장만 보고서는 어느 것이 옳다고 할 길이 없다. 이런 경우에 해결책은 논어 다른 곳에 비슷한 내용을 담은 다른 구절과 비교해서 결정할 수밖에 없다. 공자가 또 다른 곳에서 이민족 나라에 대해서 무슨 말을 했는가 보자. 공야장(公冶長)편에 재미있는 이야기가 있다.

(5-7) 선생님께서 말씀하셨다. "(우리나라에는) 도(道)가 행하여지지 않으니, 뗏목을 타고 바다를 건너가고 싶구나. 아마 너는 나를 따라오겠지."

子曰 道不行 乘桴浮于海 從我者 其由與 …

이 장은 공자와 제자 자로(子路)와의 한담 같은 이야기인데, 좀 길어서 전문을 간략하게 풀어서 설명하면 아래와 같다. 어느 날, 공자가 자로에게 "나라에서 인간의 도(道)가 실행되지 않으니, 뗏목을 타고 바다 건너 어딘가 가버리고 싶구나. 그러면, 유(由)야, 너는 아마 나를 따라오겠지." 라고 한다. 여기에 유(由)는 자로의 유명(幼名)이다. 스승은 제자를 부를 때에 그의 유명을 쓴다. 용감하기로 유명한 자로는 스승의 말을 듣고 기뻐한다. 그러나 공자는 이어서 "너는 나보다 매우 용감하단 말이야. 하지만 뗏목을 만들 재료가 없지 않으냐?"라고 유를 놀린다. 이 말이 농담인지 아닌지는 잘 모르나, 그렇게 해석할 수 있을 것이다. 이장의 진의에 대해서는 여러 가지 다른 해석도 가능하다. 공자가 살던 산동(山東)반도는 바다 건너 우리나라 한반도인데, 공자는 무슨 나라인지, 무슨 인종이 사는지 몰랐을 것이다. 당대의 중국인은 어떤 신선(神仙)이 나는 섬이 있다고 믿고 있었다는 설도 있다.

고대 중국에는 孔子 이전 은왕조(殷王朝) 시대부터 성자(聖者)가 東方으로 피신(避身)했다는 전설(傳說)이 있었다. 이 전설은 漢代 초에 사마천(司馬遷)이라는 중국 최초(最初)의 대역사가가 쓴 사기(史記)라는 책에 나오는데, 이에 의하면, 기자(箕子)라는 성자(聖者)가 폭군의 박해를 피해서 지금의 평양에 가서 기자조선(箕子朝鮮)이라는 왕국을 세웠다고 하는 이야기다. 논어의 미자편(微子篇: 18-1)에는 기자(箕子)가 노예가 됐다는 이야기는 있지만, 동이(東夷)족 나라로 도망쳤다는 이야기는 나오지 않는다. 이 전설은 현대 역사가들은 역사적 사실은 아니라고 하는 것 같다. 은왕조라면 공자 때보다 1,000년이나 전이지만, 공자도 그런 전설을 들어 본 일이 있을지도 모르다. 공자도 어지러운 세상을 버리고 은신(隱身)생활을 하는 꿈을 꾸었을지도 모른다. 자한(子罕)편에도 비슷한 이야기가 있다.

(9-14) 선생님께서는 동북지방의 오랑캐 나라로 가고 싶어 하셨다. 그 말씀을 듣고, 어떤 사람이 "누추할 터인데요."라고 하니까, 선생님께서는 "군자가 가서 산다면 누추할 게 무엇이 있겠는가?"라고 하셨다.

子慾居九夷 或曰 陋如之何 子曰 君子居之 何陋之有

구이(九夷)는 아홉의 오랑캐 부족(部族)을 뜻하는데, 아마 지금의 중국 동북지역에 이민족 부족국가가 아홉이 있었다는 말일 것이다. 공자가 이러한 말을 하니까, 어떤 제자가 "오랑캐 나라는 너무 누추하지 않겠습니까?"라고 했을 것이다. 이어 공자는 "군자가 가서 산다면 누추할 것이 무엇이 있겠는가?"라고 답했다는 이야기다. 공자도 어떤 때에는 도가(道家)처럼 혼란스러운 세상을 버리고 전원(田園)생활을 하고 싶은 환상이 없지는 않았던 것 같다. 물론 공자 시대에는 도교(道敎)나 유교(儒敎)가 성립되기 전이지만, 많은 지식인들은 세속(世俗)을 버리고 청빈하면서 평화로운 자연으로 돌아가고 싶은 욕망을 갖고 있었던 것이다. 논어의 마지막 몇 편에는 공자의 이와 비슷한 꿈같은 비화(秘話)가 몇 섞여 나온다. 미자편(微子篇)에 있는 우화를 하나 더 음미하자.

(18-7) 선생님께서 말씀하시길, "은자(隱者)로구나." 하시고서 자로(子路)에게 다시 가서 뵙도록 시키셨다. 그러나 그 노인은 이미 어딘가 가서 없었다.

子曰 隱者也 使子路反見之 至則行矣

이 이야기는 미자편에 나오는 (18-5)와 (18-6)에 계속되는 은자와의 만남에 관한 이야기다. 이 장도 좀 길어서 쉽게 풀어서 요약한다. 자로(子路)가 스승을 모시고 어디로 가다가 자로가 뒤떨어져 혼자 가는데 어떤 대바구니를 메고 가는 노인을 만난다.

자로: "영감님, 혹시 우리 선생님을 못 보셨어요?"

노인: "사지를 움직이지도 않고, 오곡도 분간 못 하는 인간이 누구 선생이란 말이오?

그 노인은 지팡이를 땅에 꽂아 놓고 풀을 벤다. 자로는 그래도 공손히 두 손을 마주 잡고 한참 서 있었다. 노인은 자로가 마음에 들었는지, 그를 자기 집에 데리고 가서 하룻밤 재우고서 닭을 잡고 수수밥으로 대접하고, 두 아들까지 만나게 한다. 다음 날 아침에 자로가 스승을 만나 그 이야기를 했더니, 공자는 "은자(隱者)로다." 하시고, 자로에게 다시 가서 노인을 만나게 했는데, 가보니 그 노인은 어딘가 떠나 버리고 없었다. 그래서 자로는 두 아들에게 말한다. "군주를 받들지 않음은 도의가 아니고, 장유(長幼)의 별(別)을 폐할 수 없으며, 군신의 의리는 어찌 버릴 것이며, 자기 한 몸만을 깨끗이 지키겠다고 하는 것은 인간의 대륜을 혼란스럽게 하는 것 아니겠느냐? 군자가 군주를 모시는 것이 의(義)이다. 세상에 도(道)가 실행되지 않는다는 것은 나도 이미 잘 알고 있다." 라고 두 아이를 보고 한참 웅변을 했다.

실은 마지막 웅변은 누구의 뜻인지 정확하지 않다. 공자의 말을 자로가 전한 것인지, 자로가 자기 뜻을 편 것인지 애매하다. 이말이 공자의 뜻이라고 해석한다 하더라도, 어딘가 공자답지 않다. 자유로운 은자(隱者)를 탐내는 얼굴빛이 어딘가 드러나는 것 같다. 이제 공자의 세계관, 그리고 이민족 의식이 어땠는가를 살펴보자.

(13-19) 선생님은, "평시 공경스럽고, 일할 때는 남을 존경하고, 친구들과 같이 있을 때는 정성을 다해야 한다는 것은 오랑캐 나라에 가서도 버릴 수 없다"라고 하셨다.

居處恭 執事敬 與人忠 雖之夷狄 不可棄也

공자가 그 당시 보통사람들이 가진 이민족에 대한 편견이나 배타심이 없었다는 것은 너무 당연하다. 제1장에서 보다시피 인류애(人類愛)를 가르친 공자가 이민족에 대해서 무슨 편견을 가질 수가 있었겠는가?

제5화. 종교란 무엇인가?

종교의 본질을 생각하려면 그의 기원으로 올라가 보아야 한다. 인류학자는 지금 인간의 시조(homo habilis)는 2백만 년 전 동(東)아프리카 지역의 구석기(舊石器)시대에 시작했다고 한다. 동아프리카가 인류의 고향이라는 말이다. 그 시대에는 인간이 직립해서 석기(石器)를 써서 식량을 수렵(狩獵)과 채집(採集)을 함으로써 얻었으니 아직 다른 동물과 크게 다르지 않았다. 그 후 인류사에 몇 단계의 커다란 변환기가 온다. 첫째의 변혁기는 식량을 찾아서 돌아다니다가, 농경(農耕)을 배우게 되는데, 이 변환기(變換期)는 1만 년 전에 일어났다고 한다. 이 사실은 인류가 세상에 나타난 후 지금까지 99%의 세월을 식량을 찾아서 수렵(狩獵)과 채집(採集)을 하면서 지구를 헤매고 돌고 있었다는 말이 된다. 농경(農耕) 전환이 인간 역사에 무슨 뜻이 있는가를 생각해 보자. 농경을 한다는 말은 인간이 한곳에 모여 정착(定着)하여 산다는 뜻이며, 원시사회를 조성했다는 말이다. 이러한 인간문화의 시발 지역을 넷으로 보는데, 동남(東南)아시아, 메소포타미아(Mesopotamia), 메소아메리카(Meso-America), 서아프리카(West-Africa)의 네 지역을 농업화의 원점으로 본다.

그러나 그보다 더 큰 변환기는 도시(都市) 문화의 형성이다. 이 변혁(變革)은 약 6천 년 전에 농경기술이 발달하여 풍부한 잉여(剩餘)농작물을 저축하고, 또 농업에 종사하지 않는 무인과 상인 인구를 부양할만한 능력이 생겨 도성을 지어 타민족의 침입과 약탈을 막을 조건이 갖춰졌음을 뜻한다. 이러한 도시의 출현은 대규모의 치수(治水)와 관개(灌漑)기술이 발달해야 가능하므로 전 세계 4대 대하(大河) 유역에서 시작됐다. 이 넷의 핵지역(核地域)은 티그리스-유프라테스(Tigris-Euphrates), 나일(Nile)강, 인더스(Indus), 그리고 황하(黃河) 유역이었다. 다시 말하면, 우리가 아는 문명(文明)의 시작이라고 할 수 있을 것이다. 도시는 거대한 공동 작업이 필요하고 강력한 사회통솔자(統率者)가 요구된다. 이 통솔자는 특유한 주술(呪術)을 쓰는 종교적 권위가 있는 무당(巫堂)이었다. 왕권과 종교적 권위는 분리된 것이 아니었다. 왕권의 주변에는 승려(僧侶)들과 서기들이 있고, 또 그들의 권위를 힘으로 옹호하는 무사계급이 생겼을 것이다. 이러한 과정이 바로 종교의 시작이라고 할 수 있다.

원시 종교는 사회문화체의 전부였다고 할 수 있다. 부족사회의 정치체제, 의례, 제사, 윤리 규범(規範) 등의 총체(總體)였다. 부족사회가 어떻게 시작됐고 어떻게 발전되었는가 하는 이야기가 구전으로 내려온 것이 신화이다. 이 신화에도 많은 변천이 있었다. 인접 부족사회와의 접촉이 늘어남에 따라 서로 융합되기도 하고 서로 싸우기도 하고, 정복하기도 하면서 그들의 문화는 많이 혼합(混合)되지 않을 수 없다. 예를 들어, 기독교의 예수에 관한 이야기를 보자. 동정녀에게서의 탄생 전설, 12월 25일의 성탄제, 그리고 그 후 40일 후의 부활제 등은 기독교에만 있던 것이 아니다. 실은 기원전 6세기에 똑같은 이야기가 고대 페르시아(Persia)의 미트라스(Mithras)교나 조로아스터(Zoroaster)교의 신화에도 있다. 그리고 성서에서 말하는 파라다이스 (Paradise)라는 말도 유대어가 아니라 페르시아 말이다. 이는 우연의 일치라고는 할 수 없다. 고대 페르시아제국은 전성기에 (기원전 6세기~5세기) 중동지방과 이집트를 포함하는 광대한 지역을 지배하였고 동지중해 세계에 막강한 영향력을 행사했다. 신약성서의 예수 이야기는 페르시아 신화를 모방한 것으로 보인다.

원시종교가 왕권과 분리된 후, 종교의 근본 역할은 왕권을 보좌하며, 그 사회구성원으로 하여금 그 나라의 문화와 전통, 예법, 풍습 등을 지키도록 교육하고 규정하며 실현하는 것이었을 것이다. 말하자면, 현대 국가 기관이 국민들에게 그 나라 여권(旅卷)을 발부(發付)하여 그 나라 국민이라는 것을 확인하는 것과 같다고 할 수 있다. 유대교를 믿지 않으면 유대인이 아니고, 성모 마리아를 신봉하지 않으면 추방당했던 중세를 상기할 필요도 없다. 물론 현대에 와서, 대부분의 국가는 헌법으로 종교의 자유를 인정한다. 그러나 오늘날에도 종교의 자유는 현실이 아니다. 사회구성원들의 인종, 문화배경이 복잡해진 현대 국가에서 종교의 자유를 보장한다고 하지만, 실제로는 표어에 지나지 않고, 대다수의 국민은 소수민족 문화나 종교를 노골적으로 배척하지는 않는다 하더라도 여전히 백안시한다. 차이점이 편견이 되고, 차별대우가 되고, 증오심, 박해, 불신감 등의 씨가 되고, 분쟁, 학살, 전쟁으로 연장되는 것을 우리는 너무나 많이 봤다.

종교 간의 진정한 단합은 가능하지 않은 것일까? 그러나 한편 독자는 이렇게 반문할 수도 있다. 왜 꼭 단합이 필요한 것일까? 지금 그대로가 어때서 단합이 필요한가? 다양한 문화와 다양한 종교, 다양한 인간, 무엇이 잘못됐다는 것인가? 프랑스말에 "Vive la différence!"라는 말이 있다. 다양한 개성을 찬양하는 말이다. 물론 좋은 말이다. 과학이나 철학의 어느 분야에도 학설은 항상 다양하다. 그러나 어느 권위 있는 학설이라도 결코 가설(假說)에 지나지 않는다는 것을 잊어서는 안 될 것이다. "진리"도 다양하다는 말은 말이 안 된다. 궁극의 진리는 다양할 수 없다. 진리는 하나다. 만약 종교가 궁극의 진리를 지향하면서 동시에 각기 자기의 믿음이 최종적인 절대성이나 독단적인 우월성을 주장한다면 그것은 신에 대한 모독이라 아니할 수 없다.

제6화. 믿는 종교, 그리고 생각하는 종교

모든 종교는 근본적으로 같은 사회적 기능을 지니고 있으나, 신화나 전설을 문자 그대로 해석함으로써 지역사회마다 특이한 점만을 강조하게 되어서 갈등이 생긴다. 그리고 또한 종교의 전부를 받아들이면 다른 종교는 모두 부정하지 않을 수 없다. 이슬람교를 믿으면 기독교를 버려야만 하고, 불교를 믿으면 유대교는 버려야만 한다. 같은 종교에서도 한 분파(分派)를 믿으면, 다른 분파는 배척해야 한다. 세계 역사를 통해서 종교 갈등, 종교전쟁, 이교도 박해 등은 오늘날까지도 되풀이됨을 알 수 있다. 이러한 종교의 허점을 없애는 방법은 없는 것일까? 있을 것이다. 필자의 생각에는 두 가지 방법이 있다고 본다. 하나는 종교 간 공통되는 가르침을 찾아내는 것이다. 예를 들면, 모든 종교는 남을 사랑하라고 가르친다. 부처는 모든 사람에 대한 자비심을 가르치고, 공자는 인류를 사랑하라고 가르치며, 예수는 이웃을 사랑하라고 한다. 이웃이 누구인가? 그는 이웃이 어디까지라고 한정하지 않았다. 이웃의 이웃, 또 그의 이웃을 연장해 나가면 모든 사람을 포함하게 되지 않는가? 공자가 가르치는 충서(忠恕) 즉 자기가 원치 않는 일을 남에게 하지 말라는 가르침은 어떤 종교에도 있다. 이렇게 생각하면, 대부분의 인륜(人倫) 조항은 모든 종교가 공유(共有)하는 가르침일 것이다. 종교마다 강조하는 조항이 다르다 하더라도, 상반(相反)되지는 않을 것이다. 남을 존경하지 말라, 남의 일을 도와주지 말라, 가족은 서로 사랑하지 말라는 종교는 상상하기 어렵지 않은가?

이와 같이 모든 종교는 서로 상통하면서도, 동시에 지역적 문화체(local cultures)라고 할 수 있다. 아무리 거대해졌다 하더라도 지역적 특색이 없을 수는 없다. 그리고 오늘날 지구 상 가장 넓은 지역을 지배하는 유대교-기독교-이슬람교는 모두 정치적 정복, 혹은 강국의 제국주의 침략에 수반되어 생긴 것이며, 아무런 종교적 우월성에 의한 것이 아니라는 것은 세계역사를 보면 잘 알 수 있다. 이에 비해서, 동양의 종교는 좀 다르다. 고대 중국의 유교와 불교는 전쟁이나 정치적 정복에 의해서 퍼진 것은 아니다. 세계역사의 우연한 부합에 지나지 않을지도 모르나, 그 원인에 대한 고찰은 보류하고, 지금은 모든 종교의 지역성을 초월하려면 어떤 방법이 있을지 생각해 보자.

종교 간에 서로 상통하지 않는 조항은 어찌할 것인가? 예를 들어서, 유대교나 예수교 신화에는 6천 년 전에 신이 흙을 빚어서 인간을 만들었다는데, 이런 설화는 다른 종교에는 없다. 사람이 죽어서 어디선가 다시 태어난다는 윤회설은 힌두교나 불교에 있지만, 유교에는 없다. 이러한 문제는 어려운 문제이지만, 해결책이 없지는 않다. 어떤 종교에 특이하고 보편성이 희박한 점은 문자 그대로 받아들이지 않고, 무엇인가를 암시하는 우화와 같이 달리 해석할 수 있다. 일종의 비유(比喩) 혹은 암유(暗喩)라고 보면 된다. 예를 들어, 천(天) 혹은 신(神)이란 무엇인가? 사람 같은 신을 생각하지 않고, 더 넓게 우주의 궁극(窮極)의 진리라고 할 수 있다. 그렇게 본다면, 무신론자들도 받아들일 수 있지 않겠는가? 우주의 만물은 서로 연결되어 있다. 그렇다면, 무신론자도 우주에 궁극의 진리가 없다고는 하지 않을 것이다.

또 한 예를 생각해 보자. 기독교의 신약성서에 다음과 같은 우화가 있다. 예수가 어느 곳에서 이방인(異邦人) 여인에게 자기 딸의 병을 고쳐 달라는 청을 받았는데, 예수는 "유대인 아이들의 빵을 빼앗아서 개한테 던져 주는 것은 옳지 않다." 하면서 거절한다. 그 여인은 "집에서 기르는 개도 바닥에 떨어진 빵조각을 얻어먹지 않습니까?"라고 말한다. 예수는 그 말을 듣고 마음을 바꿔 여인의 딸의 병을 고쳐 주었다는 이야기다. 이 이야기는 보통 예수에 대한 믿음이 깊으면 복을 받을 수 있다는 뜻으로 해석하는데, 달리 해석할 수도 있지 않을까? 유대인 예수가 인종 차별의식이 있어서, 무의식중에 이방인들을 "개"라고 불렀지만, 희랍 여인의 말을 듣고 인종차별이 아름답지 못한 편견이라는 것을 깨닫고 마음을 바꿨다고 해석할 수 있다. 예수는 그만큼 자기의 잘못을 깨닫고 바로 고칠 수 있는 훌륭한 사람이었다고 솔직하게 해석하는 것이다. 이것이 억지로 변명하려고 애쓰는 것보다 얼마나 아름답고 자연스러운가? 논어에도 공자가 자기의 잘못 혹은 실언(失言)을 인정하는 이야기가 여기저기 보인다. 공자는 "자기의 과오를 지적하는 사람이 있으니, 얼마나 고마운 일인가?" 라고까지 말한다. 이미 제2장에서 본 공자의 말을 음미해 보자. "나는 참으로 다행이로구나. 나에게 잘못이 있으면, 누군가 반드시 알아서 나에게 알려준단 말이야."(7-30: 丘也幸 苟有過 人必知之: 구야행 구유과 인필지지)

다시 우리 종교의 현실로 돌아가 생각해 보자. 오늘날까지도 종교는 우리 사회에서 막강한 힘을 발휘한다. 이 막강한 힘을 인류의 장래를 위해서 어떻게 써야 하는가? 대부분의 종교인들은 그저 각기 자기 종교를 통합 혹은 유지하며, 타종교인을 개종(改宗)시키려고만 애쓰고, 또 국가라는 권력에 추종만 하고 있는 것 같다. 현대 여러 국가는 서로 다투고 경쟁하고, 군비니 대량살육 무기 생산에만 급급하고 있다. 거시적(巨視的)으로 보면, 이제 국가나 종교가 이러한 경향을 지양(止揚)하고 우리의 후손을 위해 지구 환경을 걱정해야 할 것이다.

여러 종교인도 국가 간, 종교 간의 갈등을 없애고 단합과 조화를 시도하는 것이 급선무이다. 우선 그러한 이념을 향하며 방법론부터 모색해야 할 것이다. 물론 쉬운 일은 아니다. 그러나 구체적 제안을 생각해야 한다. 종교 지도자들의 세계 범 종교협회와 같은 최고 회의를 열 수 있도록 제안을 할 수도 있다. 시작이 반이라고 하지 않는가? 국가 간에도 유엔(UN)이 있다. 유엔 산하에 그러한 범 종교 단합을 목적으로 하는 위원회를 설치하는 것도 생각할 수 있다.

실은 그러한 종교인의 움직임이 과거에 없던 것이 아니다. 이미 16세기에 유럽에서 시작된 기독교의 통합주의(Unitarian) 교회는 기독교의 특이한 삼위일체(Trinity)라는 개념을 없애고, 단순히 유일신을 믿는 종교로 발전했다. 또 같은 시기에 범세계 보편주의(Universalism)라고 부르는 교회가 설립되어 "모든 인간은 한 가족이라"는 이념을 주장해 왔었다. 그 후 1961년에는 두 교파가 합쳐서 "통합 보편주의"(Unitarian-Universalism)라고 부르고, 세계의 모든 종교를 포함하는 운동을 시작했다. 이러한 움직임이 지금 어디까지 발전되어 나갔는지 잘 모르나, 이것이야말로 21세기, 22세기를 내다본 이념이라고 할 수 있지 않을까? 20세기의 대과학자 아인슈타인(Albert Einstein)의 말을 상기해 보자. 그는 사람의 광병(狂病)을 정의하기를, "똑같은 결과가 나온다는 것을 뻔히 알면서 계속 같은 행동을 되풀이하는 것이라"고 했다. 이제 우리는 단순히 목자가 먹여주는 말만을 아무 생각 없이 받아먹기만 할 때가 아니다. 각기 독자적으로 인류의 이상을 위해서 생각하는 종교를 지향해야 한다. 독단과 독선으로 똘똘 뭉친 과거의 종교를 떠날 때가 왔다. 21세기가 "믿는 종교"에서 "생각하는 종교"로의 큰 전환기가 되기를 간절히 바란다.

제6장

예(禮)에 대해서

제1화. 공자상(孔子像)의 두 갈림길

공자 사상이나 후세유교를 고찰할 때, 예(禮)라는 개념을 떠나서는 논할 수가 없다. 특히 논어를 읽는 사람들에게 예(禮)라는 말은 흔히 걸림돌이 되며, 많은 해설자들은 두 갈래 길로 갈라진다. 예(禮)를 어떻게 해석하느냐에 따라 그들의 공자상(孔子像)이 대략 두 유형(類型)으로 나누어진다. 간략하게 말하면, 공자상의 첫 유형은 예(禮)와 인(仁)을 함께 공자사상의 핵심으로 보고, 모든 해석을 전개한다. 이에 비해서, 둘째 유형은 인(仁)만을 공자의 이상으로 보고, 예(禮)는 공자가 존중했으나 공자 가르침의 핵심으로 간주하지는 않는다. 그리고 해설자들은 예에 대한 견해에 따라 다른 예문을 인용하게 된다. 또 하나 흥미로운 역사적 사실은 한대(漢代: 202년, A.D.)에 유교가 관학(官學)으로 선정된 후 현대까지 대부분의 유학자들 해석은 전자(前者)에 속한다는 점이다. 후자(後者)의 해석은 현대학자들이 공자 사상과 후대의 유교 사상을 구별함으로써 시작됐다고 할 수 있다. 이러한 관점은 공자가 말하는 예를 이해하는데 좋은 시발점이 될 수 있다.

예(禮)란 무슨 뜻일까? 이 글자의 형태로 보면, 제사(祭事)상을 상징하는 말일 것이다. 말의 개념을 어원(語源)으로부터 풀이하는 것은 어의(語義)를 분석하는데 그리 좋은 방법은 아니지만, 예의 경우는 좀 다르다. 왜냐하면, 논어에는 예라는 말이 여러 가지 뜻으로 쓰이고 있으나,

그 개념을 자세히 보면, 대략 세 가지 뜻으로 분류할 수 있고, 그 세 개념이 예의 발전사(發展史)를 반영하고 있다고 할 수 있기 때문이다. 첫째로, 예는 한 사회의 문화 혹은 제도(制度) 총체를 뜻하고, 둘째로는 의례(儀禮) 행사를 의미하고, 셋째로는 대인관계에 있어서의 예의(禮義)를 말할 때에 쓰인다. 첫째 용법은 원시사회에 있어서 정치체제 혹은 종교적 의의가 중요한 성분으로 되어 있었으나, 현대에 있어서 이러한 용법은 남아 있지 않다. 논어를 보아도 이런 용례는 몇 되지 않는 것을 보면, 이미 2,500년 전의 공자 시대에도 거의 폐어(廢語)가 된 것 같다. 이 세 가지 용법에 공통되는 의미성분은 바로 관습(慣習)이라는 성분일 것이다. 예가 어떻게 쓰이든 근본적으로 사회 관습에 관한 이야기가 된다. 그리고 종교적 성분은 첫째 용법(文化/制度)에 가장 능해도, 둘째 용법(禮式)에는 있을 경우도 있고 없을 수도 있다. 그리고 셋째 용법에 있어서는 종교적 성분은 거의 없다고 할 수 있다. 여기까지의 고찰을 정리하면, 아래와 같다.

예(禮)의 용법	현대 한국어 표현	종교적 성분	공통 의미 성분
첫째 용법	문화(文化) / 제도(制度)	{ + }	관습
둘째 용법	의례(儀禮) / 예식(禮式)	{ + / − }	
셋째 용법	예의(禮義)	{ − }	

도표에 종교적 성분에서, { + }는 있음, { + / − }는 있을 경우와 없을 경우가 있음, 그리고, { − }는 없음을 표시한다.

논어에서 예(禮)에 대한 장(章)은 의외로 그리 많지 않다. 논어 20편(篇) 중에 예를 주제로 하는 편은 팔일편(八佾篇) 하나뿐이고, 논어 전편을 통해서 장(章)의 총수가 근 600이 되는데, 예를 주제로 하는 장수는 대략 40개쯤밖에 되지 않는다. 그리고 제도(制度)의 뜻으로 쓰인 장은 그리 많지 않고, 그 나머지를 예식(禮式)과 예의(禮義)의 두 개념으로 분류(分類)해 보면, 거의 반반으로 나눌 수 있다. 물론 이러한 구별이 어느 쪽으로나 해석할 수 있는 경우도 있고, 또 예라는 말을 쓰지 않아도 예와 관련된 구절이라고 볼 수 있는 장도 적지는 않다. 우선, 첫째 용법, 제도라는 뜻을 나타내는 한 예를 팔일편(八佾篇)에서 찾아보면,

(3-9) 선생님께서 말씀하셨다. "하(夏)나라의 예제(禮制)에 대해서는 나는 말할 수 있지만, 기(杞)나라에 대해서는 입증할만한 문헌이 부족하다."

子曰 夏禮 吾能言之 杞不足徵也…

여기의 하예(夏禮)는 넓게 국가 제도(制度)로나, 좁게 예제(禮制) 즉 예에 대한 관습으로도 해석할 수 있다. 그러나 공자만한 대학자가 예식의 형식을 따지고 있는 것 같지는 않다. 아마 하(夏)나라의 문화체제 혹은 예제(禮制)에 대해서 말했다고 보는 것이 타당할 것이다. 공자가 고전 중에서 시(詩:옛날 노래)와 서(書:가장 오래된 신화)를 많이 읽고 인용했다 해도, 하(夏)나라는 기원전 23세기나 되는 왕조이다. 따라서 여기에 공자가 알만하다고는 하나, 그리 자신 있게 말할 수는 없었을 것 같다. 기(杞)나라는 하왕조의 후손의 나라인데도 제대로 된 기록이 남아 있지 않기 때문에 공자가 그 나라의 제도에 대해서 말할 수 없다고 한다. 이러한 용례(用例)에 대해서는 후에 공자의 복고(復古)사상을 고찰할 때에 다시 보기로 하고, 이제는 예의 대표적인 용법인 예식과 예의에 대해서 좀 다른 각도에서 검토하기로 한다.

공자는 예(禮)를 각별히 소중히 여긴 것 같다. 그러나 공자의 예에 대한 구절이 다 그렇지는 않다. 가끔 헷갈리는 말도 있고, 또 다른 장과 상반되는 인상을 주는 말도 있고, 또 조건을 붙이는 구절도 있다. 이러한 용례를 우리가 제대로 평가하려면 새로운 방법이 필요한 것 같다. 어떤 기준으로 예에 관한 대표적 구절을 평가할 수 있을까? 당연히 공자가 직설적으로 예의 소중함을 말한 장이 기준이 되어야 할 것이다. 공자

가 직설적으로 말한 구절을 A형이라고 부르고, 그렇지 않은 구절을 B형이라고 부르고 대조해서 보기로 하자. 예에 대해서 비판적이거나, 무슨 조건을 붙이는 경우는 공자의 예에 대한 또 다른 면을 보여줄 것이다. 가장 대조적인 예를 팔일편에서 골라서 보면, 아래와 같다.

A형 : **(3-17)** 사(賜)여, 너는 양(羊)을 아끼는가? 나는 그 예(禮)를 아낀다.

賜也 女愛其羊 我愛其禮

B형 : **(3-3)** 사람이 인자스럽지 못하면, 예(禮)가 무슨 소용이 있겠는가?

人而不仁 如禮何

A형(3-17)은 제자 자공(子貢)이 제사에서 양(羊)의 희생(犧牲)을 없애기를 바랐는데, 공자가 자신은 예식을 더 아낀다고 한 말이다. 공자는 그만큼 예를 소중히 여겼다는 것을 알 수 있다. 그에 비해서, B형(3-3)에는 공자가 예의 뒷받침이 되는 인(仁)이라는 조건을 붙인다.

제2화. 예(禮)를 소중히 여기는 공자

먼저 공자가 예를 무조건 소중히 여기는 구절(A형)서부터 보기로 하자. 이러한 예문은 모두 공자가 예를 중시했다는 것을 보여준다. 아래의 예에 있어서 제(祭)는 조상의 혼을 모시는 제사이고, 제신(祭神)의 신(神)은 산천(山川) 수목(樹木) 등, 자연에 재림하는 혼을 말한다. 이러한 믿음은 지금까지도 동아시아 문화권에는 살아 있다.

(3-12) "제사에서는 마치 조상이 바로 앞에 계시는 것처럼 하고, 신(神)을 모시는 제사에서는 신이 눈앞에 강림(降臨)하신 것처럼 하라"는 말에 대해서, 선생님께서 말씀하셨다.
"나는 제사에 (무슨 사정이 있어서) 참석하지 못하면, 제사가 없었던 것처럼 느끼곤 한다네."

祭如在 祭神如神在 子曰 吾不與祭 如不祭

초반의 구절 "제여재 제신여신재(祭如在 祭神如神在)"는 공자의 말이 아니고, 그 시대에 누구나 잘 아는 관용어였을 것이다. 아마 그러한 관용어가 화제에 올랐을 때, 공자가 자신의 감상을 말한 말이 그 다음의 구절일 것이다. 공자 자신이 무슨 불가피한 사정으로 제사에 참여하지 못하면, 그에게는 제사가 없었던 것처럼 느낀다는 말은 공자가 제사를 그만큼 인간사회의 중대사로 여겼다는 말이다. 공자가 아무리 시대를 앞선 사람이라 할지라도 모든 면에서 그 시대의 문화적 관습을 초월한 사람이라고는 할 수 없다. 고대사회에는 세계 어느 지역에서나 예식은 필수적으로 종교적 의의가 지금에 비해 훨씬 큰 비중을 차지하고 있었던 것이다. 또 같은 편에 다음과 같은 구절이 있다.

(3-15) 선생님께서 태묘(大廟)에 들어가시면 의식에 대해서 일일이 물어보셨다.
…(선생님께서 말씀하시기를) "그것이 바로 예이니라."
子入大廟 每事問… 是禮也

대묘는 주(周)왕조의 시조인 주공(周公)을 모신 묘인데, "태묘"라고 발음한다고도 한다. 공자가 태묘에 들어가서 예식 절차를 일일이 물어보는 것을 보고, 어떤 사람이 평하기를 "저런 시골 사람을 일러서 예식을 안다고 누가 할 수 있는가? 태묘에 들어가서 모든 것을 일일이 물어보다니."라고 평했는데, 공자가 후에 그 말을 듣고 말하기를 "그것이 바로 예이니라."고 한 것이다. 이말도 공자가 주(周)왕조의 예제를 잘 알고 사랑하고 있었다는 것을 여실히 보여주는 것 같다. 다음에 유명한 공자와 제자 안연의 문답을 보자. 여기서는 공자가 인(仁)을 설명하는데 예(禮)와의 관계를 말한다.

(12-1) 제자 안연(顔淵)이 인(仁)에 대하여 여쭤 보니까, 선생님께서는 "자기 자신을 극복하고. 예(禮)로 돌아가는 것이 바로 인(仁)이다. (윗사람이) 하루만이라도 이기심을 버리고 예(禮)로 돌아간다면, 세상 모두가 인(仁)으로 돌아갈 것이다. 인(仁)을 달성하는 것은 자신에 달린 것이지, 남에 의해서 달성되는 것인가?" 이어 안연이 여쭤 보았다. "인(仁)을 달성하는 요점을 말씀해 주십시오."

선생님께서는 "예(禮)가 아니면 보지 말 것이며, 예가 아니면 듣지 말 것이며, 예가 아니면 말하지 않을 것이고, 예가 아니면 움직이지 말 것이다."라고 하셨다.

안연은 "저 회(回)라는 놈은 둔한 놈입니다만, 그 말씀을 평생 받들고 살겠습니다."라고 했다.

顔淵問仁 子曰 克己復禮爲仁 一日克己復禮 天下歸仁焉 爲仁由己 而由人仁乎哉 顔淵曰 請問其目 子曰 非禮勿視 非禮勿聽 非禮勿言 非禮勿動 顔淵曰 回雖不敏 請事斯語矣

여기서는 공자가 인(仁)의 달성은 마치 예(禮)로 돌아가는 것이라고 말한다. 그리고 제자 안연(顔淵)이 구체적인 요목(要目)을 요청했을 때, 공자는 예가 아니면, 보지 말고, 듣지 말고, 말도 하지 말고, 움직이지도 말라고 한다. 과연 공자가 그렇게 마음이 좁은 사람이었을까? 필자는 그렇게 보지 않는다. 공자는 제자들과 농담도 하고 웃기는 말도 하고, 자유롭게 기탄없이 말이 오간 것 같다. 확실히 이 장에 나타나는 공자상은 다른 곳과 다르다. 그뿐만 아니라, 이 장(章)의 구조가 틀에 박힌 형식을 갖췄기 때문에 어떤 학자는 이 말이 진정한 공자의 말인지를 의심하기도 한다. 이 장(章) 바로 뒤에 있는 장(12-2)도 동일한 형식 구조를 보여준다. 유명한 구절이므로 대조해서 보자.

(12-2) 제자 중궁(仲弓)이 인(仁)에 대하여 여쭤 보니까, 선생님께서는 "문밖으로 나가서 사람을 대할 때, 귀한 손님을 만나듯이 하고, 백성들을 부릴 때에는 큰 제사를 올리듯이 신중히 해야 한다. 그리고 자기가 원치 않은 일은 남에게 하지 않는다면, 나라에는 원망을 품는 사람이 없어질 것이고, 집안에도 원한을 가지는 사람이 없어질 것이다."라고 하셨다. 그 말씀을 듣고 중궁은 "저 옹(雍)이라는 놈은 둔한 놈입니다만, 그 말씀을 평생 받들고 살겠습니다."라고 했다.

仲弓問仁 子曰 出門如見大賓 使民如承大祭 其所不慾 勿施於人 在邦無怨 在家無怨 仲弓曰 雍雖不敏 請事斯語矣

이 장에서는 제자 仲弓이 仁에 대한 질문을 하고, 스승의 답을 듣고 나서 틀에 박힌 청을 한다. 예라는 말은 나오지 않으나 첫 두 구절, "출문여견대빈(出門如見大賓)"과 "사민여승대제(使民如承大祭)"는 예에 대한 말이다. 이 장도 진정한 공자의 말인지 아닌지는 확실하지 않으나, 한 가지 확실한 것은 위의 두 장은 후세의 유가(儒家)들이 애용하여 왔기 때문에, 이러한 구절이 오늘날 유교의 가장 전형적인 형식주의 성격을 조성한 것이다. 이제 태백편(泰伯篇)에 공자가 시(詩)와 예(禮)와 악(樂)을 연결해서 이야기하는 흥미로운 장을 보기로 하자.

(3-3) 선생님께서 말씀하시기를, "시(詩)를 읽고 감동하여, 예(禮)로서 자립하고, 음악으로서 조화를 이루어 완성한다."

子曰 興於詩 立於禮 成於樂

공자가 무슨 이야기를 하고 있는 것일까? 이 구절의 주제가 무엇일까? 단순히 시(詩)와 예(禮)와 악(樂)에 대한 이야기는 아닌 것 같다. 해설자들은 이 구절의 주제를 교양(敎養)으로도 보고 수양(修養)으로도 보고, 그저 막연히 배움이라고도 보는 것 같다. 어느 쪽으로 봐도 큰 차이는 없다. 필자는 이 구절의 주제는 인간으로서의 자기완성이라고 보고 싶다. 그러면, 왜 하필 시(詩)와 예(禮)와 악(樂)만을 뽑아 이야기한 것일까? 여기에 주목할 것은 그 셋 중 둘이 예술이라는 점이다. 그리고 예(禮)도 어떤 면에 있어서 예술로 볼 수 있을 것 같다. 고대 사회의 예는 흔히 아름다운 절차와 율동, 그리고 음악과 무용이 따른다. 공자가 예를 애호한 이유는 예식에 수반되는 음악과 무용(舞踊)을 사랑하고 제자들의 정서교육에 많이 애용한 때문이 아니었을까?

공자가 예술을 각별히 애호한 것은 잘 알려진 사실이다. 공자의 예술관은 특이한 점이 있는데 공자에게 선함은 아름다움이요, 아름다움은 바로 선함이다. 그의 이러한 예술관은 현대 예술에 있어서도 중요한 시사가 될 수 있다. 예술이 무엇인가 하는 과제는 옛 그리스(Greece)로부터 오늘날까지 여러 학설이 있으나, 한 마디로 해명되기는 어렵다. 공자의 예술관은 언뜻 듣기에는 너무나 단순하게 들린다. 선(善)과 미(美)가 무슨 관계가 있다는 말인가? 그러나 난해한 문제의 해답이 반드시 난해하지는 않다. 코페르니쿠스(Copernicus)의 지동설(地動說)이나, 뉴턴(Newton)의 인력(引力)설도, 알고 보면 의외로 간단하다. 공자의 예술관을 시사하는 구절이 이인편(里仁篇) 첫 장에도 있다.

(4-1) 선생님께서 말씀하셨다. "인자스러운 마을에서 사는 것은 아름답다. 골라서 인자스러운 곳을 택하지 않는다면, 어찌 지혜롭다고 하겠는가?

子曰 里仁爲美 擇不處仁 焉得知

이 장에도 공자는 인(仁)을 택하는 것을 아름답다고 표현한다. 이것도 우연의 일치일까? 필자는 이인위미(里仁爲美)를 "인(仁)을 택하는 것이 미(美)이니라"라고 해석하고 싶다. 또 예(禮)는 흔히 악(樂: 음악)과 무(舞: 춤, 또는 아름다운 동작)가 수반되었다. 공자가 예(禮)를 소중히 여긴 것에 그러한 이유도 있었을지도 모른다. 물론, 이런 이유만으로는 이 해석이 가능하지 않으나, 예술에 대한 공자의 말은 다른 곳에도 많다. 공자의 예술관에 대해서는 후에 다시 자세히 논하기로 하고, 이제 공자의 말 중 우리가 B형이라고 부르는 구절, 즉 공자가 예에 대하여 비판적이고 또 무슨 조건을 붙이는 이야기를 검토하자.

제3화. 예(禮)에 조건(條件)을 붙이는 공자

논어에 나오는 예에 대한 공자의 말이 모두 무조건 예를 소중히 여기라는 말은 아니다. 공자의 예에 대한 평론의 태반은 예에 조건을 붙인다. 예의 근본, 뒷받침이 될 인간의 내면성, 공적(公的)으로나 사적(私的)으로나 예를 악용하는 사람들에 대한 비판, 또 공자 자신이 검소한 예식을 선호한다는 말을 하는 장도 적지 않다. 이미 제1화에서 본 구절, "예가 무슨 소용인가?"(여례하;如禮何) 하는 구절이 이인(里仁)편에도 나온다.

(4-13) 선생님께서 말씀하셨다. "예절을 지키고 서로 양보하는 마음으로 나라를 다스린다면 무슨 문제가 있겠는가? 그러나 예절을 지키고 서로 양보하는 마음으로 나라를 위해서 일을 못한다면, 예가 무슨 소용이 있겠는가?"

子曰 能以禮讓 爲國乎 何有 不能以禮讓爲國 如禮何

여기서 공자는 예와 경양의 정신을 같은 덕으로 보는 것 같으나, 예절을 지키고 서로 양보하는 것도 외면에 나타나는 것이니, 내면으로는 허위일 수도 있고 위선일 수도 있다. 또 한 예를 보자.

(3-26) 선생님께서 말씀하셨다. "윗자리에 있는 사람이 너그럽지 못하고, 예절을 지키면서도 남을 존경하지 못하고, 상례에 있어서 슬퍼하는 마음이 없다면, 나는 그 무엇을 가지고 그런 사람을 봐줄 것인가?

子曰 居上不寬 爲禮不敬 臨喪不哀 吾何以觀之哉

여기서도 공자는 예절을 번듯하게 지키는 외모만을 보고 사람을 평가할 수 없다고 한다. 예는 그 자체보다도 마음가짐에 그 진가가 있는 것이다. "위례불경(爲禮不敬)": 예를 지키면서 경양의 마음이 없고, "임상불애(臨喪不哀)": 상례에 참석하면서도 슬퍼함이 없다면 어떻게 인간답다고 할 수 있겠는가? 또 한 구절, 양화편(陽貨篇 17-11)에 있는 날카로운 경구를 보자.

(17-11) 선생님께서 말씀하셨다. "예(禮)라, 예(禮)라들 하는데, 그것이 옥이나 비단을 뜻하겠는가?
악(樂)이라 악(樂)이라들 하는데 그것이 종이나 북을 뜻하겠는가?"

子曰 禮云禮云 玉帛云乎哉 樂云樂云 鐘鼓云乎哉

그 당시 사람들은 예를 많이 따지곤 한 것 같다. 그러나 공자는 직선적으로 비판을 한다. 제사에 쓰이는 비싼 물건을 주로 하는 형식에 치중하는 것이 예가 아니다. 또 음악에 있어서도 값진 악기를 따질 것이 아니라, 아름다운 조화를 이루고 듣는 사람의 가슴 깊이 닿는 정서와 감동이 음악의 진미일 것이다. 공자는 겉으로 예를 지키면서 속마음이 다른 자를 신랄하게 비난하는 유명한 경구가 학이(學而)편에 일찍이 아래와 같이 나온다.

(1-3) 선생님께서 말씀하셨다. "고운 말을 하고 얼굴색을 곱게 꾸미며 간사하게 행동하는 자들 가운데 진실로 인자한 사람은 드물다."

子曰 巧言令色 鮮矣仁

이 말이 유명한 이유는 논어 (17-17)에 중출(重出)이 되어 있기 때문인지는 모르나, 공자는 이와 같이 겉을 꾸미는 사람을 혐오한 것이 틀림없다. 양화(陽貨)편에는 이러한 인물을 향원(鄕原)이라고 부르고 비판한다.

(17-12) 선생님께서 말씀하셨다. "마을 사람들이 점잖다는 소문난 위선자는 덕을 도둑질하는 것과 같다."

子曰 鄕原德之賊也

향원(鄕原)이라는 말은 당대의 속어 같은데 정확한 뜻은 모르나, 원뜻은 어떤 마을에도 흔히 있는 점잖은 양반이라는 뜻이겠지만, 문맥으로 보아도 공자 말대로 인덕을 도둑질하는 위선자라는 것은 자명하다. 공자는 또 예식은 사치한 것보다 검소한 것을 선호한 것 같다. 팔일편(八佾篇)에 나오는 공자 말을 보자.

(3-4) 임방(林放)이 예(禮)의 근본에 대해서 여쭤 봤다. 선생님께서 말씀하시기를, "대단한 질문이로다! 예는 사치스럽게 하는 것보다 검소하게 할 것이며, 상례(喪禮)는 형식을 갖추기보다 슬퍼하는 마음이 중요한 것이다."

林放問 禮之本 子曰 大哉問 禮與其奢也寧儉 喪與其易也 寧戚

임방(林放)이라는 인물에 대해서는 잘 알려져 있지 않다. 일설에 의하면 공문의 제자라고도 하는데 확실하지는 않은 것 같다. 공자는 임방의 질문에 대해서 예에 있어서 형식보다 참여하는 사람의 마음이 중요하니, 사치스러운 것보다 검소하게 하는 것이 낫고, 또 상례에 있어서도 모든 형식을 갖추기보다 슬퍼하는 심정이 소중하다고 말한다. 그렇다면, 공자는 공문(孔門)의 제자나 자신의 죽음에 대해 무슨 말을 했을까? 공자가 지극히 사랑하던 안연(顔淵)이 죽었을 때 공자가 한 말이 논어에 많이 실려 있다. 선진(先進)편에 있는 한 구절을 보면,

(11-11) 제자 안연(顔淵)이 죽었을 때, 문인들이 장례를 성대하게 하려고 했는데, 선생님께서는 "안 된다"고 말씀하셨다. 그러나 문인들은 끝내 성대하게 장례를 거행했다. 선생님께서는 말씀하시길, "회(回)야, 너는 나를 아버지처럼 보았었는데, 나는 너를 자식처럼 여기지 못했구나. 그러나 그것은 나를 탓하지 말아다오. 그것은 저 아이들 탓이란다."

顔淵死 門人慾厚葬之 子曰 不可 門人厚葬之 子曰 回也視予猶父也 予不得視猶子也 非我也 夫二三者也

공자는 문인 중에서 안연(顔淵)을 가장 사랑하고 존경했다. 선진편에는 안연의 죽음에 대해서 다섯 장이나 계속해서 나온다. 안연이 죽었을 때, 공자는 안연이 성대한 장례를 바라지 않았던 것을 잘 알고 있었기 때문에, 다른 제자들이 성대한 장례식을 바랬는데도 안 된다고 공자가 말린 것이다. 그럼에도 불구하고 제자들은 스승이 설마 개의치 않으시겠지 생각하고 안연을 위해 성대한 장례식을 감행한 것이다. 그것을 보고 공자가 개탄하면서 안연의 이름을 부르고 말한다. "회야, 미안하다, 너는 나를 아비처럼 여겼는데, 나는 너를 자식처럼 대하지 못했다. 그러나 이것은 내 뜻이 아닐세. 저 젊은 것들이 한 것이라네!" 이장에서야말로 공자의 비창한 슬픔을 눈에 보이듯 느낄 수 있다. 그러면, 공자 자신이 죽음과 대했을 때, 무슨 말을 했을까? 자한(子罕)편에 아래와 같은 우화가 있다.

(9-12) 선생님께서 병을 앓고 계실 때, 자로가 문인들에게 신하(臣下)처럼 옷차림을 시키고 스승을 뵙게 했다. 선생님께서는 병세가 조금 나아지셨을 때, 말씀하셨다.

"오래간만이로구나, 유(由)의 장난은! 나는 신하도 없는데 신하가 있는 것처럼 하다니. 내가 누구를 속인단 말인가? 하늘을 속인단 말이냐? 그리고 나는 죽은 후 신하 손에 맡기느니, 너희들 손에 맡기고 싶구나. 또 내가 성대한 장례를 못 얻는다 해도 설마 내가 길바닥에서 죽겠는가?

子疾病 子路使門人爲臣 病間曰 久矣哉 由之行詐也 無臣而爲有臣 吾誰詐 詐天乎 且予與其死於臣之手也 無寧死於二三子之手乎 且予縱不得大葬 予死於道路乎

자로(子路)는 공자의 문하생 중에서 가장 용맹하기로 유명하고, 또 장난꾸러기였던 것 같다. 유(由)는 자로의 유명(幼名)이다. 공자가 유랑 끝에 귀국 후, 늙고 병을 앓고 있을 때의 이야기다. 자로가 스승을 웃기려고 했는지, 젊은 문하생들을 신하(臣下)처럼 옷차림을 시켜서 아마 스승 앞에 엎드려 절을 했는지도 모른다. 공자는 "유야, 네 장난도 오래간만에 보는구나."고 한다. 물론 공자는 그것이 자로의 장난이라는 것을 잘 알지만, 그저 웃고 넘기면서 한 말일 것이다. "내게 신하가 어디 있다고 신하들의 간호를 받으면서 죽겠느냐? 그렇다 해서 내가 설마 길바닥에서 혼자서 아무도 모르게 죽지야 않겠지."라고 했을 것 같다. 공자가 예를 소중히 여겼으나, 예식에 집착이 있었다고는 볼 수 없다. 또 선진편 첫머리에 공자가 예악에 대해서 또 다른 측면에서 논하는 흥미로운 장이 있다.

(11-1) 선생님께서 말씀하시기를, "선배 되는 사람들은 예악(禮樂)에 있어서 시골뜨기라고 할 수 있다. 그리고 후배 되는 사람들은 예약에 있어서 군자(君子)라고 할 수 있다. 그러나 나는 (예악을) 쓰게 된다면, 선배 쪽을 택하겠다."

子曰 先進於禮樂野人也 後進於禮樂君子也 如用之 則吾從先進

여기에 선진(先進)과 후진(後進)이리는 말은 보통 선배와 후배라고 해석하는데, 어떤 해설자는 "옛날 사람"과 "현대 사람"으로 대조해서 해석하기도 한다. 야인(野人)과 군자(君子)라는 말을 대조해서 말한 것도 좀 특이하다. 야인은 시골 사람으로 보고 군자는 세련된 요즈음 문화인(文化人)이라고 풀이하는 것 같다. 물론, 이 경우에 "군자"라는 말은 공자가 흔히 쓰는 "훌륭한 인간"이라는 뜻이 아니라는 것은 말할 바도 없다. 그러면, 여기서 공자는 무슨 말을 하고 있는 것일까? 공자는 예악에 있어서 소박하고 검소한 옛날 사람이나 시골 사람을 선호하며, 호화로운 요즈음 사람이나 소위 양반집 자손 쪽은 택하지 않겠노라고 한 말이다. 다시 말하면, 좀 전에 본 예여기사야녕검(禮與其奢也寧儉:3-13)과 일관된 의미라고 보아야 할 것이다.

여기까지 우리는 예(禮)에 대 한 공자의 말을 두 유형으로 나누어 관찰했는데, 독자는 독자 나름으로 결론을 짓고 싶을 것이다. A형을 택할 것인가? 아니면, B형을 택할 것인가? 어느 쪽을 택하든 자료는 풍부하다. 그런데 여기서 알아야 할 것은 A냐 B냐 하는 양자택일은 비교적 쉬우나, 그것만으로는 충분하지 않다는 점이다. A도 옳고 B도 옳다는 가능성을 제외할 수 없다. 사람들은 보통 이러한 답을 원치 않는다. 무의식중에 복잡한 답을 회피하려고 하기 때문이다. 그러나 이런 경우 차라리 모른다고 하는 것이 흑백론으로 끌려가는 것보다는 낫다.

제4화. 공자의 호고사상(好古思想)

논어 해설자들의 대부분은 공자가 중국 전통문화의 혁신자(革新者)냐 아니면 기성문화에의 회귀(回歸)를 시도한 복고(復古)주의자냐 하는 점을 쟁점화하고 있다. 필자는 이러한 양자택일(兩者擇一)의 평론은 무의미하다고 본다. 이 과제에 관해 무엇보다 중요한 것은 인간의 사상사(思想史)에 있어서 복고사상이 정확히 무엇인지를 먼저 해명해야 하며, 또 공자사상의 복고사상이 구체적으로 무엇인지를 제대로 파악하는 것이다. 이 이야기 제목을 호고(好古)라고 부른 것은 논어에는 공자가 자기의 사상을 복고(復古)라 부르지 않고, 호고(好古)라고 부르는 장이 있기 때문이다. 어떻게 부르든 관계는 없다. 아래의 고찰에 있어서는 복고와 호고를 같은 뜻으로 보고 섞어 쓰기로 한다.

(7-19) 선생님께서 말씀하셨다. "나는 태어나서부터 도(道)를 아는 사람이 아닐세. 옛것을 좋아하고, 부지런히 배워서 구하고 있을 뿐이라네."

子曰 我非生而知之者 好古敏以求之者也

고대 중국역사는 그들의 이상(理想)을 "선왕지도(先王之道: 먼 옛날의 임금의 길)"라 하고, 6천 년 전 중국의 전설적 임금의 덕정(德政)서부터 시작된다. 그러나 논어를 보면, 공자는 그중 요(堯)와 순(舜), 그리고 한

참 내려와서 주(周)나라의 시조인 무왕(武王)과 문왕(文王)을 이상으로 여긴 것 같다. 논어에 나오는 공자는 분명히 고대역사나 신화에서 후세의 이상을 발견하려는 복고(復古)사상이 짙다고 볼 수 있다. 그러나 문제는 그리 단순하지 않다. 첫째로, 공자가 과연 춘추시대에 앞서 4천 년 전의 신화를 얼마나 알고 있었는가, 또 그 아득한 역사적 과거에 대해서 공자가 무슨 말을 했는지 자세히 볼 필요가 있다. 둘째로, 호고사상이 이미 멀리 지나온 과거에서 새로운 뜻을 발견하는 것이라면, 이것은 모든 학문과 예술분야에서 마땅히 가져야 할 자세(姿勢)라고 보아야 할 것이다. 천재적 인물의 학설이나 창작에는 반드시 복고사상이 내재한다. 옛것을 모르면 새로운 발전은 가능치 않다. 공자는 이런 뜻에 있어서 확실히 "호고사상"을 최대로 활용한 천재이며 교육자였다고 볼 수 있다. 그러나 (다행히) 공자 어록에는 복고사상을 시사하는 구절이 그리 많지 않다. 먼저 위정(爲政)편에 있는 유명한 구절서부터 검토해 보자. 이 짧은 구절은 해석이 다양하나, 대략 아래와 같다.

(2-11) 선생님께서 말씀하셨다. "옛것을 다시 익히고 새로운 것을 알게 된다면, 남의 스승이 될 만하다."

子曰 溫故而知新 可以爲師矣

이 말은 공자의 복고(復古) 혹은 호고(好古) 사상을 상징하는 말로 보통 간주되어 있으나, 과연 공자가 단순히 옛것을 이상으로 삼아 존중하고 거기로 돌아가기를 원한 것일까? 좀 더 신중히 고찰할 필요가 있다. 우선, 첫 구절 "온고(溫故)"는 두 가지 주석이 있는데, 하나는 "옛것을 다시 배워,"이고, 또 하나는 "배운 것을 다시 복습하여"로 주석되어 있다. 그리고 "지신(知新)"은 "새로운 것을 알게 된다"는 뜻으로 풀이한다. 그러나 옛것을 배우고 새로운 것을 알게 된다는 말은 모든 것을 다 알게 된다는 말이 되고, 공자의 말로서 너무나 평탄하고 당연한 말밖에 되지 않는다. 그리고 왜 옛것이 반드시 영원한 인간의 이상이 되어야 하는가? 또 둘째 구절 "가이위사의(可以爲師矣)"라는 말도 반드시 "남의 스승이 될 만하다"라고 해석할 필요는 없는 것 같다. 이미 제2장에서 본 "아삼인행 필득아사언(7-21: 我三人行 必得我師焉)"이라는 말을 상기하기를 바란다. 그 경우에 "나의 스승(我師)"이라는 말은 문자대로 "스승"이라는 뜻이 아니라, "선자(善者)에게서 선(善)을, 불선자(不善者)에게서는 자신을 반성하게 하여, 무엇을 고쳐야 하는가를 알게 된다"는 말이다. 그렇다면, "가이위사의(可以爲師矣)"라는 구절도 "무엇인가를 배울 수 있다"라는 해석이 가능하다. 다시 말하면, "역사적 과거를 잘 살펴보면, 현재나 미래에 적용되는 진실을 발견할 수 있다"라는 뜻으로 해석할 수 있다. 과거의 역사는 선(善)과 악(惡)이 혼존이다. 역사는 되풀이한다. 그렇다면, 이장(章)의 참뜻은 단순한 복고사상이 아니라, 과거를 통해서 현재나 미래를 내다볼 수 있다는 말이 된다. 물론 필자는 위의 해석이 옳다고 주장하는 것은 아니다. 독자도 각기 독자적인 해석을 시도하길 바란다.

좀 더 자세히 공자가 출현한 고대중국의 토양을 살펴보자. 사마천(司馬遷)의 사기(史記:기원전 91년)에 의하면, 중국의 신화는 황제(黃帝)를 위시하여 다섯 성천자(聖天子)로 시작되는데, 공자는 그중 요(堯)와 순(舜), 그리고 주(周)왕조의 시조(始祖) 외에는 별 언급이 없다. 공자가 서(書)를 정리하고, 춘추(春秋)라는 역사책을 썼다고 전해지기는 하나, 사실 오래된 신화를 얼마나 알고 있었으며, 어떻게 이해하고 있었던 것인지는 정확히 알 길이 없다. 세계의 다른 고대문화의 신화는 보통 태양신이나 창조신으로 시작되고, 타민족 정복과 피비린내 나는 전쟁으로 가득 차 있는데, 고대 중국 신화에는 좀 특이한 점이 있다. 선양(禪讓)이라는 제위(帝位) 계승제가 있었다고 한다. 선양이라는 제도는 제위를 세습(世襲)으로 하지 않고, 나라에서 가장 공덕(功德)이 높은 사람에게, 그의 신분을 불문하고, 양위하는 제도이다. 그러나 이런 제도가 있었다 하더라도, 공자 시대를 2,500년이나 앞서는 것이니, 역사적 사실이라기보다 전설이라고 보아야 할 것이다.

역사가들이 추정하는 "역사시대"는 세습(世襲)제를 시작한 하(夏)왕조나 은(殷)왕조 이었을 것이다. 중국역사는 고고학적으로 기원전 3천 년까지 올라가는데, 황하(黃河) 유역에서 시작된 농경문화체에서 시작된 것으로 알려져 있다. 전설과 역사 사이의 최초의 왕조는 하(夏)왕조이다. 공자가 논어에서 자기 나라를 제하(諸夏:여럿으로 갈라진 하나라)라고 불렀던 것도 그런 이유였을 것이다. 그러나 하(夏)왕조의 역사적 실체는 아직까지 확증됐다고는 하지 못한다. 현재에 있어서 확인된 최초의 왕조는 은(殷: 기원전 1,600년, 상[商]이라고도 불림)나라인데, 지금의 하남성(河南省)에서 많은 폐허(廢墟)와 청동기(靑銅器)가 발굴되고 있으며, 청동기에는 문자(文字)가 새겨져 있다.

공자가 고대 신화 속에서 귀중한 이상을 발견하는 복고사상이 있었다는 것은 그 시대성으로 보아 자연스러운 일이다. 제3화에서 본 위정(爲政)편(6-30)의 구절을 다시 보면, 제자 자공(子貢)의 인(仁)에 대한 질문에 대하여 공자가 답을 한 후에 "성왕(聖王) 요순(堯舜)도 바로 그것을 고심한 것이다(堯舜其猶病諸)"라고 끝마친다. 이와 똑같은 구절이 헌문(憲問)편에도 나온다. 흥미 있는 대화이니, 전문을 아래에 풀이해서 보자.

(14-44) "자기 마음을 닦고 온 세상 사람을 편안히 하는 것은 요순(堯舜)과 같은 성천자들도 고심하신 것이다."라고 말씀하셨다.

曰修己以安百性 堯舜其猶病諸

제자 자로(子路)가 "어떻게 하면 군자라고 할 만합니까?"라고 물은 질문에 대하여, 공자의 답은 자기 수양과 남을 존경하는 마음을 가르친다. 익살맞은 자로는 그런 것은 알고 있다는 듯이 "그뿐이에요?"라고 묻는다.

자로: 선생님, 어떠한 사람을 군자라고 할 수 있습니까?

공자: 자기의 마음을 닦아서 남을 존경해야 한다.

자로: 그뿐이에요?

공자: 자기 마음을 닦아서, 사람들을 편안하게 해 주는 것일세. 자로: 그렇게만 하면 다예요?

공자: 자기 마음을 닦아 온 세상 사람을 편안하게 해줄 수 있으면 된다. 자기 마음을 닦고 온 세상 사람을 편안하게 해준다는 것은 요(堯) 임금이나 순(舜) 임금도 걱정하신 것이라네.

이 이야기는 흥미롭기는 하나, 마지막 구절 "요순기유병제(堯舜其猶病諸):요(堯) 임금이나 순(舜) 임금도 그런 것을 걱정하신 것이라네."라는 말은 별 뜻이 없다. 문자 그대로 해석하는 것은 무의미하다. 억지로 문법적 기능을 따진다면, 감탄사 역할밖에 되지 않는다. 다시 말하면, 공자는 훌륭한 인간이 되는 길을 가르친 후에, 당대에 누구나 잘 아는 전설적 성왕(聖王)의 이름을 빌려서 강조한 것이라고 볼 수 있다.

고대 성왕(聖王)의 행실에 대해서 더 구체적 말이 논어에 있을까? 있다면 공자 사상의 근원을 좀 더 알 수 있을 것이다. 그런데 논어의 마지막 편, 요왈(堯曰)편 제1장에 요(堯)가 순(舜)에게 양위했을 때에 말했다고 전해지는 구절이 있다. 요왈편은 5장밖에 되지 않으며, 이러한 말을 누가 왜 논어 마지막 편에 삽입했는지는 알 수 없다. 좀 길고 알기가 쉽지 않으니, 첫 구절만을 아래에 인용하고, 나머지는 쉽게 풀어서 요약한다.

(20-1) 요(堯)가 말했다. "아, 순(舜)이여, 하늘이 정한 역수(曆數)는 너의 몸에 돌아와 있다…

堯曰 咨爾舜 天之曆數 在爾躬…

이 장은 공자의 복고사상이 구체적으로 무엇인지를 알기 위한 절호의 자료라 볼 수 있다. 위의 구절로 시작하는 말은 계속해서 아래와 같이 계속된다.

"진실로 그 (모든 일에) 가운데(中)를 택하라.
사해(四海=세계)가 어려움{곤궁(困窮)}에 빠진다면
하늘의 은혜는 영원히 떠날 것이다."
"순(舜)은 역시 우(禹)에게 양위(讓位)할 때에 같은 명을 내렸다."

여기에서 우리가 주목할 점이 둘이 있다. 하나는 선양(禪讓) 자체이며, 또 하나는 집중(執中: 중용의 길을 잡아라)이라는 말이다. 이미 보다시피 선양은 정권을 덕성이 뛰어난 인물에게 이양한다는 것이니, 고대 사회의 최고 이상이 아닐 수 없다. 다만, 그러한 것을 역사적 사실이라고 믿을 수 있을까? 이미 공자 당시에는 이러한 제도는 먼 옛날의 신화에 지나지 않았을 것이다. 논어에 요순 신화가 산견되지만, 공자는 이러한 신화에서 경양(敬讓)의 정신을 강조하는 교육의 수단으로 쓴 것으로 보인다.

둘째로 집중(執中)이 무슨 뜻일까? 집중은 문자 그대로 "가운데를 잡으라"는 말인데, 유교에서는 보통 중용(中庸) 혹은 중행(中行)이라고 한다. 요왈편(20-1)에 "중(中)"이란 말이 중요한 덕목으로 나온다는 사실은 중용이 이미 공자 이전에 고대 중국 사상의 중요한 사상으로 되어 있었다는 것을 알 수 있다. 그런데 이상하게도 논어에는 중(中)의 사상은 세 번밖에 나오지 않는다. 공자 말로서 두 번, 그리고 요왈편에 한 번뿐이다. 그러나 옹야(雍也)편에 있는 공자의 말을 보면, 그는 중용을 지상(至上)의 덕으로 여긴 것 같다.

(6-29) 선생님께서 말씀하셨다. "중용이야말로 지상의 덕이로다. 그러나 사람들이 행하지 못한지 오래됐구나."

子曰 中庸之爲德也 其至矣乎 民鮮久矣

중용은 한쪽으로 기울어지지 않고, 양단(兩端)의 가운데를 택한다는 말이다. 언뜻 듣기에 쉬운 일 같지만 결코 쉬운 일이 아니다. 우선 중을 택하려면, 양단이 무엇인지, 또 양단이 어디에 있는지를 알아야 한다. 양단을 없앤다는 말이 아니다. 세상의 모든 현상은 양극(兩極)의 대립으로 되어 있다. 현대 말로는 이원(二元)론이라고 할 수도 있을 것이다. 음과 양, 선과 악, 대와 소, 미와 추, 흑과 백 등 모든 것이 대립관계에 있다. 인간의 사회생활에 있어서도 우리는 항상 양단을 직시하면서 중을 택하여 조화를 이루어야만 최선을 다했다고 할 수 있다. 위의 공자 말도 바로 이점을 지적하는 말일 것이다. 고대 그리스에도 중용과 비슷한 학설이 있다. 이것은 "금색의 중도(the Golden Means")라는 말로 아리스토텔레스(Aristoteles)의 윤리학에서 시작한 것인데, 그는 단순히 중(中)을 최선(最善)으로 보고 양단은 악(惡)으로 보았다. 그러나 중용은 그리 간단하지 않다. 양단을 부정하지 않고, 한쪽으로 기울어지지 않은 조화로 보는 것이다. 현대 철학계의 예를 본다면, 영미계 실증주의 학파는 모든 것을 논리와 경험으로 해명하려고 하는데, 대륙계 학파는 형이상학적 고찰을 배제하지 않는다. 이 경우에 실증주의는 명백히 한쪽으로 기울어진 학설이라 아니할 수 없다. 어떤 학자는 영미계의 학설을 "철학을 배척하는 철학이라"고 했는데 신랄한 비판이라고 본다. 중용의 사상은 이와 같이 양단을 배제하지 않고 포섭하면서 조화를 이루는 양면 고찰을 중시한다. 이러한 양면 고찰은 학문에서는 물론이고 인간생활 일반에 있어서도 중요한 자세라 할 수 있다. 공자는 중용에 대해 많이 논하지는 않았으나, 앞에서 본 "화이부동(2-17:和而不同)"이나 "부지위부지(13-23:不知爲不知)"의 사상과 상통된다. 한 구절 더 자로(子路)편에 있는 공자의 말에 귀를 기울이자.

(13-21) 선생님께서 말씀하셨다. "중행(中行)에 능한 자와 함께 일하지 못한다면, 나는 광자(狂者)나 견자(狷者)를 얻고 싶다. 광자는 진취적이고, 견자는 조심스러워서 함부로 행동하지 않는다."

子曰 不得中行而與之 必也狂狷乎 狂者進取 狷者有所無爲也

이 말은 공자가 중행에 능하다는 것이 얼마나 어려운가를 잘 인식하고 있기 때문에, 차라리 광자(狂者:진취적인 사람)이나 견자(狷者:조심스러운 사람)라도 있으면 함께 일할 수 있다는 뜻으로 해석된다. 광자(狂者)는 아마 미치광이같이 날뛰는 성급한 자를 말하는 것 같은데, 이 말은 공자를 늘 가까이 모시고 다니던 제자 자로(子路)를 상기시킨다. 논어에는 공자와 자로와의 흥미로운 대화가 많은데, 공자는 항상 자로를 아끼고도 걱정하고 있었던 것 같다. 여기서 잠시 중용의 사상을 공자의 인품에 적용해 보기로 하자. 공자는 항상 중(中)을 지키고 있지는 않았다고 볼 수 있다. 제3장에서 본 어느 도가(道家)에 눈에 공자는 "안 된다는 것을 뻔히 알면서도 안 할 수 없는 자"(14-40: 是知其不可 而爲之者與)로 비친 것이다. 그의 시점에서는 공자가 "광자(狂者)"가 아니었을까? 공자의 삶도 그 당시 기준으로 보아 현실적인 것은 아니다. 정상이라고 할 수 없다. 어느 시대에도 천재적 인물은 정상이 아니다. 중용이 해당되지 않는다. 그런데도 불구하고, 평상시 공자는 늘 조심스럽고 공손한 "견자(狷者)"였다고 할 수도 있다. 다시 말하면, 공자는 양단에도 중용에도 있을 수 있는 사람이다. 공자가 중용에 대해서 많은 말을 하지 않은 것도 이러한 이유 때문이 아니었을까.

제5화. 호고사상(好古思想)의 의의(意義)

다시 한 번 제3화에서 물었던 질문으로 돌아가 보자. 공자는 전통문화의 과감한 혁신자(革新者)인가, 먼 옛날 기성(旣成) 문화로의 회귀(回歸)를 시도한 복고주의자였는가? 이 문제는 특히 서구 학자들 간에 많이 토론되는 것 같다. 필자는 이러한 물음은 서구식 합리주의 경향에서 기인된 것으로 본다. A가 옳으냐, B가 옳으냐를 속 시원하게 양자택일로 해결하기를 기대하기 때문이다. 그러나 진정한 합리주의는 거기에 머무를 수 없다. A와 B의 양면을 고찰하여, A도 옳고 B도 옳다는 가능성을 생각해야 한다. 그것이 바로 중용의 사상이라는 것은 이미 본 바와 같다. 공자의 사상은 명백히 과감한 혁신이며, 동시에 복고사상이라고 할 수 있다. 그는 멀리 사라진 과거의 이상을 잊지 않으면서 영원한 인간 존재의 진의를 계속 탐구한 천재였다고 해야 옳을 것이다. 과거는 사라졌다 해도, 현재에 내재(內在)되어 있을 것이다. 우리의 사람됨은 의식하든 못하든, 각기 과거 경험의 축적(蓄積)이라고 베르그송(Henri Bergson: 1859-1941)이 말했는데, 예리한 고찰이라고 본다. 이 말은 인간 사회에도 해당된다. 과거는 망각했더라도 완전히 사라진 것은 아니다. 과거를 다시 살펴보면 미래를 알 수 있다고 한 공자의 말 "온고이지신"(溫古而知新:2-11)을 음미해 보면 그의 호고사상의 의의가 어디에 있는가를 알 수 있을 것 같다.

복고사상은 옛날로 돌아가라는 말이 아니다. 철학에나 과학이나 예술에 있어서 위대한 개혁이나 창작은 과거를 다시 살펴봄으로써 새로운 인식 또는 창작이 가능할 수 있다. 이러한 복고사상은 현대에도 찾아볼 수 있는데, 한 예를 음악계에서 찾아보자. 18세기 음악의 거성(巨星) 베토벤(Ludwig Beethoven: 1770-1827)은 후기작품이 특이하다. 그의 말년의 작품, 다섯의 피아노곡과 여섯의 현악 사중주곡, 그리고 교향곡 9번은 당대는 물론 그의 사후 근 반세기 동안 아무도 이해하지 못했다. 많은 사람이 그의 후기작품의 괴이(怪異)함을 그의 청각장애의 탓으로 생각했었다. 한 예로 그 위대한 러시아의 철인 톨스토이(Leo Tolstoy)도 베토벤의 후기작품을 평하여, 본인이 들을 수 없는 음악을 작곡한다는 것은 가능치 않다는 이유로 무시하고 말았다. 그러나 오늘날 음악가나 애호가들은 베토벤의 후기작품이야말로 그의 작품 가운데뿐만 아니라, 현재 우리가 들을 수 있는 모든 고전 음악작품 중 최고의 경지에 이른 작품이라는 것을 인정하지 않는 사람이 없을 것이다.

왜 그럴까? 전문가들의 분석에 의하면, 그 이유는 두 가지이다. 하나는 그의 끊임없는 혁신(革新) 정신이고, 또 하나는 그의 복고사상이다. 첫째 이유는 이해하기 어렵지 않다. 그는 항상 새로운 이상을 추구했다. 그러나 둘째 이유가 복고사상이란 무슨 뜻인가? 후기작품에는 그 당시에 유행이 지나가, 사람들이 까맣게 잊고 있던 16세기와 17세기의 바흐(Bach)나 헨델(Handel)이 사용했던 바로크양식(Baroque style)의 다성음률(多聲音律: polyphony), 대위법(對位法: Counterpoint), 그리고 퓨그(Fugue) 등의 기법이 많이 사용되어 있다. 물론 베토벤이 바로크양식으로 돌아갔다는 말은 아니다. 그의 창작성이 그러한 단순한 회귀(回歸)를 허용할 리 없다. 그는 창작의 경지는 당대의 쓰이던 형식을 초월한지 이미 오래된 것이었다. 당대 사람들이 무슨 영문인 몰랐다는 것은 이해할 수 있지 않은가? 필자는 베토벤의 후기작품의 경우와 공자의 복고사상의 경우가 너무나 비슷하다는 것을 최근에 발견하고 놀란 일이 있었다. 물론 우연의 일치겠지만.

제7장
공자와 예술

제1화. 공자의 풍류(風流)

(11-25) "늦은 봄에 새로운 춘복(春服)을 입고, 어른 댓 사람, 동자 여섯 일곱, 같이 더불어, 기수(沂水) 강물에 목욕하고, 솔솔 부는 바람에 무우(舞雩) 바위에서 춤을 추고, 시(詩)를 읊으면서 집에 돌아가고 싶습니다."

曰 莫春者春服既成 冠者五六人 童子六七人 浴乎沂 風乎舞雩 詠而歸

논어에는 가끔 기대치 않는 장문(長文)의 이야기가 나온다. 위의 문장은 선진(先進)편 마지막 장에 나오는 말인데, 공자의 말이 아니고, 증석(曾晳)이라는 문하생의 말이다. 좀 길지만, 공자의 일상생활을 상상할 수 있는 흥미로운 이야기다. 다만 이 장은 논어의 다른 장과 달리, 의심스러운 데가 있어서, 나중에 삽입된 것이라고 하는 해설자들이 있기는 하나, 이 이야기의 전부가 잘못된 것 같지는 않다. 또 논어는 여러 제자들이 편집한 것이라, 근본적으로 다양한 해석을 허용한다. 이 장은 문헌학적(文獻學的) 또는 문학적 결함이 있다 해도, 이장의 전문(前文)을 버릴 수는 없다. 공자라고 항상 심각한 이야기만 하고 있지는 않았을 것이며, 그가 제자들과 같이 앉아서 아래와 같이 한담을 즐길 때도 있었을 것 같다. 그러나 이장의 후반(後半)은 확실히 쓸데없는 사족(蛇足)이다.

그래서 전반(前半)만을 풀어서 요약하면 아래와 같다.

어느 날 자로(子路), 증석(曾晳), 염유(冉有). 공서화(公西華)의 네 문하생이 스승을 모시고 같이 앉아 얘기를 나누고 있었는데, 공자가 말을 던진다.

공자: "내가 너희들보다 나이가 좀 많다고 해서 어려워할 것 없다. 너희들은 늘 자기를 알아주는 사람이 없다고 불평들 하는데, 만약에 어떤 나라 영주가 너희의 진가(眞價)를 알아준다면, 너희들은 무엇을 할 것인가?

자로: (먼저 일어서더니) 천승(千乘)의 대국이 다른 대국과 맞서서 곧 전쟁이 일어날 것같이 긴박하며, 게다가 나라에 기근(飢饉)이 나게 돼 있다 하십시다. 그런 나라를 저한테 삼 년쯤 맡겨 준다면 백성은 용기가 생기고, 올바르게 행동할 수 있게 만들 것입니다.

이말을 듣고, 공자가 웃으면서 염유(冉有)에게 말한다.

공자: 구(求)야, 너는 어떻게 할 건가?

염구: 저는 사방 육칠십 리(六,七十里), 혹은 오륙십 리(五,六十里) 되는 지방이라면, 제가 책임지고 백성들의 생활을 안정시킬 수 있습니다. 그러나 예악(禮樂)에 대해서는 전문 지식인에게 맡기고 싶습니다.

공자: 적(赤)아, 너의 생각은 어떠냐?

공서화: 저는 아직 그렇게 해낼 자신이 없습니다만, 배우면서 해 보고 싶어요. 그래서 저는 종묘의 제사나, 제후의 회합(會合)을 보좌하는 소상(小相)으로 일하고 싶습니다.

공자: 점(點)아, 너는 어떻게 생각하느냐?

가만히 말을 들으면서 가끔 비파를 낮게 울리던 증석(曾晳=點)은 털컥 악기를 놓더니,

증석: 저는 세 분하고는 좀 다릅니다만…
공자: 괜찮아. 모두들 그저 각기 생각나는 대로 말해 본 건데…
증석: 예, 그럼 말씀드리죠.
저는 늦은 봄날에 새로운 춘복을 입고, 성인(成人) 오륙 명, 동자(童子) 육칠 명, 기수(沂水)에서 강물에 몸을 씻고, 솔솔 바람에 무우(舞雩) 바위에서 춤을 추고, 시(詩)를 읊으면서 집에 돌아가고 싶습니다.

공자는 그 말을 듣고서 한숨을 쉬면서 말한다.

공자: 나도 점(點)하고 동감이라네.

이 이야기는 여기서 그치지 않고 계속하지만, 후반(後半)은 삭제하는 것이 낫다. 여기서 그쳤다면 이 사제 간의 대화는 멋있고 풍류(風流)를 좋아하는 공자의 일면을 잘 나타내는 한 폭의 그림이라고 할 수 있을 것 같다. 일단 여기서 중단한다. 다만 독자도 궁금할 터이니, 후반을 요약하면, 다음과 같다. 위의 대화가 끝나고, 다른 세 선배 제자들이 퇴장한 후에, 증석(曾晳)이 남아서 공자에게 세 사람의 답에 대해서 어떻게 생각하시느냐고 묻고, 공자가 몇 마디 설명을 하는 데서 이야기가 끝난다.

이장의 이해를 돕기 위해서 몇 가지 설명할 것은, (1) 여기에 나오는 네 제자 중 증석(曾晳)이라는 인물은 증삼(曾參)의 아비라고 알려져 있는데, 증석은 논어 다른 곳에는 등장하지 않는다. (2) 기수(沂水)는 노국을 흐르는 강의 이름, (3) 천승(千乘)의 대국은 천 량의 차량(車輛)을 지닌 대군을 보유하는 대국, (4) 무우(舞雩)는 비가 오기를 비는 기우제(祈雨祭)의 춤이다.

제2화. 동양 예술의 원점(原點)

앞에서 고찰한 구절(11-25)에는 적어도 네 가지 예술이 포함돼 있다. 자연의 품속에 들어가서 산책하는 풍류의 즐거움, 무우(舞雩)의 춤, 음악, 시(詩)와 시음(詩吟) 등을 차례로 생각해 보자. 공자 말에서 비치는 풍류의 멋은 현대 서양인은 잘 이해가 가지 않을지는 모르나, 교양 있는 동양인이라면, 바로 이해할 수 있을 것이다.

여기서 잠시 필자의 사적인 얘기가 허용된다면, 나의 해방 직후(1945) 경험을 한 토막 소개하고 싶다. 그때 아직 학생이었던 나는 어느 날 학교에서 귀가하는 길에 다방에 들렀는데, 낯선 젊은 미 육군 소위가 구석에 앉아 있었다. 나는 좀 망설이다가 영어 연습 겸 그에게 다가가서 얘기를 걸었다. 그는 지나가다 다방에서 모차르트(Mozart) 음악이 들리기에 들어와 본 것이라고 해서, 우리는 같이 앉아서 음악 얘기를 하면서 곧 친구가 됐다. 그 후 우리는 가끔 만나서 음악 이야기를 즐겼는데, 어느 날 그는 나를 끌고 덕수궁 미술관에 가더니, 조선조 시대의 우리나라 고화(古畵)를 구경하면서, 정선(鄭敾)의 금강전도(金剛全圖)의 기발한 기법, 김홍도(金弘道)의 풍경화니, 신윤복(申潤福)의 민속화 등 그리고 다른 골동 미술품에 대해서 필자에게 해설해 주어 깜짝 놀란 일이 있었다. 어떻게 젊은 미국 군인이 우리나라 고화를 저렇게 잘 아는 것일까? 나는 한국인과 미국인의 입장이 바뀐 것을 어색하게 느끼면서, 예술품의 가치는 어떤 문화체에만 특이(特異)한 것이 아니라, 보편성이 있다는 것을 처음으로 깨닫게 됐었다.

그러나 동양인이라도 2,500년 전의 공자 때와 오늘날 우리가 아는 풍류의 멋은 언뜻 부합되지는 않는 것 같다. 왜냐하면, 풍류란 동양적 멋은 어딘가 도가적(道家的)인 어감이 있고, 또 전형적으로 중세 중국의 찬란한 동양미술을 연상시키기 때문이다. 특히 육조시대(六朝時代:5~6세기)부터 당대(唐代:7~8세기)에 걸쳐 중국문화는 성숙기에 이르러, 예술의 여러 분야에서 대가들이 속출한다. 서가(書家) 왕의지(王義之)의 필치(筆致), 여백(餘白)이 미묘하게 조화를 이루는 동양화의 거장 고개지(顧愷之)의 묵화(墨畵), 전원시인(田園詩人) 도연명(陶淵明), 당대(唐代)의 이태백(李太白), 두보(杜甫) 등의 위대한 예술은 우리나라 선비들에게 예로부터 널리 알려져 사랑받고, 한국 예술에 막대한 영향을 미쳤었다.

그러나 이러한 동양적 풍류의 멋은 고대 중국 공자 때에도 이미 그 바탕이 있었다. 그 당시는 아직 유가(儒家)와 도가(道家)는 갈라지기 전이었다. 논어에 은자 이야기가 가끔 나오는 것은 이미 앞에서(14-7; 14-40; 18-5; 18-6) 보았다. 공자도 전원에 숨어 살고 자유롭게 지내는 은자들을 가끔 부러워했을지도 모른다. 혼탁한 도읍 문화를 떠나 도원경(挑源境)을 찾아 대자연 속으로 돌아가려는 지식인들의 갈망은 춘추시대 때에도 있었을 것이다. 물론, 풍류객의 시야에 들어오는 도원경은 환상에 지나지 않으나, 고대의 선비들은 그러한 환상을 버리지 않고 가슴속 깊이 간직한 것이 후대에 우리가 아는 동양미술로서 개화(開花)했다고 할 수 있을 것이다. 좋든 나쁘든, 환상이나 꿈이 허무한 것만은 아니다. 아름다운 꿈은 언젠가는 아름다운 현실로 탄생할 수 있다.

다음에 무우(舞雩)의 춤이 무엇이고, 그 행사가 고대사회에 무슨 뜻이 있었을까? 무우는 본래 비가 오기를 비는 제사(祭事), 즉 기우제(祈雨祭)를 말하는 것인데, 이것은 원시 사회에서는 우리가 지금 생각하는 것보다 훨씬 중대한 제사였다. 왜냐하면, 원시 사회는 일정한 곳에 정착하고 농경을 시작함을 뜻하니, 나라에서 농사(農事) 이상의 중대사가 또 무엇이 있겠는가? 농경사회는 항상 기상의 지배를 받는다. 따라서 가뭄은 언제나 그들에게 최대의 위기이며, 비가 오기를 비는 것은 나라의 가장 중요한 제사가 아닐 수 없다. 기상의 변화는 하늘의 뜻이니, 왕(王)은 하늘의 뜻을 알아야 하고, 또 하늘의 혜택을 비는 무당이 돼야만 한다. 모든 제사나 의례의 기원은 바로 이 기우제에 있다고도 할 수 있다.

기우제에는 반드시 무우(舞雩)의 춤과 음악이 수반된 것 같다. 원래 이러한 무를 뜻하는 글자는 사람이 소매를 펴고 춤추는 모습을 상징하여 무(無) 혹은 무(舞)라고 썼는데, 無는 "없음"의 뜻으로 전용됐기 때문에 춤을 말할 때에는 舞라는 글자만 쓰게 된 것이라고 한다. 논어에 예악(禮樂)이라는 술어가 있는 이유는 예(禮)에는 악(樂)이 반드시 수반되기 때문이다. 그러나 실은 무(舞)도 있었으니, 예(禮)=악(樂)=무(舞)라고 해야 옳을 것이다. 이런 관점으로 예(禮)가 무엇인지 다시 정리해 보자. 예(禮)는 원시적으로 종교 자체를 뜻했으나, 춘추시대에 와서는 예가 왕권을 과시하는 상징으로 변화하고, 더 세속화하여 둘로 갈라져 하나는 사회의 관습을 뜻하게 되고, 또 하나는 시(詩)와 음악과 무용 등의 예술이 됐다고 할 수 있다. 제5장에서 보다시피 공자가 현대인 눈에는 지나치게 예(禮)를 소중히 여겼다는 인상을 주는데 이는 공자가 의례(儀禮)에 따라오는 여러 예술적 효능을 소중히 여긴 때문은 아니었을까? 그러나 무(舞)는 그 당대 일반인에게는 이미 원래의 뜻은 거의 잊혀지고, 우리 현대인도 봄에 야외에서 즐기는 춤 놀이라는 뜻으로 변화한 것 같다.

제3화. 공자와 시(詩)

고전(古典) 중에서 공자가 가장 사랑하고, 많이 인용한 것은 시경(詩經)이다. 시경은 중국에서 가장 오래된 시가집(詩歌集)인데, 이것을 지금까지 내려온 305편의 시경으로 편성한 사람은 바로 공자라고 알려져 있다. 물론 모두 오래된 시가(詩歌)이기 때문에 작가들의 이름은 하나도 알려져 있지 않다. 지금 우리가 시경이라고 부르는 것은 공자의 말이 아니다. 그때는 단순히 시(詩)라고 불렀고, 논어에도 그저 시(詩)라고만 나온다.

당시에 공자가 편찬한 고전(古典)은 역(易), 시(詩), 서(書), 예(禮), 춘추(春秋) 다섯이었다. 그 후, 한(漢)나라 무제(武帝: 紀元前 149 ~ 87)가 유학(儒學)을 관학(官學)으로 삼았을 때, 이를 오경(五經)이라고 부르며 관리 양성 혹은 등용의 방법으로 삼았던 것이다. 한대(漢代) 후 유교 전통이 그리 중시하는 오경(五經) 중에서 논어에 가장 흔히 인용되는 것은 서(書)와 시(詩)이다. 그 당시에는 "예술"이라는 말은 아직 없었지만 그렇다고 예술이 없었던 것은 아니다. 현대 예술은 모두 원시 시대부터 있던 것이며, 공자가 예술을 각별히 사랑했다는 것만은 틀림이 없다.

공자가 시(詩)에 대해서 무슨 말을 했는지 위정편(爲政篇: 2-2)에 일찍이 나오는 유명한 구절서부터 보기로 하자.

(2-2) 선생님께서 말씀하셨다. "시(詩)의 三百을 한마디로 말하자면, 마음이 순수하고 삐뚤어진 데가 없다는 것이다."

子曰 詩三百 一言以蔽之 曰思無邪也

여기에 시(詩) 300이라고 한 것은 개수(槪數)일 것이고, 보통 시는 305개로 알려져 있다. 이 짧은 구절은 공자 예술관의 핵심을 나타내는 중요한 말이다. 이 구절은 시(詩)에 대한 말이지만, 모든 예술에 해당된다고 할 수 있다. 그에게는 예술은 단순히 놀이가 아니다. 예술은 아름다움의 추구이며, 선(善)은 예술의 필수 성분이라는 말로 해석할 수 있다. 더 직선적으로 말한다면, 아름다움은 바로 선(善)이고, 선은 바로 아름다움이라고까지 말할 수 있다. 공자는 선(善) 혹은 인(仁)을 말할 때에는, 흔히 미(美)라는 말을 쓴다. 이 말은 너무 단순하게 들리지만, 예술을 논하는 데 있어서 그 이상 중요한 개념은 없을 것이다. 진리는 항상 단순하다. 무슨 과제든 핵심이 너무 단순할 때 우리는 그 사실을 흔히 망각한다. 본서 5장 2화에서 이미 관찰한 공자의 말을 상기하기를 바란다. "인자(仁者)가 사는 마을에 사는 것은 아름다운 것이다." 혹은 "인(仁)을 택하는 것은 아름다운 것이다,"(4-1: 이인위미: 里仁爲美) 인(仁)은 공자 사상의 이상이라는 것은 더 말할 바 없다. 공자가 인을 말할 때 "아름답다"고 형용하는 것은 우연이 아닐 것이다. 이장의 뜻은 거처(居處)에 대한 말이라기보다 더 넓은 뜻으로 인자(仁者) 혹은 인자스러운 사람들과 같이 지내는 것, 스승으로 모시는 것, 또는 친구로 지내는 것 등을 아름답다고 표현했다고 볼 수 있다. 더 요약하면, 인(仁)은 아름다운 것이라고도 할 수 있다. 거꾸로 말하면, 아름다움이 바로 인(仁)이라는 뜻으로 볼 수도 있다. 또 한 구절 안연편(顔淵篇)에 있는 말을 생각해 보자.

(12-16) 훌륭한 사람은 남의 아름다운 점을 키우도록 도와주고, 나쁜 점을 자라게 하지 않는다. 작은 인물은 그와 반대로 나간다.

君子 成人之美 不成人之惡 小人反之

여기에서도 공자는 악(惡)의 반대 뜻으로 미(美)라고 부른다. 이 문장의 미(美)를 인(仁)으로 대치해서 읽어도 좋은 말이 될 것이다. 즉 "사람의 인자스러운 면을 도와서 기르도록 하되, 사람의 악덕한 면을 기르도록 도와주지는 않는다."(成人之仁 不成人之惡: 성인지인 불성인지악)라는 말이 될 것이다.

논어에는 공자가 문하생 교육에 시(詩)를 쓴 말이 가끔 나오는데, 그 중 자기 아들 백어(伯魚)를 교육하는 재미있는 이야기가 양화편(陽貨篇: 17-10)에 있다.

(17-10) 선생님께서 아들 백어(伯魚)에게 말씀하셨다. "너는 주남(周南), 소남(召南)의 시(詩)를 배웠느냐? 사람이 그것을 배우지 못하면, 마치 벽 앞에 서 있는 것과 같은 것이다." 라고 하셨다.

子謂伯魚曰 女爲周南召南矣乎 人而不爲 周南召南 猶正牆面而立也與

공자에게 아들이 하나 있었는데, 이름은 리(鯉)이고 자(字)는 백어(伯魚)라 했다. 지금의 호(號)나 필명(筆名)과 비슷한 말일 것이다. 주남(周南)하고 소남(召南)은 시(詩)에 나오는 어떤 지방의 노래다. 공자는 아들 백어(伯魚)에게 이것을 모르면 벽 앞에 코를 맞대고 서 있는 것처럼 아무것도 보이지 않는다는 말인데, 재미있는 비유가 아닌가? 공자는 이

비유를 어떻게 쓴 것일까? 이 말은 여러 가지로 해석할 수 있다. 첫째로 시를 배우지 않으면 교양인과 대화할 수 없다, 혹은 둘째로 시(詩)에 담긴 교훈을 배워야 한다, 또는 셋째로 정서적 교양이 사람을 사람답게 만든다는 뜻으로 해석할 수도 있다. 독자도 독창적으로 새로운 해석을 시도하기 바란다.

시(詩)라는 책은 주(周)나라 초(기원전 1050년)의 시가집(詩歌集)인데, 이 시집의 특색은 그전의 은(殷)왕조(기원전 1600년) 때와 달리, 신화적인 성격을 탈피하여 주로 소박한 민요나 서정시로 되어 있다고 한다. 시(詩)는 거의 다 사언시(四言詩)이지만, 중국어의 특색인 운조(韻調)를 활용하는 운시(韻詩)라고 한다. 시는 다양한 감상이 가능하다. 문학적으로, 읊음(吟詠)으로, 창(唱)으로, 민요로 즐길 수 있다. 구체적으로 시(詩=시경)가 어떤 것인지 알기 위해서, 첫 번째로 나오는 관저(關雎)라는 노래를 현대 한국말로 옮겨 놓았다. 이것은 정확한 번역이 아니고. 그저 시(詩)의 민속적 성격을 보기 위해서 알기 쉽게 현대어로 번역한 것뿐임을 양해하기를 바란다.

주남(周南)의 노래: **관저(關雎)** "짝지어 우는 물새 한 쌍"

關關雎鳩 (관관저구)	짝지어 우는 물새
在河之洲 (재하지주)	모래섬에 앉아 있네
窈窕淑女 (요조숙녀)	곱고 착한 아기씨여
君子好逑 (군자호술)	임의 좋은 짝이라네
參差荇菜 (참차행채)	이리저리 풀덩이
左右芼之 (좌우유지)	이쪽저쪽 뜯고 있네
窈窕淑女 (요조숙녀)	곱고 착한 아가씨여
寤寐求之 (오매구지)	자나 깨나 임 생각
求之不得 (구지부득)	보고파도 못 보니
悠哉悠哉 (유재유재)	시름은 끝도 없어
輾轉反側 (전전반측)	잠 못 들어 뒤척이네.

그런데 위의 관저(關雎)의 시(詩)에 대해서, 공자가 평하는 장이 팔일(八佾)편에 있다. 이 장은 공자가 예술의 본질에 대해서 어떠한 견해를 가지고 있었는가를 보여 준다. 물론 공자가 현대의 철학자같이 미학(美學)에 관심이 있어서 분석, 연구한 것은 아니지만, 예술의 본질을 논하는 그의 직감적인 관찰은 놀랍다.

(3-20) 선생님께서 말씀하셨다. "관저(關雎)의 시(詩)는 즐거우면서도 지나치지 않고, 슬프면서도 마음을 상할 정도는 아니다."

子曰 關雎 樂而不淫 哀而不傷

그 당시 시(詩)에는 노래가 있어서, 이 말이 시(詩)에 대한 것인지 노래 (음악)에 대한 것인지는 확실치 않다. 어느 쪽으로 봐도, 공자의 말은 예술의 핵심을 뜻한다. 사랑의 기쁨을 노래하면서 알맞게 지나치지 않으며, 어딘가 슬프면서 마음이 상(傷)할 정도는 아니라는 평은 예술의 본질을 직관적으로 파악하지 않고서는 할 수 있는 말이 아니다. 현대 철학계에서도 예술의 본질 즉 미학(美學)은 가장 난해한 분야의 하나다. 이점에 대해서는 좀 후에 예술 일반에 대해서 다시 거론하기로 하고, 지금은 시(詩)의 본질의 대해서 좀 더 고찰하자.

시(詩)는 가장 오래된 예술이라고 할 수 있다. 시와 언어는 쌍둥이다. 둘 다 음성(音聲) 혹은 글로 교신(交信)하는 행위가 아닌가? 시와 언어의 기능은 서술(敍述)과 감성(感性)의 교신이라고 할 수 있고, 차이는 서술과 감성 중 어느 쪽에 치중하느냐에 달린 것이라고 할 수 있다. 인간은 "도구(道具)를 쓰는 동물"이라고도 하고, "생각하는 동물(Homo Sapiens)"이라고도 하지만, 그러기 전에 "감성(感性)의 동물"이라고도 할 수 있다. 감정은 동물에도 있다 하지만, 인간의 감성은 단순히 생존수단이라기보다, 인간 삶의 표현이라고 할 수 있다. 이 점은 어떤 예술분야에도 해당이 될 것이다.

여기서 공자가 왜 그렇게 시(詩)를 제자교육에 애용했는가 하는 의문이 생길 수도 있다. 이 의문에 대해서는 두 가지 해답이 가능하다. 하나는 공자가 시를 교양인으로서의 정서(情緖) 교육을 위해서 썼다는 관점이고, 또 하나는 공자가 시에 담긴 교훈을 통해서 자기완성을 위한 수양을 닦도록 시를 인용했다는 관점이다. 물론 두 해답이 다 옳을 수 있지만, 어느 쪽이 개연성이 클까? 그래도, 의문이 남는다. 관저(關雎)의 시를 다시 보면, 어떤 덕성(德性)의 비유라고 하기에는 너무나 단순하고 소박하지 않은가? 공자는 미와 선은 동일하다고 느꼈는지, 또는 미는 선으로 발전하는데 좋은 방법이라 생각했는지 궁금하다. 또 한 토막 자한(子罕)편에 있는 공자의 시평(詩評)을 감상하자.

(9-31) "앵두나무 꽃이, 펄럭펄럭 날리니, 어찌 임 생각 안 날까? 임의 집 저리 머네." (이 고시에 대해서) 선생님께서 말씀하셨다. "아직 진실로 그리워하지 않는 거지. 멀기는 뭣이 멀어?"

唐棣之華 偏其反而 豈不爾思 室是遠而 子曰 未之思也 夫何遠之有哉

이 시(詩)는 어떤 고시(古詩)인데, 시경(詩經)에는 나오지 않으나, 같은 형식의 사언시(四言詩)이며 소박한 내용도 같다. 이 시도 남녀의 사랑 노래인데, 공자는 이 시를 이상(理想)을 향하여 나가는 사람의 의지(意志) 혹은 지향성(志向性)의 암유(暗喩)로서 해설한다. 절실하게 사랑한다면, 멀다 해서 못 갈 곳이 어디 있는가? 너의 이상, 인(仁)을 진실로 원한다면, 멀다 해서 달성할 수 없는 것이 아니다. 이러한 가르침은 여러 곳에서 보았다. 제1장 (7-29)에서 본 공자의 말을 다시 한 번 음미하자. "내가 원하기만 하면, 인(仁)이 사람처럼 걸어서 내 코앞에 나타난다."라고 한다. 얼마나 경쾌하면서 우스운 말인가? 이 짧은 말은 공자 사상의 핵심을 나타낸다. 인간의 이상은 어려운 것이 아니다. 진지하게 생각만 하면, 당연하기 짝이 없다. 온 세상 사람을 사랑하고, 배려하고, 존경하고, 잘되기를 바라는 마음인데, 너무나 간단하지 않은가? 다만, 우리는 시발점이 바로 가까운 가족에 있다는 당연한 사실을 가끔 망각한다. 부모, 자식, 형제, 이웃을 잊을 수는 없다. 인은 밖으로 전개돼야만 한다. 어디까지? 세상 끝까지. 인(仁)은 멀고도 가까운 곳에 있다.

제4화. 음악을 즐기는 공자

공자는 음악을 각별히 사랑한 것 같다. 공자가 제자와 같이 지내는 곳에는 항상 누군가가 부르는 노래, 어떤 악기 소리가 들리는 듯한 분위기였다는 것이 논어 여러 곳에 반영되어 있다. 특히 술이편에 음악에 관한 이야기가 많다. 몇 구절 예를 보자.

(7-29) 선생님께서 노래를 잘하는 사람과 같이 있게 되면, 반드시 그 사람한테 노래를 반복시키시고 그 후에 그와 같이 맞춰 노래 부르셨다.

子與人歌而善 必使反之 而後和之

공자는 항상 아무한테서나 무언가를 배우는 사람이다. 이 장을 보면, 누구라도 무엇이라도 잘하는 사람을 보면, 공자는 그 사람한테서 그것을 배우려고 한다. 더군다나 음악을 좋아하는 공자가 노래를 잘 부르는 사람과 같이 있게 되면, 노래를 배우려고 하는 것은 너무나 당연하다. 그러한 공자의 모습은 아래의 구절에도 반영되어 있다.

(7-9) 선생님께서는 장례식에서 곡을 하신 날에는 하루 종일 노래를 부르시지 않았다.

子於是日也哭 則不歌

상가(喪家)집에 가서 곡(哭)을 한 날에는 공자는 상자(喪者)의 슬픔을 쉽게 잊지 않는다. 집에 가서도 그날은 그리 좋아하는 노래를 하지 않았던 것이다. 이 말에는 평소 공자가 늘 노래하면서 지냈다는 말이 된다. 아래의 예는 공자가 30대에 제(齊) 나라에 갔을 때 어떤 음악(音樂)을 듣고 감탄하는 말이다.

(7-13) 선생님께서 제(齊)나라에 가 계실 때, 석 달 동안 소(韶)라는 음악을 들으시고 고기 맛을 모르실 정도였다. 그리고 말씀하시기를, "몰랐도다. 음악이 이토록 높은 경지에 이를지는!"

子在齊 聞韶樂三月 不知肉味 曰 不圖 爲樂之至 於斯也

소(韶)라는 악곡(樂曲)은 중국 신화시대의 성왕(聖王)으로 알려진 순왕(舜王)이 지었다고 알려져 있으나 그것은 전설이고, 여기서는 누가 지었든 무슨 음악이든 관계없다. 당시 제(齊) 나라의 문화수준이 앞서 있어서, 그 음악을 듣고 공자가 석 달 동안이나 음식 맛을 모를 정도였다고 한다. 물론 좀 과장된 말일 것이다. 그렇다 해도, 음악을 보통 좋아하지 않으면, 이렇게까지 말하지는 못할 것이다. 어떻든, 공자의 음악 애호수준은 음악 전문인들보다도 높았다고 할 수 있을 것 같다. 음악에 관한 이야기는 아니지만, 공자의 다른 모습을 보여 주는 한 토막 흥미로운 이야기가 또 있다.

(17-20) 유비(孺悲)라는 사람이 공자를 찾아와 만나 보려고 했는데, 공자께서는 몸이 불편하다고 거절하셨다. 그러나 심부름꾼이 밖으로 나가자마자, 거문고를 드시고 노래를 시작하셔서 그에게 들릴 수 있게 했다.

孺悲 慾見孔子 孔子辭之以疾 將命子出戶 取瑟而歌 使之聞之

이 짧은 이야기에서 공자가 왜 유비(孺悲)라는 사람의 면접 요청을 거절했는지는 알 수가 없다. 공자는 병을 핑계로 만나지 않는다. 그뿐 아니라, 그 방문객이 나가는데 일부러 거문고를 치며 노래를 불러 그에게 들리게 한다. "내가 너를 만날 이유가 없으니, 다시는 찾아오지 마라." 공자도 보통 사람과 같이 이런 익살스러운 면이 있다는 것, 그리고 동시에 공자가 이와 같이 항상 노래를 하며, 악기를 울리고 살고 있었다는 것을 알 수 있다.

공자에게 예술과 인(仁)의 사상이 무슨 관련이 있었을까? 추상적인 예술이란 개념은 근대(近代)에 내려와서 생긴 것이고, 동서를 막론하고 어느 고대사회에도 그런 개념을 나타내는 단어는 없었다. 중세까지는 예(藝) 혹은 서구의 "art"라는 말은 단순히 "기술"이라는 뜻이었다. 그러나 중국의 공자 시대에는 예(藝)라는 말이 적어도 세 가지 뜻으로 쓰인 것 같다. 어떤 때에는 잡일이나 손재주를 뜻하고, 또 어떤 때에는 사족(士族:교양인)이 배워야 할 기술 분야를 뜻하고, 또 어떤 때에는 시(詩)나 음악 같은 예술의 어느 분야를 뜻한 것 같다. 우선 아래에 예(藝)의 두 가지 용법을 예시(例示)한다.

(9-7) 제자 뇌(牢)가 말했다. "선생님께서 말씀하시기를 '나는 등용되지 않았기 때문에 잔일에 손재주가 있다네.'"

牢曰 子云 吾不試 而藝

(9-2) 나는 무엇을 택할까? 어(御:말타기)를 택할까? 사(射:활쏘기)를 택할까? 어(御)를 택하지.

吾何執 執御乎 執射乎 吾執御矣

첫 번째(9-7)에는 예(藝)가 "잔일" 혹은 "손재주"라는 의미로 쓰이고 있다. 공자가 자기의 재능을 낮춰 겸손하게 말한 말이다. 둘째(9-2)

도 공자 말인데, 어떤 마을 사람이 공자를 평하여, "공 선생님은 위대한 분이고 많이 배우신 분이라고들 하는데, 어느 한 분야에도 명성(名聲)이 오르지 않고 있다네." 라는 평했는데, 공자가 이말을 듣고 제자한테 말한 농(弄)일 것이다. "내가 무슨 기술자가 될까? 말타기를 고를까? 활쏘기를 고를까? 말타기를 고르지!" 하면서 웃는 소리가 들리는 것 같다. 여기에 예(藝)라는 말은 나오지 않으나, 말타기나 활쏘기는 사(士)의 전문 기술인 육예(六藝: 여섯 가지 기술)로 알려져 있다. 교양인으로서의 배움이나 기술은 예(禮:예법), 악(樂:음악), 사(射:활쏘기), 어(御:말타기), 서(書:글쓰기), 수(數:수학)로 되어 있다고 한다. 그런데 술이편(術而篇)에 있는 아래 구절에서 예(藝)의 뜻은 다르다.

(7-6) 선생님께서 말씀하셨다. "도(道)에 뜻을 두고, 인(仁)에 의거하며, 예(藝)를 즐겨라."

子曰 志於道 據於仁 游於藝

공자가 여기서는 도(道)와 인(仁)과 함께 대조하여 말하였으니, 이 말은 농(弄)이 아니다. 좀 더 심각한 이야기라고 해야 할 것이다. 이 예는 시(詩)나 음악을 뜻하고 아마 우리 현대인이 말하는 "예술"에 가장 가까운 개념이었을 것이다. 그렇게 보면, 이 구절은 위의 세 구절 중에서 가장 중요한 말이라는 것을 알 수 있다. 도(道)는 사람으로서 자기완성을 지향한다는 말이고, 인(仁)은 인류를 사랑하는 애중(愛衆)이고, 예(藝)는 미(美)의 추구라고 해야 할 것이다. 이 구절에는 공자의 삶과 그의 사상이 집약돼 있다. 그 밖에 공자의 가르침에 또 무엇이 있겠는가? 그 많은 논어의 가르침은 모두 이 셋을 설명하고 부연하는 말이라 할 수 있다. 그리고 도(道)와 인(仁)과 예(藝)는 밀접한 관계가 있는 것 같다. 물론 이러한 해설에 대해서 반박이 있을 수 있다. 그럼, 공자가 그리 중시한 예(禮)는 무엇인가? 공자는 예(禮)를 논할 때 흔히 "입어례(立於禮:8-8)" 라고 말한다. 이 경우에 입(立)은 사회인으로서 인정을 받는다는 의미인데, 예(禮)는 근본적으로 사회의 관습에 지나지 않는다. 공자는 "예이불인 여례하(3-3: 禮而不仁 如禮何)"라고 할지라도, 설마 "인이무례 여인하?"(人而無禮 如仁何: 사람이 예절을 모르면 仁이 무슨 소용이 있는가?)라고 할 수는 없다. 예(禮)를 공자가 무슨 방편(方便)으로 인정하더라도, 예(禮)가 인생의 목표가 될 수는 없다. 한국 사람이 한국 문화 풍습을 습득하는 것이 인생의 목표가 되는가? 한국 사람은 자라면서 자연히 무의식중에 한국풍습에 젖게 되어있다.

제5화. 상상(想像)의 세계와 예술

공자는 추상적인 예술 일반에 대해 생각하지는 않았겠지만, 앞에서 본 구절(7-6)을 보면, 시(詩)와 음악을 논할 때, 오늘날 우리가 생각하는 "예술"이라는 말의 본질을 파악하고 있었다고 본다. 그렇지 않으면, 어떻게 예(藝)를 도(道)와 仁과 같은 차원에 놓고 말할 수 있겠는가? 예술은 현대 철학에 있어서도 가장 난해한 분야라고 할 수 있다. 특히 실증주의 영미계 철학자들은 이 분야에 대해 피상적인 견해밖에 없다. 형이상학을 거부하면 예술은 논할 수 없다.

상상력(想像力)과 예술은 깊은 관계가 있다. 예술의 바탕이 되는 상상의 세계에 대해서 생각해 보자. 인간은 상상을 하는 동물이라고 할 수 있다. 상상은 직접 지각(知覺)할 수 없는 것을 머릿속에서 구상한다. 과거를 회상하는 것도 일종의 상상이라고 할 수 있다. 이미 지나간 것을 기억을 다듬어 가면서, 재구성하는 것이다. 미래도 아직 현실화되지 않은 여러 가능성을 상상하고 비교하여 개연성이 가장 큰 것을 선정하는 사고라고 할 수 있다. 그러나 그중에서 가장 중요한 것은 독창적 상상 능력일 것이다. 실은 사고(思考) 자체도 상상력이 바탕이 되어 있다. 상상력은 과학이나 철학에 필수적이다. 예술에도 독창적 상상력 이상 중요한 것이 없음은 말할 필요도 없다.

상상(想像)의 세계는 종교에도 해당된다. 신화(神話)나 전설, 의식(儀式), 경서(經書)도 고대인들의 상상(想像) 작품이었다고 할 수 있다. 그러나 이 말은 일차적(一次的)으로 원시사회나 고대사회의 세계관을 뜻하는 것이고, 후세에 가서 종교적 권위자가 신자들에게 무조건 받아들이게 강요하는 것은 이차적(二次的) 상상물이 되고 만다. 이차적(二次的) 상상물은 진정한 상상물이 아니다. 사이비(似而非) 상상물이다. 이러한 상상물은 오히려 상상력의 결핍을 뜻한다. 현대 종교인이나 신자들도 어떤 성전(聖典)을 읽을 때라도 일차적 상상력으로 읽어야만 그 진뜻을 이해할 수 있을 것이다.

예술의 기원(起源)은 자연(自然)에 있다고 할 수 있다. 인간은 예나 지금이나, 동물과 같이 대자연의 품에 안겨서 살아왔다. 자연의 여러 모습은 사람들이 감정 없이 받아들일 수 없다. 자연에는 아름다움이 있고 기쁨이 있고 무서움과 두려움, 슬픔도 많다. 산을 쳐다보면, 묘한 굴곡이 있고, 바위와 파란 나무숲이 여기저기 우거져 있다. 우리 조상은 햇빛이 비치는 잎사귀, 바람에 스치는 나무 소리, 어딘가에서 들리는 새소리에 귀를 기울이고 뭔가를 느끼고 상상하면서 살아왔을 것이다. 이러한 자연에는 율동(律動)이 있고, 박자(拍子)가 있고, 반복하는 소형 주제(小型主題)가 있고, 그런 것이 결합하고, 변형하고, 또 재결합함으로써 중형 주제가 되어, 서로 대조하고 조화하며 아름다운 통일체를 이룬다는 것을 발견했을 것이다.

예술의 기원은 인간이 자연을 모방하는 데서 시작했을까? 사실 고대(古代) 그리스(Greece) 철학 중에 그런 설도 있었다. 자연은 보통 인위적 사물의 반의어로 쓰이지만, 더 넓은 뜻으로, 사람이 사는 환경 혹은 세계라고 봐도 관계없다. 인간의 세계는 인간이 수동적으로 감수하는 것일까, 혹은 능동적으로 구성하는 것일까? 이 점에 관해서, 제4장에서 이미 살펴본 후설(E. Husserl)의 학설을 다시 보면, 인간이 의식하는 "세계"는 각 개인의 지향성(志向性:intentionality)에 의해서 구성된 현상이라고 했는데, 이 학설이 인간의 의식구조를 충분히 설명할 수 있는지는 모르나, 적어도 예술의 경우에 적용될 수 있을 것 같다. 예술가가 보는 자연은 자연 자체가 아니라, 사람의 감성(感性)과 지향성(志向性)에 의해서 구성되는 상상물(想象物)이라고 할 수 있다.

이 시점에서 잠시 예술에 관한 대표적인 역대 철학자들의 견해와 학설을 간략하게 개관해 보자. 고대 그리스 철학자 플라톤(Plato:427-347 B.C.)은 인간의 세계를 이원적(二元的)으로 간주하여, 인간이 의식하는 세계와 그 배후에 있는 이데아(idea/eidos:理想)의 세계를 구별했다. 실재의 사물은 항상 불완전하고, 그 뒤에 숨은 이데아는 완전무결한 것이라고 본 것이다. 예술의 경우에는 예술작품은 미(美)의 이데아를 추구하는 것으로 보았다. 이 학설은 후세에 막대한 영향을 미쳤다. 그보다 더 중요한 학설은 아리스토텔레스(Aristoteles:384-322 B.C.)가 그리스의 비극(悲劇)을 설명하는 데 있어서, 정신적 정화(淨化:katharsis)라는 개념을 도입한 학설이다. 우리는 흔히 슬픈 노래나 이야기를 즐긴다. 우리는 앞에서 공자가 "슬프면서도 마음이 상할 정도는 아니다."(3-20: 애이불상: 哀而不傷)라고 하는 말을 보았는데, 왜 우리는 비극이 연출하는 슬픈 감정을 즐기는가? 왜 일부러 극장에 가서 슬픈 영화를 보고 눈물을 흘리는가? 이 문제에 대해서는 현대 철학계에는 플라톤의 "이데아"의 개념에서 유출한 "이념적(理念的:ideational)이라는 말로 설명을 시도하는 학설이 많은 것 같다. 다시 말하면, 예술이 나타내는 감정은 현실의 감정이 아니라 예술품을 감상하는 동안에 느끼는 것이므로 실체의 감정만큼 마음이 상하지는 않는 것으로 보는 것이다.

고대 그리스 철학 후, 중세 암흑시대(暗黑時代)를 거쳐 19세기까지 철학은 큰 발전이 없었다. 예술작품도 종교와 귀족사회의 장식품(裝飾品)밖에 되지 못했는데, 19세기 독일서부터 낭만주의(浪慢主義)가 퍼지면서 예술가나 철학자들이 새로운 예술론을 전개하기 시작했다. 독일 철학자 칸트(E. Kant:1724-1824)는 예술은 감상자로 하여금 작품이 나타내는 감정에 집중하게 하여, 모든 일상사(日常事)를 잊도록 한다고 했다. 이 예술의 특색을 그는 "무관심(無關心:disinterested)이라고 했는데, 좀 이상한 표현이지만, 예술품을 감상할 때, 다른 물질적 기준을 모두 버려야 한다는 뜻이다. 그리고 예술작품의 가치판단에 있어서 보편성이 있는 기준이 있을 것이라고 주장한 것이다. 보편성 여부는 매우 어려운 문제 중의 하나이다. 그렇다 해서 피할 수는 없지만, 이 과제는 좀 후에 다시 거론하기로 하고, 다른 학설로 넘어가자.

이 세상은 "의지(will:의지, 혹은 욕망)의 세계"라고 한 쇼펜하우어(Schopenhauer:1788-1860)는 비관적 철학자로 알려져 있으나, 예술에 관심이 많았다. 그는 아리스토텔레스의 정신적 "정화(淨化)"라는 개념을 부연한다. 즉 비극이 나타내는 슬픈 감정은 욕망과 탐욕으로 가득 찬 물질세계에 시달리는 인간으로 하여금 그것을 잠시 벗어나게 하여 인간 존재의 진의를 명상하는 기회를 주는 것이라고 했다. 그의 사상은 불교적 제행무상(諸行無常)의 사상과 상통되는 점이 많다. 또 프랑스의 베르그송(Henri Bergson:1859-1841)은 예술은 직감적(直感的)으로 무언가를 파악하는 힘이 요구되며, 과학과 달리 분석적으로는 해명할 수 없다고 주장하면서, 직관은 일종의 동감, 혹은 동정을 통해서만 파악되는 것으로 보았다. 20세기 초반에도 비슷한 예술론을 전개하는 철학자가 적지 않다. 예를 들어, 이탈리아의 그로체(B. Groce:1866-1952)는 "예술작품은 항상 인간의 영혼(spiritual)이 담긴 노작(勞作)이라"고 했는데, 그가 말하는 "영혼"은 종교적 개념이 아니라, 인간의 내면적 세계를 뜻한다. 그에 의하면 예술은 인간에게 높은 이상을 지향하게 하여, 한시라도 물질세계의 속박을 벗어나, 미의 세계를 꿈꾸게 하는 것이다.

또 다른 측면에서 예술을 고찰해 보자. 예술도 하나의 교신(交

信:communication)이라고 할 수 있다면, 언어와 예술을 비교하는 것도 좋은 참고가 될 것 같다. 이런 관점에서 미국 철학자 랭거(S. Langer, 1942)가 언어와 예술의 기능 차이에 대해서 쓴 흥미로운 학설이 있다. 그는 주로 음악을 대상으로 생각하고 있지만, 어떤 분야의 예술에도 해당된다고 생각한 것 같다. 그에 의하면, 언어는 사물을 여러 개념의 결합을 통해서 단계적(段階的)으로 표출하지만, 그 대상을 완벽하게 표출할 수는 없다고 했다. 그는 "산만(散漫)하게"(discursive)라는 말을 썼으나, 필자는 단계적(段階的)이라고 번역했으니 양해하기 바란다. 이 경우에 "단계적이라" 함은, 문장은 단어의 결합이고 구절의 문법적 기능에 의하여 주어와 술어와 같은 명제(命題:proposition) 구조에 의해서 교신한다는 뜻이다. 순식간이지만 그러한 절차를 통하는 것이 언어 교신이다. 그에 비해, 예술은 그 대상인 감정의 전체상(全體像:Gestalt)을 직시(直時)에 완전히 표출한다고 했다.

여기서 잠시 전문가들이 흔히 쓰는 용어 중 헷갈리기 쉬운 것이 있어 확인을 해야 할 것이 몇 있다. 어떤 학자들은 예술품의 성분을 "형식(形式:form)"과 "내용(內容:content)"으로 양분하는데, 이 구별은 오해를 받기 쉽다. "형식"은 작품의 구체적 구조를 뜻하고 "내용"은 작품이 나타내는 감정을 뜻할 것이다. 슬픈 노래의 경우, 멜로디(melody)가 형식이고 슬픈 감정은 내용이라고 할 수 있다. 가사(歌詞)는 형식의 일부라고 할 수 있다. 랭거의 학설로 돌아가서 그의 요점은, 예술의 감성적 내용(혹은 뜻)을 직시에 완전히 드러낸다는 말은 "형식"이 그 작품의 생명이 된다는 말이 된다. 그리고 "내용"(즉 감정)은 "형식"(즉 구조)에 의해서 완전히 결정된다는 뜻이다. 그렇다면 형식과 내용은 구별할 수 없고 구별할 필요도 없지 않은가? 물론 랭거가 형식이나 내용이라는 말을 피한 것은 그런 이유일 것 같다. 필자는 그의 이론이 완벽하지는 않지만 현대 철학자 중 가장 중요하다고 본다. (완벽한 학설이 이 세상에 어디 있겠는가?)

제6화. 개성(個性)과 보편성(普遍性)

앞에서 우리는 예술에 관한 역대 저명한 학설을 개관했다. 그렇지만 꼭 생각해야 할 과제가 몇 가지 남아 있다. 예술에 있어서 개성(個性) 혹은 개별성(個別性), 그리고 예술 작품이 시간과 공간을 넘어서 인정되는 보편성에 대한 이해이다. 천재적 예술가는 남다르게 뚜렷한 개성적인 인상을 준다는 것을 예술 애호가는 누구나 느낄 것이다. 예를 들어, 셰익스피어(Shakespear)의 문장은 환상적이면서도 짧은 문장 속에 다양한 해석이 가능한 함축성을 갖고 있다. 또 베토벤(Beethoven)의 작품은 처음 들어도 베토벤다움을 느끼게 한다. 엘 그레코(El Greco)의 그림도 누구나 한번 보면 그의 스타일을 잊을 수 없을 것이다. 개성이 무엇이며, 예술품의 가치와 무슨 관계가 있는 것일까?

세상의 모든 사물은 반복할 수 없다. 이 현상을 불교에서는 제행무상(諸行無常), "세상의 모든 일은 항상 변하고 정착하는 곳이 없다."라고 하는데, 실로 세상 만물은 그렇지 않다고 할 수 없다. 온 세계의 모든 것은 개별성(個別性)이 있는 것일까? 보통 우리가 어떤 일이 되풀이된다고 할 때, 실은 흡사한 일이 되풀이된다는 뜻일 것이다. 어떻게 완전히 같은 일이 되풀이되겠는가? 일상 경험에 있어서도 완전히 같은 사람을 보는 일은 없다. 창밖에 보이는 소나무 숲을 보아도 소나무가 저리 많은데, 똑같이 생긴 나무는 없을 것이다. 그렇다면, 온 세상 만물은 개별성이 있는 것이 아닐까?

음악의 예를 본다면, 작곡가가 만든 작품과 연주자의 연주와 청자가 듣는 음악은 보통 같은 음악이라고 생각하지만, 엄격히 따지면 그럴 수가 없다. 이 삼자(三者)는 동일(同一)하지 않기 때문이다. 작곡가가 머릿속에 구상한 악보는 연주가에 따라 다를 수밖에 없고, 또 음악회에서 같은 연주를 들어도 청중은 다 똑같이 감상하지 않는다. 이러한 음악의 측면은 노래에 있어서 더욱 현저하게 느낄 수 있다. 어떤 노래라도 가수마다 다르게 부른다는 인상은 누구나 느낄 것이다. 아마 작곡가 자신이 불러도 매번 다를 것이다.

개성은 한 개인이 살아온 연륜(年輪)과 같다. 어른이 어린아이나 연소자(年少者)를 보면, 누가 누군지 잘 분간이 안 될 때가 있는 것도 그런 이유일 것이다. 개성은 사람의 내면적 혹은 정신적 경험을 반영한다. 특히 예술이 인생에 대한 절실한 감상과 느낌을 나타내는 것이라면 위대한 예술가의 작품에는 그러한 강한 내면성이 우러나지 않을 수 없다. 사람의 감정도 한번 일어나면, 그와 똑같은 감정은 다시 일어날 수 없다. 모든 일이 한번 밖에 일어나지 않는 현상을 세상 만물의 "일회성"(一回性)이 있다고 볼 수 있다. 공자가 흐르는 강물을 보면서 한 말, "사라져가는 것은 이와 같은 것인가? 밤이나 낮이나 멈추지 않는구나!"(9-17: 子在川上曰 逝者如斯夫 不舍晝夜: 자재천상왈 사자여사부 불사주야).

예술의 보편성에 대해서 생각해 보자. 예술에는 어떤 문화체의 특색을 초월하는 힘이 있다. 이상하게도 언뜻 개성과 정반대라고 여길 수 있는 보편성이 예술에 있는 것 같다. 19세기서부터 오늘날까지 위대한 교향곡(交響曲) 작곡가가 적지 않으나, 20세기 초의 말러(Gustav Mahler: 1860-1911)는 하나의 높은 고봉(高峰)이라 할 수 있을 것이다. 그는 아홉째 교향곡에 각 장마다 당시(唐詩)의 노래를 넣어서 제목을 "대지

(大地)의 노래"라고 불렀다. 어떻게 유대인계 독일인이 중세 중국의 시(詩)를 이해한 것일까? 필자는 예술은 윤리와 같아서 지역성을 초월한다고 본다.

여기까지 본 공자의 모습도 개성이 강하다. 제자들이 보는 인상에서도 공자의 성품은 다양하면서도 힘찬 여러 면이 드러나 있다. 그의 언사는 짤막하면서 균형이 잡혀 있고, 여러 가지 뜻이 함축되어 있으며, 우리에게 시적(詩的) 인상을 준다. 예술적 표현도 그의 내면적 발전이 그만큼 풍부하기 때문이라고 생각한다. 짧은 말에도 그의 깊은 사고와 사상이 담겨 있기 때문일 것이다. 그의 사상은 당대의 문화를 반영하면서도 오늘날 어느 사회에도 해당되는 보편성이 있다. 공자의 사상은 지금도 우리 세상 모두를 위해 살아 있다.

제8장

논어의 구조(構造)와 전반(前半) 10편

제1화. 각편(各編)의 주제(主題)와 특기사항

논어는 주로 공자의 언행을 기록한 책이라고 할 수 있다. 누가 편찬한 것인지는 알려져 있지 않으나, 공자가 세상을 떠난 후(기원전 484년), 공자의 제자, 그리고 제자의 제자들이 모여서 기록한 것이 토대가 되었을 것이다. 이 장에서는 논어의 역사, 구조, 주제 등에 대해서 알아보자. 먼저 각편의 성격과 특색을 간략하게 아래의 일람표로 정리해 놓았으니 대강 보기를 바란다. 논어는 모두 20편(篇)으로 돼 있는데, 각편의 이름은 첫 장에 나오는 문자 둘 혹은 셋이 그편의 명칭으로 되어 있다. 또 하나 알아 둘 것은 각편의 장수(章數)는 주석자에 따라서 구절을 어디서 끊느냐에 달렸기 때문에 일정하지 않다.

각편 명칭	장수	주제(主題)와 특색(特色)
(1) 학이편 (學而篇)	16	여러 주제로 혼성
(2) 위정편 (爲政篇)	24	여러 주제로 혼성
(3) 팔일편 (八佾篇)	26	예악(禮樂) -- 예외 없음
(4) 이인편 (里仁篇)	26	인(仁), 효(孝)
(5) 공야장편 (公冶長篇)	28	공자의 인평(人評)
(6) 옹야편 (雍也篇)	30	공자의 인평(人評)
(7) 술이편 (述而篇)	37	당대 사람들의 공자평(孔子評), 공자의 자평(自評)
(8) 태백편 (泰伯篇)	21	호고(好古)사상, 인물평

(9) 자한편 (子罕篇)	52	제자, 당대인의 공자평(評), 안연평(顔淵評)
(10) 향당편 (鄕黨篇)	23	공자의 성품, 거동, 일상생활
(11) 선진편 (先進篇)	26	전부 공자의 말 / 사제(師弟)간의 문답
(12) 안연편 (顔淵篇)	24	거의 다 사제(師弟)간의 문답
(13) 자로편 (子路篇)	30	정(政), 예(禮), 정치인 공자에게 물음
(14) 헌문편 (憲問篇)	46	사(士), 군자(君子), 공자의 인평(人評) / 도가적(道家的)
(15) 위령공편 (衛靈公篇)	42	정치인 공자에게 물음, 군자(君子)
(16) 계씨편 (季氏篇)	14	자왈(子曰) → "공자왈(孔子曰)"
(17) 양화편 (陽貨篇)	26	자(子) → "공자(孔子)," 혹은 "부자(夫子)"
(18) 미자편 (微子篇)	11	정(政), 도가적(道家的) 우화가 섞여 나옴
(19) 자장편 (子張篇)	25	제자들의 말뿐, 공자의 말 없음
(20) 요왈편 (堯曰篇)	5	선왕(先王) 이야기, 자장(子張)물음, 공자 말은 하나뿐

전편을 크게 나누어 첫 15편은 가장 오래전에 편집된 것 같고, 마지막 5편은 후대에 편집된 것으로 보는 학자들이 많다. 그 이유는 둘인데, 첫째로 마지막 5편의 주제가 특색이 많이 다르고, 둘째로 공자에 대한 호칭의 용법이 한대(漢代) 초의 용법에 가깝다고 한다. 이 장에서는 편의상 첫 10편의 주제와 특색을 살펴보면서, 아직까지 보지 못한 특이한 장을 몇 장 씩 읽어 보기로 한다.

그 전에 한 가지 중요한 문헌학적 문제점을 전제할 필요가 있다. 공자의 사상을 알기 위해 논어가 다른 경전에 비해 믿을만하다 하더라도 백퍼센트 신빙성이 있는 것은 아니라는 점이다. "자왈(子曰)"이라고 시작하는 장도 공자 자신이 쓴 문장이 아니고, 어느 제자가 기록한 것이니, 제자가 잘못 기록했을 수도 있고, 잘못 이해했을 수도 있다. 기록을 제대로 했어도, 공자 자신이 뜻하지 않게 실언을 했을 수도 있다. 또 후세에 어떤 학자가 그 학설의 권위를 세우기 위해서 삽입했을 수도 있다. 그 당시에는 종이가 발명되기 전이므로 나뭇조각으로 묶였던 원본이 갈라져서 재편하는 과정에서 어떤 조각이 다른 곳에 삽입됐을 가능성도 제외할 수는 없다. 그러면, 어떻게 공자 말의 신빙성을 확인하는가? 별다른 뾰족한 방법은 없을 것이다. 궁극에는 독자의 신중한 독해력을 통해서 일관성 있는 공자상을 구상하여 그에 의해 판단하는 수밖에 없다.

첫 두 편, 학이편(學而篇)과 위정편(爲政篇)의 주제와 특색에 대해서 알아보기로 하자. 주제로 간주할 만한 제목은 세 번 이상 나오는 것에 한해서 열거했다. 각 주제에 따라오는 숫자는 빈도수(頻度數)이다. 제자 중 선배격인 유자(有子)와 증자(曾子)는 존칭으로 나오는데, 자공(子貢)은 존칭으로 나오지 않는다. 여기서부터는 짧은 구절을 인용할 때에는 한문을 먼저 게시하고 한글발음은 괄호에 넣어 표시한다. 예를 들어, 學而時習(학이시습)이라고 표기한다.

[1: 學而篇(학이편):16장]

a. 주제: 信(신):6, 學(학):5, 孝(효):4, 禮(예):3, 仁(인):3, 기타

b. 특기사항: (1-12) 先王之道(선왕지도) = 好古(호고), (1-9) 愼終(신종) = 조상숭배, (1-18) 無友不如者(무우불여자)

[2: 爲政篇(위정편):24장]

a. 주제: 孝(효):7, 政(정):3, 기타

b. 특기사항: (2-4) 공자의 自敍傳(자서전)
(2-17) 不知爲不知(부지위부지)
(2-14) 周而不比(주이불비)
(2-18) 多聞闕疑(다문궐의)

논어를 처음 읽는 사람들은 모든 편이 단편적 격언집 같은 인상을 받기 쉬운데, 반드시 그런 것은 아니다. 각 편의 주제와 특색이 애매한 인상을 주는 이유는 첫 두 편, 학이편(學而篇)과 위정편(爲政篇)이 여러 주제로 혼성되어 있고, 장문(長文)으로 되어있는 장이 없기 때문인 것 같다. 이 두 편의 구조는 다른 편에 비해서 명백한 주제가 없는 것 자체가 특색이라고 할 수 있다. 아마 이 두 편은 공자 학단의 후진(後進:후배) 제자나 새로이 입문하는 제자들을 위해서 기본교육의 자료로 편집한 것이 아닐까 싶다.

학습의 자세, 학우(學友)와 만남의 기쁨, 자기를 남이 알아주지 않아도 개의치 않고. 인간으로서의 자기 개발을 위한 생활을 강조하는 구절에서 시작된다. 이에 따라, 여러 주제가 나온다. 특기사항은 공자 사상을 알기 위한 유명한 구절뿐만 아니라, 해석하기 어려운 것, 또 의심스러운 문제점, 기타 알아야 할 사항을 포함했다. 그러한 예로서, 학이편 8장을 보자. 이 문장은 앞뒤의 말이 잘 연결되지 않는 예라고 할 수 있다.

(1-8) 선생님께서 말씀하셨다. "올바른 사람은 거동에 무게가 있지 않으면 위엄이 없고, 배움이 있으면 고집이 없을 것이며, 성실하고 책임감이 있어야 하며, 자기만 못한 사람을 친구삼지 말고, 자기의 잘못을 알게 되면 고치는데 서슴지 말아야 한다."

子曰 君子不重則不威 學則不固 主忠信 無友不如己者 過則勿憚改

이미 앞에서 본 많은 공자의 말은 간결하면서도 뜻이 깊고 폭이 넓은 아름다움이 있다는 것을 느끼게 하는데, 이 장은 그렇지 못하다. 우선 첫 구절을 보면, "군자는 무게가 없으면" 이라고 나오는데, 이말은 군자도 무게가 없을 수 있다는 말이 된다. 그리고 첫 구절과 둘째 구절, "배움이 있으면 고집이 없다"는 말과 무슨 관계가 있는 것인가? 셋째, "성실하고 책임감(信)을 주로 여기고"(主忠信:주충신)라는 말과 다음 구절 "자기만 못한 자를 친구 삼지 말라"(無友不如己者:무우불여기자)는 말도 관련성이 희박하다. 마지막 구절, "잘못을 알면 서슴지 말고 고쳐야 한다"(過則勿憚改:과칙물탄개)는 말도 앞 구절과 동떨어져 있다. 다만 이 다섯 구절이 각기 독립적으로는 진정한 공자 말이라고 할 수 있겠으나, 모두같이 한 문장이라면 분명히 공자다운 말은 아니다. 마지막으로 "자기보다 못한 사람을 친구삼지 말라"(無友不如己者:무우불여기자)도 이상한 말이다. 자기보다 못한 사람과 왜 사귀지 말라는 것일까? 공자가 그리 마음이 좁은 사람이었을까? 그러나 이러한 의심이 날 수 있는 장이 논어 전편을 통해서 그리 많지는 않다. 전체의 1할이나 2할 정도밖에 안 될 것이다.

위정편(爲政篇)은 전부가 공자의 말이다. 이편에는 학이편에 비해서 더욱 앞서 나가 학자로서, 또 인간으로서 배움의 중요성을 강조하는 제목이 많이 나온다. 이편의 특기사항은 (2-14) 공자의 자서전과 (2-7) 不知爲不知(부지위부지)는 이미 제2장에서 관찰했으니, (2-18)장을 고찰하기로 한다.

(2-18) 제자 자장(子張)이 어떻게 하면 관직에 오를 수 있는지를 배우려 했다. 선생님께서 말씀하시기를, "많이 듣고 의심스러운 점은 제쳐 놓고, 그 나머지를 신중히 말하며, 또 될 수 있는 대로 많이 관찰하여 위태로운 것은 제거하여, 그 나머지를 행한다면, 후회할 일이 적어진다. 말에 실수가 없고 행동에 후회할 일이 적어지면, 관직은 자연히 따라오게 되어 있는 것이다."

子張學干祿 子曰 多聞闕疑 愼言其餘 則寡尤 多見闕殆 愼行其餘 則寡悔 言寡尤 行寡悔 祿在其中矣

자장(子張)은 공자보다 48세나 연소한 제자이니, 공자 말년 가까이 입문한 사람이지만, 논어에는 꽤 많이 등장한다. 특히 이편에 자장이 두 번 등장하고 또 자장편(子張篇) 19의 첫 2장은 자장의 말로 시작된다. 여기서는 자장이 녹(祿), 즉 벼슬자리를 구하려고, 간록(干祿)이라는 책을 배우고 있었는데, 자장이 벼슬하고 싶어 하는 것을 스승이 알고 말한다. 벼슬이라는 것을 구하기 위해 배울만한 방법이 있는 것은 아니다. 그저 훌륭한 사람이 되려고 많이 배우면 자연히 벼슬자리를 얻을 수 있을 기회가 오는 것이라고 가르친다. 그리고 군자로서 마땅히 배워야 할 학문의 방법을 지적하는데 모든 일에 견문(見聞)을 넓히되, 제대로 사물을 판단하기 위해서, 신중한 고찰이 요구된다고 한다. "많이 듣고 의심스러운 것은 보류하라."(多聞闕疑:다문궐의)는 바로 앞에 나오는 (2-17) 不知爲不知(부지위부지)와 상통되는 개념이며, 학문에 대한 것뿐만 아니라, 모든 세상만사에 해당되는 교훈이라고 할 수 있다. 사람들의 말을 듣고, 눈으로 보고 얻는 정보를 덮어놓고 믿을 수는 없다. 약 150년 후 전국 시대에 공자의 사상을 이어 대학자가 된 맹자(孟子)가 그 뜻을 더욱 직선적으로 표현한 말이 있다. "책에 있는 것을 모두 믿는다면 차라리 책이 없는 것보다도 못하다."(盡信書則 不如無書:진신서칙 불여무서). 이 말이 오늘날에도 얼마나 적절한 경구(警句)인가? 사람들은 인터넷에서 보는 것, 정치가, 기업들의 선전, 신문 잡지 등을 너무나 쉽게 믿는다. 이러한 정보를 다 부정적으로 볼 것은 아니겠으나, 독자적으로 신중히 판단하며, 또 확인할 수 없는 것은 판단 중지를 해야 한다. 이러한 힘을 기르는 것이 어느 사회에 있어서도 자녀 교육에 중요한 방법이 돼야 할 것이다.

제2화. 주제가 뚜렷한 팔일편(八佾篇)과 이인편(里仁篇)

첫 두 편에 비해서 다음 두 편은 주제가 뚜렷하다. 팔일편은 거의 다가 예악(禮樂)에 관한 이야기이고, 이인편(里仁篇)은 주로 인(仁)과 효(孝)에 관한 이야기라고 할 수 있다. 이 두 편의 또 하나의 특색은 거의 다가 공자의 말로 되어 있고, 단 하나의 예외는 이인편에 있는 제자 자유(子游)의 말이다.

[3: 八佾篇(팔일편):26장] 주로 예(禮)가 주제로 돼 있음

a. 주제: 禮(예):21, 樂(악):3, 호고(好古):3

b. 특기사항: (3-18) 事君盡禮 人以爲諂(사군진례 인이위첨)
(3-21) 旣往不咎(기왕불구)

[4: 里仁篇(이인편):26장] 주제는 주로 인(仁)과 효(孝)

a. 주제: 仁(인):6, 孝(효):4, 기타

b. 특기사항: (4-3) 惟仁者 能好人 能惡人(유인자 능호인 능오인)
(4-6) 我未見 好仁者 惡不仁(아미견 호인자 오부인)
(4-18) 事父母幾諫(사부모기간)
(4-26) 事君數斯辱矣 朋友數斯疏矣(사군수사욕의 붕우수사소의)

팔일편(八佾篇)의 주제, 예악(禮樂)에 대해서는 이미 본서 제5장과 제6장에서 충분히 논했으니. 여기서는 특기사항, (3-18)과 (3-21)에 대해서 고찰하기로 한다.

(3-18) 선생님께서 말씀하셨다. "임금을 섬기는데 예(禮)를 다 하면 사람들은 그것을 아첨이라고 하더라."

子曰 事君盡禮 人以爲諂也

이말을 현대인은 언뜻 이해하기 힘들다. 무슨 말을 하고 있는 것일까? 먼저 우리는 공자가 살던 춘추(春秋)시대가 어떤 시대였는지를 알아야 한다. 앞에서 보다시피 공자가 살던 노(魯)나라에서는 대부들이 실권을 잡고 군주를 무시하고 끝내 군주를 국외로 추방까지 한 일이 있었다. 이러한 시대에 공자는 언제나 누구에게나 예의 바르고 남에게 경의를 표하는 인품을 가졌다는 것은 논어 전편에서 볼 수 있다. 그러니, 이장의 공자 말은 한심스러운 세태를 한탄하는 말이라는 것이 분명하다. 이제 팔일편의 21장에 있는 흥미로운 이야기를 보자.

(3-21) 선생님께서 그 말을 들으시고 말씀하셨다. "이루어진 일은 논할 것도 없고, 끝난 일은 말릴 수도 없으며, 이미 지나가 버린 일은 허물할 것도 없다."

子聞之 曰 成事不說 遂事不諫 已往不咎

재아(宰我)라는 제자가 노(魯)나라의 어린 임금 애공(哀公)을 모시고 벼슬을 하고 있었을 때 이야기다. 재아(宰我)는 말재주가 있고 머리가 잘 도는 인물로 알려져 있었다. 선진편(先進篇:11-3)에도 재아가 언어에 재주가 있다는 말이 나온다. 어느 날 애공(哀公)이 재아(宰我)에게 사직단(社稷壇)에 심은 신목(神木)에 대해서 물었는데, 재아는 답을 한다. “하(夏)나라 사람은 소나무를 심었고, 은(殷)나라 사람은 박달나무를 심었는데, 주(周)나라 사람은 밤나무를 심었습니다.” 거기서, 그치지 않고 그는 제멋대로 말재주를 부린 것 같다. “그 이유는 밤나무 율(栗)은 두려워할 율(慄)과 상통하므로 신하들로 하여금 무서워하게 하려고 그랬던 것입니다.”라고 답을 했다. 후에 이말을 공자가 듣고 한 말이 위의 구절이다. 그러니까 이 말은 공자가 말재주가 있는 재아의 실언을 비판한 말이다. “네가 또 말실수를 한 모양인데, 이미 네 입에서 나온 말을 내가 이제 와서 꾸지람해 봐야 무슨 소용이 있겠는가?”하고 간접적으로 비판한 말일 것이다. 공자는 이같이 교훈을 하든 충고를 하든 강요하지 않는 성품이었다는 것은 다른 곳에도 많이 나온다.

이인편(里仁篇)의 주제도 뚜렷하다. 처음 7장은 주제가 모두 인(仁)으로 되어 있다. 공자의 인(仁)의 사상을 알기 위한 절호의 자료라고 할 수 있다. 첫 장(4-1: 里仁爲美: 이인위미)과 (4-7: 人之過也 各於其黨: 인지과야 각어기당)은 이미 보았으니, (4-3)과 (4-6)서부터 자세히 보기로 한다.

(4-3) 선생님께서 말씀하셨다. “오직 인자(仁者)만이 사람을 좋아할 수 있고, 또 사람을 미워할 수 있는 것이다.”

子曰 惟仁者 能好人 能惡人

이 말은 공자 사상의 핵심을 이해하는 데 중요한 말이다. 仁者(인자), 사람다운 사람은 물론 사람을 사랑한다. 제1장에서 보다시피 공자가 간략하게 인(仁)에 대해서 말할 때 애인(愛人), 즉 “사람을 사랑하는 것”이라고 여러 번 말한다. 그런데 사람을 미워하는 일도 있는 것일까? 이 장은 좀 자세히 볼 필요가 있다. 그러나 지금은 몇 장후에 나오는 (4-6)에 나오는 공자의 말과 같이 보아야 한다. (4-6)에서는 공자가 이말을 다른 각도에서 부연하여 전개한다. 어쩌면, (4-3)과 (4-6)은 원래 한 장으로 구성했는지도 모른다. 좀 길지만, 자세히 보자. 다만 문장이 우리나라 말로 번역하기가 쉽지 않다. 말이 길어지고, 헷갈리기 쉬우니, 이 구절의 핵심이 되는 세 구절을 번역하지 않고 한문으로 쓴다. 인(仁)이라는 말을 순 한국말로 번역하려면, "인자스럽다", "사람답다" 등으로 옮길 수 있으나, 후자를 사용한다.

(1) 好仁者(호인자) : 사람다움을 좋아하는 사람
(2) 惡不仁者(오불인자) : 사람답지 못함을 미워하는 사람
(3) 不仁者(불인자) : 사람답지 못한 사람

(4-6) 선생님께서 말씀하셨다. "나는 이직까지 好仁者(호인자)도 惡不仁者(오불인자)도 본 일이 없다. 好仁者(호인자)는 더 말할 것도 없고, 惡不仁者(오불인자)도 인(仁)을 위한 것이고, 不仁者(불인자)의 영향이 자기에게 미치지 못하게 하는 것이다. 하루라도 자기 힘을 다하여 인(仁)을 향해 힘을 써 보아라. 나는 아직 그럴 힘이 없는 사람이란 보지 못했어. 아니, 그런 사람도 혹시 있을지도 모르지. 그러나 나는 아직까지 그런 사람은 본 일이 없단 말이야."

子曰 我未見 好仁者 惡不仁者 好仁者 無以尙之 惡不仁者 其爲仁矣 不使不仁者 加乎其身 有能一日用其力於仁矣乎 我未見力不足者 蓋有之乎 我未之見也

주목할 점은 공자의 어휘에는 惡仁者(오인자), "사람다움을 미워하는 사람"이라는 범주가 없다는 것이다. 그리고 또 "仁者(인자)"라는 말도 나오지 않는다. 아마 이 두 양극(兩極)은 존재할 수 없다고 본 것이 아닐까? 仁者(인자)는 바로 聖人(성인)이고 공자 자신에게도 해당치 않는다고 본 것 같다. 仁(인)은 어디까지나 인간의 이상이고, 인간이 지향(志向)하는 삶의 목적이라고 할 수 있지만, 仁(인)을 완벽하게 달성한 사람은 성인(聖人)일 것이다. 그리고 惡仁者(오인자)도 사람다움을 거부

하는 인간이라면 인간이 아니다. 거론할 가치도 없다.

그러나 공자는 왜 好仁者(호인자)도 惡不仁者(오불인자)도 보지 못했다고 한 것일까? 이 말도 우리는 역설적으로 이해해야 할 것 같다. 仁(인)을 "진지하게" 지향(志向)하는 사람을 아직 못 보았다"고 새겨 읽어야 할 것이다. 제자들은 모두 각기 열심히 仁(인)을 향하여 노력하고 있으나, 충분치 않다는 뜻으로 해석할 수도 있다.

여기서 잠시 시선을 돌려서, 고대 그리스(Greece)의 이솝(Aesop) 우화(寓話) 한 토막을 보기로 하자. 어느 친절한 노인이 길에서 독사 한 마리가 병들어 앓고 있는 것을 보았는데, 그 노인은 불쌍히 여겨 집에 데리고 가서 병을 고쳐 주었다. 병이 다 나아서 노인이 문밖으로 내 보냈더니, 뱀은 갑자기 몸을 돌려 노인을 물었다. 노인은 쓰러져 죽어 가면서, 뱀을 보고 물었다. "너는 왜 은혜를 베푼 나를 해치는가?" 뱀이 답을 한다. "그게 내 본성(本性)인 걸." 여기에 담긴 교훈은 무엇인가? 인류의 역사는 어느 시대나 어느 지역에서나 부족 간, 국가 간 , 민족 간, 종교 간, 제국 간에 끊임없는 투쟁의 역사가 아닌가? 이것이 인간의 본성(本性)인가? 물론, 이솝 우화가 가르치는 것은 세상에는 이렇게 악덕(惡德)한 인간도 있다는 것이겠으나, 공자는 다르다. 공자에게는 오인자(惡仁者)라는 범주는 없다. 위령공편(衛靈公篇)에 넉 자밖에 되지 않는 공자 말이 있다. (15-38)을 보기로 하자.

(15-38) 선생님께서 말씀하셨다. "(사람의 성품은) 배움에 달렸고, 천성(天性)에 달린 것이 아니다."

子曰 有教無類

논어 전편을 통해서 넉 자로 되어 있는 공자의 말은 두 장밖에 없다. 이 구절과 위정편(爲政篇)의 (2-12) 君子不器(군자불기) "훌륭한 사람은 그릇이 아니다."라는 짤막한 말뿐이다. 이 말은 제2장 6화에서 이미 보았다. 이 두 장은 공교롭게도 깊은 뜻이 담겨 있다. 有教無類(유교무류)는 무슨 뜻인가? "사람은 배움으로 인간이 된다. 본성(本性)이란 없는 것이다." 그러나 우리가 여기서 잊지 말아야 할 것은 공자가 말하는 "배움"은 배우는 자신에 달린 것이다. 학(學)에는 반드시 사(思)가 수반돼야 한다.

이인편(里仁篇)에는 또 인간사회에서 여러 가지 상극되는 가치관을 다루는 장이 있다. 두 구절만 더 보자.

(4-18) 선생님께서 말씀하셨다. "부모님을 모시고 있을 때, (잘못이 있으면) 부드럽게 말씀드리고, 받아 주시지 않아도, 그전대로 경의를 표하며 뜻에 따르고, 부모님을 공경히 모시고 원망을 하지 말아야 한다."

子曰 事父母幾諫 見之不從 又敬不違 勞而不怨

이 이야기는 가족애(家族愛)와 사회적 가치관의 비중(比重)을 묻는 난해한 문제를 다루고 있다. 부모 혹은 형제에 무슨 잘못이 있을 때, 어떻게 해야 하는가? 이런 문제에는 정답이 없다. 경우에 따라서, 복잡한 가치관의 모순점을 일률적으로 꼭 이렇다고 하기 어렵기 때문이다. 그러나 공자는 과감하게 말한다. "부모에 잘못이 있을 때, 공손하게 지적해 드리되, 부모가 듣지 않으면, 다시 원상으로 돌아가서 부모에게 경의를 표하고 그 뜻을 따르며 원망하는 것은 옳지 않다." 이런 문제가 우리 일상생활에 흔한 것인가? 왜 이런 문제까지 다루어야 하는가? 그러나 이런 문제까지 생각하는 데에 공자의 위대함이 있다. 공자에게는 가족애(家族愛)는 사회적 질서보다 훨씬 큰 비중이 있었던 것 같다. 이 말은 제1장에서 본 父爲子隱 子爲父隱(13-18:부위자은 자위부은)의 딜레마(dilemma)와 상통되는 이야기다. 아비는 자식의 잘못을 감추고, 자식을 아비의 잘못을 감추는 것이 옳은 일일까? 여기서도 공자는 부자(父子) 간의 관계를 사회적 가치보다 선행(先行)시킨다.

현대인이 이러한 구절을 해석하는 데 있어서, 또 하나 중요한 관점은 고전(古典)의 시대성을 감안하여 현대에 맞게 재고하는 것이다. 공자시대의 군주제도는 이미 지나갔다. 그러면, 오늘날 사군(事君)에 해당되는 것은 무엇인가? 시대적 사회 관습이나 풍조(風潮)나 추세(趨勢)라고 할 수 있다. 왜냐하면, 이러한 풍조는 일반인에게 옛날의 군주보다 더 막강한 영향력이 있기 때문이다. 젊은 세대는 항상 이에 맞추느라고 독자적 판단을 못 한다. 그에 비해, 가족끼리의 연대성은 시대나 지역을 넘어서 현대에도 달라지지 않는다. 공자는 바로 이 관점을 강조한 것이라고 볼 수 있다. 오늘날 국가의 시책(施策)이나 사회관습의 현실이 사회구성인원에게 어떠한 추종을 요구하느냐 하는데 여러 가지 사태를 생각할 수 있다. 현대에도 절대 독재 국가에서는 부모를 은밀히 살피고 집권자에게 보고하는 의무를 강요하는 나라도 있다. 소위 민주주의 국가라도 특무기관, 혹은 비밀경찰이 국민의 거동을 지켜보는 나라도 적지 않을 것이다. 공자가 현대에 살았더라면 사회 풍조에 추종하는 것은 무엇보다도 거부했을 것이다. 마지막으로, 이인편(里仁篇) 끝에 있는 제자 자유(子游)의 말을 생각하자.

(4-26) 자유(子游)가 말했다. "임금을 모실 때 너무 많이 간하면 치욕을 당할 수 있고, 친구와 사귀면서 충고가 너무 잦으면, 멀어진다."

子游曰 事君數斯辱矣 朋友數斯疏矣

위에서 본 공자의 가르침(4-18)을 사군(事君: 임금을 모시는 것)과 친구를 사귀는 데로 연장하여 응용한 것 같다. 다만 제일 장에서 본 공자의 말(14-15)과는 조금 어긋난다. 자로(子路)가 사군(事君)에 대해서 물었을 때, 공자는 "군주를 속이면 안 된다. 군주의 잘못은 말려야 한다."(勿欺也 而犯之: 물기야 이범지: 14-25)고 했다. 자유(子游)의 말은 공자 사상을 잘 반영하고 있을 것이다.

이 장은 공자의 양면성을 보여준다고 보고 싶다. (7-37)에 공자의 모습은 "온화하시면서 엄격하시고, 위엄이 있으시면서 사납지 않으시고, 공손하시고 편안하셨다"고 기술되어 있다.

이 말은 공자가 교육자로서 뿐만 아니라, 일반 대인 관계에 있어서도 어떠한 태도로 사람을 대했는가를 보여 준다.

제3화. 공야장편(公冶長篇), 옹야편(雍也篇), 술이편(述而篇)

이 세 편에는 인평(人評)이 가장 많다. 공자가 제자를 포함하여 당대사람 혹은 역사적 인물에 대해서 평을 하고, 또 제자들이 스승의 인품에 대해서 말한다. 특히 술이편(述而篇)에는 공자의 자평(自評)이 많이 나온다.

[5: 公冶長篇(공야장편):27장] 주로 인평(人評)

a. 주제: 人評(인평):24, 仁(인):3, 기타

b. 특기사항: (5-15) 不恥下問(불치하문)

[6: 雍也篇(옹야편):30장] 주로 인평(人評)

a. 주제: 人評(인평):12, 仁(인):3, 政(정):3, 기타

b. 특기사항: (6-1) 雍也可使南面(옹야가사남면)
(6-2) 雍之言然(옹지언연)
(6-28) 行不由逕(행불유경)

[7: 述而篇(술이편):37장]

a. 주제: 공자 自評(자평):17, 教(교=誨人):8, 學(학):5, 好古(호고):4, 音樂(음악):3

b. 특기사항: (7-8)子曰 不憤不啓 不悱不發(자왈 불분불경 불배불발)
(7-26)子釣而不綱 弋不射宿(자조이불망 익불사숙)

우선 公冶長篇(공야장편)을 보면 人物評(인물평)이 가장 많아서, 등장하는 당대 인물, 제자들이 어떤 사람인지 잘 모르면 공자 사상을 아는데 그리 유익하지는 않다. 앞에서 제4장 7화에서 본 재미있는 대화는 공자와 자로(子路)의 이야기(5-7) 乘桴浮干海(승부부간해) 하자는 이야기다. 공자가 바다를 건너서 오랑캐 나라로 도피하자고 농담한다. 여기서는 15장에 있는 자공의 물음에 대한 인물평을 본다.

(5-15) 그 사람은 명석하고 배움을 좋아하며, 자기만 못한 사람에게도 묻는 것을 수치스럽게 여기지 않았다.

敏而好學 不恥下問

이 장은 위(衛) 나라의 대부(大夫) 공문자(孔文子)라는 시호(諡號)를 받은 사람에 대한 이야기다. 시호(諡號)는 사대부에게 죽은 후 보내는 호칭이다. 이 인물에 대해서는 잘 알려져 있지 않다. 어느 날 제자 자공(子貢)이 스승에게 묻는다. "공문자"라는 분에게 문(文)이라는 시호를 보낸 것은 무슨 이유입니까?" 라고 묻는다. 공자가 설명한 이유가 바로 위의 말이다. 머리가 좋고 똑똑한 사람은 보통 자부심이 많아서, 자기만 못한 사람이나 아랫사람에게서 배우려고 하지 않는다. 누구한테서나 무엇이든지 배우는 능력은 결코 쉬운 일이 아니다.

옹야편(雍也篇)에는 공자가 제자들을 평하는 장이 많다. 첫 두 장에는 공자가 제자 중궁(仲弓)을 칭찬하는 이야기가 있는데, 공자가 왜 그렇게까지 중궁을 높이 평가하는지 궁금하다. 공자가 가장 좋아하고 존경한 제자는 안연이고, 아마도 중궁은 그다음일 것이다. 첫 두 장 (8-1)과 (8-2)를 보자. 이 두 장은 같은 제자 옹(雍)에 대한 말이어서, 해설자에 따라 하나로 보기도 한다. 여기서는 두 장으로 나누어 놓는다.

(6-1) 선생님께서 말씀하셨다. "옹(雍)은 남면(南面) 시켜도 좋은 인물이다."

子曰 雍也可使南面

여기에 등장하는 제자 염옹(冉雍)과 중궁(仲弓)은 같은 인물이다. 성명은 염옹(冉雍)이고 자(字)는 중궁(仲弓)이라고 했다. 남면(南面)이라는 말은 남쪽을 향하여 앉는다는 뜻인데, 신하들과 대좌(對坐)하여 정치를 한다는 뜻이고, 고대 중국어 관용어로서 "임금이 된다" 혹은 "중신(重臣)으로서 정치를 한다"는 뜻이었다. 남면(南面)이라는 말은 논어에 두 곳에 나온다. 옹야편(雍也篇)에 하나, 그리고 위령공편(衛靈公篇)에 하나 나오는데, 이 고대 정치 이념을 알려면, 먼저 위령공편 (15-5)의 구절을 앞당겨 보는 것이 필요하다.

(15-5) 선생님께서 말씀하셨다. "아무것도 하지 않고 나라를 다스린 사람은 순(舜)임금이었다.
순임금이 무엇을 했겠는가? 그저 공경하게 남쪽을 향하여 앉아 있었을 뿐이었다.

子曰 無爲而治者 其舜也與 夫何爲哉 恭己正南面而已矣

덕정(德政)으로 나라를 다스린 성왕(聖王) 순(舜)임금은 그저 남쪽을 향하여 아무것도 하지 않아도 나라를 잘 다스릴 수 있었다는 뜻이다. 그러나 이 말은 문자대로 무위(無爲) "아무것도 하지 않아도" 라고 해석하면 그저 동화(童話) 같은 전설밖에 되지 않는다. 집권자의 덕정과 권위를 상징하는 관용어로 보아야 한다. 이야기가 빗나가지만, 사실 어느 현대 미국 철학자는 공자의 복고사상을 무슨 마술적(魔術的) 효능을 믿는 이념으로 해석했는데, 우스운 학설이다. 공자가 마술적 효능을 믿었다는 말인가? 無爲而治者(무위이치자)는 "특별한 수단을 부리지 않고,

덕(德)으로 나라를 다스리는 왕"이라고 해석하는 것이 뜻이 있다. 다시 (6-1)의 구절로 돌아가 보면, 공자가 중궁(仲弓)을 남면(南面)할만 하다"고 한 것은 보통 칭찬한 말이 아니다. 옹야편(雍也篇)에 그다음으로 나오는 장 (6-2)도 중궁에 관한 이야기인데, 1장과 2장을 한 문맥으로 보는 학자도 있으나, 좀 무리인 것 같다. 역시 (6-1)과 (6-2)는 떼어 놓아야 한다.

(6-2) 제자 중궁(仲弓)이 선생님께 상백자(桑伯子)에 대해서 여쭤보았다. 선생님께서는 답하시어 말씀하셨다. "괜찮은 사람이다, 관대(寬大)하였으니까." 중궁이 여쭸다.
"자기 일에 엄격하고, 백성들에게 관대하다면 되지 않습니까? 자기 일에 관대하고 또 남에게도 관대하다면, 지나치게 관대하다는 말이 되지 않습니까?"라고 하니까, 선생님께서 "옹야, 네 말이 옳다."라고 하셨다.

仲弓問子 桑伯子 子曰 可也 簡 仲弓曰 居敬而行簡 以臨其民 不亦可乎 居簡而行簡 無乃大簡乎 子曰 雍之言然

이 이야기는 사제 간의 흥미로운 대화이다. 중궁이 스승에게 상백자(桑伯子)라는 역사적 인물에 대해서 물어본다. 상백자가 어떤 인물인지는 잘 알려져 있지 않으나, 그것은 중요치 않다. 공자가 간단한 답을 하는데, 중궁이 맞대놓고 주장한다. 그리고 스승은 네 말이 옳다고 양보하고 만다. 여기에 나오는 간(簡)이라는 말은 "관대하다, 대범하다, 너그럽다" 등의 뜻이고, 이 문장의 관건이 되는 개념은 "관대하다(簡)"와 "엄격하다(敬)"이라고 할 수 있다. 재미있는 것은 공자가 중궁의 말을 듣고 바로 손들어 버리는 것인데, 사제 간의 대화가 서로 자유롭고 기탄없이 자기 의견을 펴낼 수 있는 분위기였다는 것을 알 수 있다. 공자는 유순(柔順)하고 고집이나 아집이 없던 사람이었다.

술이편(述而篇)에는 구슬같이 아름다운 공자의 말이 많이 나오는데, 우리는 이미 이러한 공자의 말을 많이 고찰했다. (7-3) "그게 바로 내 걱정거리라네."是吾憂也(시오우야), (7-29) "인(仁)이란 먼 데 있는 것인가? 仁遠乎(인원호), (7-21) "나는 세 사람과 같이 있으면, 내 스승을 얻을 수 있다." 我三人行(아삼인행), (7-30) "나는 참으로 다행인 사람이다." 丘也幸(구야행), (7-29) "노래를 잘하는 사람이 있으면, 반드시…" 歌而善(가이선), 등등 참으로 아름다운 구절이다. 여기서는 (7-8)을 보기로 하자.

(7-8) 선생님께서 말씀하셨다. "알고 싶어 분발하지 않으면 가르치지 않고, 말하려고 애쓰지 않으면 지도하지 않으며, 한구석을 펴준 후 딴 세 구석까지 알아채지 않으면, 나는 되풀이해서 가르치지 않는다."

子曰 不憤不啓 不悱不發 擧一隅而示之 不以三隅反 則吾不復也

공자의 교수법은 엄격했던 것 같다. 배우는 자가 자기 스스로 배우려는 의욕이 단단하지 않으면 되풀이해서 가르치지 않는다고 하니 제자들도 정신 차려서 자기 힘을 다해야 한다. 다시 말하면 '배우는 자는 먹여주십시오' 하고 입만 열어서는 제대로 배울 수 없다. 배우는 자세와 능력이 충분해야만 가르칠 가치가 있다. 술이편(述而篇)에 있는 흥미로운 장을 하나만 더 보자.

(7-26) 선생님께서는 물고기를 낚시로는 잡으셨으나, 그물은 쓰지 않으시고, 보금자리에서 잠자는 새는 쏘지 않으셨다.

子釣而不網 弋不射宿 (자조이불망 익불사숙)

이 말은 무언지 모르게 공자다운 모습을 보여준다. 공자는 사냥을 하더라도, 필요 이상의 살생은 하지 않았던 것 같다. 설마 현대인과 같이 지구의 생태학적(生態學的:ecological) 균형을 걱정한 것은 아니겠으나, 그는 직관적으로 대량 살육은 아름답지 못하다고 느꼈는지도 모른다.

제4화. 태백편(泰伯篇)

태백편(泰伯篇)은 첫 7편까지의 흐름과 많이 다르다. 어쩌면 이편은 앞의 7편보다 후기에 편집되었는지 모른다. 가장 많이 나오는 주제는 공자의 호고(好古) 사상이고, 제1장과 마지막 6장은 고대의 요순우(堯舜禹)와 같은 선왕(先王) 시대의 이야기인데, 제자 증삼(曾參)의 말과 그에 대한 말이 7장이나 나오고. 그 나머지는 자왈(子曰)이라고 나온다. 여기서는 공자가 좋아했던 고대 중국의 전통인 "옛 임금의 길," 즉 先王之道(선왕지도)가 어떤 것인지를 보기로 한다.

[8: 泰伯篇(태백편):21장] 주로 그의 복고사상

a. 주제: 好古(호고):7, 孝(효):2

b. 특기사항: (8-1):子曰 泰伯其可謂至德也已矣(자왈 태백기가위지덕야이의)
(8-14):不在其位 不謀其政也(부재기위 불모기정야)
(8-20):有婦人焉(유부인언)

이편은 복고사상에 대한 주제가 가장 많다. 첫머리에 나오는 장을 먼저 고찰하자.

(8-1) 선생님께서 말씀하셨다. "태백(泰伯)이야말로 최상의 덕을 지녔었다고 할 수 있을 것이다. 세 번이나 왕위(王位)를 양보했는데도 사람들은 그를 칭찬할 기회도 없었다."

子曰 泰伯其可謂至德也已矣 三以天下讓 民無得而稱焉

태백(泰伯)은 주(周)나라의 조상이 되는 태왕(太王)의 맏아들의 이름이다. 그는 왕위를 계승하는 자격이 충분히 있는데도 세 번씩이나 사양했을 뿐 아니라, 어딘가에 은신함으로써 사람들에게 이 단서도 주지 않았다는 이야기인데, 역사적 사실이라고는 믿기 어렵다. 사실이든 아니든 태백의 이야기는 고대의 요순우(堯舜禹) 신화를 모방한 이야기라고 볼 수 있다. 사실, 태백편의 18장서부터 마지막 장까지 넉 장은 다 요순우(堯舜禹)에 관한 말로 되어 있다. 공자의 호고(好古) 사상은 바로 이러한 경양(敬讓)의 덕을 이상으로 삼은 것 같다. 이편에는 또 제자 증삼(曾參)을 높이 올려서 증자왈(曾子曰)로 나오는 말이 많아서, 주로 후세에 증자학파에 의하여 편찬됐다는 학설이 많다. 이제 (8-14)에 나오는 공자의 정치사상을 살펴보자.

(8-14) 선생님께서 말씀하셨다. "자기가 직위에 있지 않으면, 그 직무를 논하는 것이 아니다."

子曰 不在其位 不謀其政也

이말은 현대인에게는 이상한 말이다. 오늘날에는 오히려 집권자들의 정치를 논평하고 발언하는 것이 옳고 또 시민의 의무라고 할 수 있다. 공자도 역시 시대 문화의 산물에 지나지 않았던 것인가? 그럴 수도 있겠지만, 좀 더 생각해 보자. 이 장은 정치에 대한 논평이기는 하나, 먼저 우리가 유의해야 할 것은 공자가 말하는 정(政)과 현대인이 말하는 "정치"를 혼동하지 말아야 한다는 점이다. 공자의 정(政)은 오늘날의 정치꾼이 말하는 정치가 아니다. 그에게는 정(政)이라는 범주가 따로 있는 것이 아니라, 인(仁)을 사회 전반에 연장하는 인도(人道)주의라고 해야 한다. 그의 정치에는 정당도 없고 국경도 없다. 물론 현대인들은 공자가 너무나 순진하다고 하겠지만, 공자에게 정치는 자기 출세를 위한 것이 아니고, 자기 정당을 위한 것도 아니고, 나라를 위한 정치도 아니다. 그의 정치는 인류를 위한 것이다. 구구한 시대성과 지역성에 얽매인 정치는 그가 말하는 정(政)이 아니다. 만약 현대 정치인이 나라를 넘어서서 인류를 논한다면, 어떤 관직이나 직무가 대수이겠는가? 그러한 것은 공자의 관심사는 아니었을 것 같다. 끝으로 (80-20)에 있는 이야기를 보자.

(8-20) 공 선생님께서 말씀하시길, "인재(人材)를 얻는 것은 어렵다 하니, 안 그렇겠는가?
당우(唐虞) 때는 그만큼 성했지만, 그중에 부인(婦人)이 있었으니 (유능한 신하는) 모두 아홉 사람밖에 안 되었단 말이야."

孔子曰 才難 不其然乎? 唐虞之際 於斯爲盛 有婦人焉 九人而已

이 장은 재미있는 고대 중국 역사에 관한 이야기인데, 아마 신화라고 하는 것이 나을 것이다. 좀 길어서 전문을 인용하지 않고, 위의 말에 앞서 나오는 이야기를 풀어서 쓰기로 한다. 고대의 성왕 순(舜)은 유능한 신하가 다섯 명이 있어서 나라가 잘 다스려졌는데, 주(周)나라의 무왕(武王)은 "유능한 신하가 열 명이 있다"고 말했다. 이 전설에 대해서 공자가 말하기를 "인재(人材)를 구하는 것은 어렵다고 하더니, 과연 그렇지 않겠는가? 당(唐=요왕:堯王을 뜻함)과 우(虞=舜王:순왕을 뜻함)때서부터 내려와서 주(周)나라 시대까지 전성기(全盛期)라고 할 수 있지만, 주나라에는 유능한 신하가 열 명이나 된다 하는데, 그중에 부인(婦人)이 있었으니, 모두 아홉 사람밖에 되지 않았었다. 그리고 공자는 이어서, "천하를 삼분(三分)하여, 그중 둘을 보유하면서도, 은(殷)나라에 순복(順服)하고 있었다. 그러니, 주(周) 나라의 덕정은 지극한 덕이라고 할 수 있다."라고 말한 것이다.

이장의 몇 가지 문제점을 생각해 보자. 정치에 있어서 유능한 인재가 있어야 한다는 것은 말할 바도 없지만, 그 먼 옛날에 여자가 어떻게 정치에 관여했었을까 하는 의심이 난다. 또 하나는 만약에 여자가 유능한 신하였다면, 왜 공자가 여자를 인재로 치지 않았는가? 첫째 문제점은 사실(史實)로는 믿기 어렵다. 중국은 6천 년이나 되는 원시시대부터 부계사회였다는 것이 꽤 분명하다. 그 긴 중국 역사상 여왕(女王)이나 여제(女帝)는 단 한 번밖에 있어 본 일이 없다. 8세기 당(唐)나라 초에 측천무후(則天武后)가 단 하나의 예인데, 그것도 오래가지 않았다. 그에 비해서 동호(東胡:Tungusic) 계통의 후손인 한국이나 일본에는 여왕이 심심치 않게 나온다. 그뿐만 아니라, 일본의 왕실의 시조(始祖)라고 하는 "천조대신(天照大神)"은 여자 무당이다.

둘째 의문은 공자는 과연 여성 공신은 유능한 신하로 생각할 수 없었던 것일까? 공자도 고대 중국인이며, 부계사회의 산물이다. 오늘날 우리의 남녀동권 사상은 세계 어느 사회에 있어서도, 20세기 이전에는 없었을 것이다. 공자가 아무리 희대의 천재라 하더라도 이러한 새로운 사상은 기대하는 것은 무리라고 본다. 고대, 중세, 근세를 통해서 또 오늘날에조차 여자를 완전히 동격으로 생각하고 행동하는 남자가 몇이나 되겠는가?

끝으로 이장(8-20)에는 자왈(子曰)이 아니고 공자왈(孔子曰)이라고 나오는데, 여기에는 고대 중국어의 화법(話法)에 특이한 이유가 있다. 어느 학자에 의하면, "공자왈"은 대화의 문맥에 있어서 공자보다 신분이 높은 사람이 있을 때에는 단순히 "자(子= 선생님)라고 하지 않고 성(姓)

을 밝히는 것이라고 한다. 이 화법은 마지막 5편에 더욱 뚜렷이 사용돼 있다. 다시 공자의 여성관에 관한 구절을 하나만 더 보자. 양화편(陽貨篇)에 더욱 뚜렷이 공자가 여인을 멸시하는 장이 있다.

(17-25) 선생님께서 말씀하셨다. "여인과 아이는 다루기 힘들다네. 가까이하면 기어오르고, 멀리하면 원망한단 말이야.'

子曰 唯女子與小人爲難養也 近之則不孫 遠之則怨

"여자와 소인은 다루기가 힘이 든다." 아무리 공자가 천재라 해도 완벽한 인간은 아니다. 남존여비의 인습은 부계사회라면 어디서나 현대까지도 지속되고 있다. 최근까지 세계의 어느 곳에서는 여자는 재산상속권도 선거투표권도 없지 않았던가? 이 점은 조상숭배에 있어서도 같다는 것은 본서 4장 4화에서 이미 봤다. 부계(父系)만 따지고 모계(母系)를 따지지 않으면 조상의 수가 적어지고, 양계(兩系)를 똑같이 따지면 조상의 수가 기하급수적으로 늘어나, 세계의 모든 사람이 같은 조상을 나누는 동포가 된다. 공자의 이상은 바로 거기에 있는 것이다. 여기서 공자의 말은 반드시 여자를 무시했다고 볼 필요는 없지만, 그도 성인은 아니고 그저 위대한 천재였다는 사실을 보여줄 뿐이다.

여기에 소인(小人)이 무슨 뜻인지 확실치는 않으나, 두 가지 해석이 있을 수 있다. 하나는 군자의 반의어로 "작은 인물"이라고도 볼 수 있고, 또는 미성년이라고도 해석할 수 있으나, 그 점은 중요하지 않다.

제5화. 자한편(子罕篇)과 향당편(鄕黨篇)

자한편(子罕篇)과 향당편(鄕黨篇)은 주제가 인물평(人物評)으로 돼 있다. 물론 가장 중요한 것은 공자의 성품과 거동에 대한 것인데, 공자의 자평(自評), 공자의 제자평, 기타 당대인의 인물평(人物評), 그리고 제자들의 스승평으로 되어 있다. 특히 향당편은 제자들이 스승의 성품, 일상 거동을 묘사한 것이 가장 많다.

[9: 子罕篇(자한편):32장] 주로 인물평

a. 주제: 공자 자평:11, 공자 인평:8, 당대인의 공자평:6

b. 특기사항: (9-1) 子罕言利與命與仁(자한언리여명여인)
(9-4) 子絶四(자절사)
(9-5) 匡人其予如何(광인기여여하)
(9-6) 吾少也賤(오소야천)
(9-7) 吾不試故藝(오불시고예)
(9-11) 子在川上曰(자재천상왈)
(9-12, 9-13) 공자의 농담
(9-14) 子欲居九夷(자욕거구이)
(9-26) 匹夫 不可奪志(필부 불가탈지)

[10: 鄕黨篇(향당편):19장] 주로 공자의 성품

a. 주제: 공자의 성품(性品), 습성(擧動):18, 禮法:18

b. 특기사항: (10-18) 入大廟 每事問(입대묘 매사문)
(10-23) 時哉 時哉(시재 시재)

자한편(子罕篇)에는 공자 자신이 자기를 평하는 자평(自評)이 많고, 제자들이 스승의 성품을 기술한 말, 또 누구의 말인지 모르나, 당대인이 공자를 평하는 말이 많다. 제자 중에서는 자공(子貢)과 안연(顔淵)과 자로(子路)가 한 번씩 등장한다. 흥미로운 것은 공자가 자평할 때, 농담도 하고, 자기를 낮추는 경우와 엄숙하게 자기 신념을 펴내는 것도 있다. (9-1) 子罕言利與命與仁(자한언리여명여인), (9-4) 子絶四 毋意毋必毋固毋我(자절사 무의무필무고무아), (9-6) 吾少也賤(오소야천), (9-7) 吾不試而藝(오불시이예), (9-11) 子在川上曰(자재천상왈), (9-26) 匹夫 不可奪志(필부 불가탈지), 기타, 우리는 이미 앞에서 이러한 아름다운 말을 많이 봤다. 이편에는 또 공자가 여행 중 광(匡)나라를 지나가다가 군병(軍兵)들에게 포위당해서 위태한 사태에 처했을 때, 태연하게 그의 소신을 설명한 재미있는 장(9-5)이 있다.

(9-5) "하늘이 문(文)의 전통을 없애지 않는 한, 광(匡)나라 사람들이 나를 어떻게 할 수 있단 말인가?"

天之未喪斯文也 匡人其予如何?

여기서는 문(文)이라는 말은 주(周)나라의 문왕(文王)의 전통으로 생각할 수도 있으나, 고대 전통문화, 즉 先王之道(선왕지도)로 볼 수도 있다. 이장의 전문은 좀 길어서 후반만을 실은 것인데, 전반을 풀어서 이야기하면 다음과 같다. 공자는 말한다. "주(周)나라의 문왕(文王)의 전통은 지나갔으나, 그 전통이 지금 바로 여기에 (나에게) 지속되어 있지 않는가? 하늘이 (나와 같은) 후세 사람에게 그 전통을 이어 나갈 수 있게 하였다. 네 따위 광인(匡人)들이 나를 어찌한단 말인가?" 공자는 좁은 뜻에 있어서 종교인은 아니었으나, "하늘의 뜻을 모르면, 군자라고 할 수 없다."(不知命 無以爲君子:부지명 무이위군자:20-5)라고 외친다. 사명감과 자신감에 찬 공자의 모습을 보는 것 같다. 앞에서 하도 유명한 구절이 돼서 간과(看過)한 구절이 하나 있다. "아침에 사람이 걸어야 할 길을 터득하면 저녁에 죽어도 한이 없다."(朝聞道 夕死可矣:조문도 석사가의:4-8) 이인편(里仁篇)에 있는 이 말은 공자에게는 과장도 아니고 은유도 아니고 화법도 아니다. 생명의 위기에 닥쳐서도 그는 문자 그대로 마음에서 우러나온 신념을 말한 것뿐이다.

향당편(鄕黨篇)은 앞편과 달리 어록(語錄)이 아니고, 제자들이 스승의 모습을 추억(追憶)하는 말이라고 할 수 있다. 공자의 성품, 거동, 그리고 사생활이나 공적(公的) 생활에 있어서 그의 습성이 많이 서술되어 있으나, 표현이 애매한 수식 형용사가 돼서, 정확히 알기가 쉽지 않다. 가장 전형적(典型的) 서술이 제1장에 있다. 이 장에서는 공자를 지칭하는데 "자(子)"라고 되어 있지 않고 "공자(孔子)라고 되어 있다.

(10-1) 공자께서 거처에 계실 때에는 온순하시고, 말씀도 잘 못하시는 분 같으셨지만, 종묘나 조정에 나서서는 말씀을 거침없이 하시면서도 공손하셨다.

孔子於鄕黨 恂恂如也 似不能言者 其在宗廟朝廷 便便言 唯謹爾

공자는 요즈음 말로 내성적(內省的) 혹은 내향적(內向的:introvert)인 성격이었다는 것을 알 수 있다.

이편에 특기할만한 장은 마지막 장(10-19)이다. 이 장은 역대 해설자들이 가장 난해한 장이라고 하는데, 그럴만한 흥미로운 수수께끼라고 할 수 있다. 이 이야기는 향당편의 다른 내용과 동떨어져 있어서, 탈자(脫字)가 있는 것 같다고 하는 학자도 있다. 그러나 보는 관점에 따라서 이 장은 다른 장보다 더 아름답게 느낄 수도 있다. 시적(詩的) 혹은 문학적 표현이란 무엇인가? 명백한 뜻보다 말을 많이 쓰지 않고 애매한 상징적 분위기로 다양한 뜻을 감수(感受)할 수 있는 것이 시(詩)라고 할 수 있다.

(10-19) 이상한 기색을 느끼면 날아오르고, 돌고 돌더니 다시 내려앉는다. 선생님께서 말씀하셨다. "외나무다리에 앉은 암꿩들은 때로구나. 때로구나." 자로(子路)가 손을 내밀었더니, 세 번 냄새 맡고 날아올랐다.

色斯擧矣 翔而後集 曰 山梁雌雉 時哉時哉 子路共之 三嗅而作

이장은 아마 어떤 시절에 공자와 제자 몇이 깊은 산길을 가다가 잠시 앉아 쉬면서 숲 속을 날아다니는 새들을 보고 있을 때의 한 토막 이야기일 것이다. 色斯擧矣(색사거의)는 좀 위태로운 기색이 있으면, 날아오르는 새들을 뜻한다. 翔而後集(상이후집)도 빙빙 날더니 내려앉는 새의 모습을 말한다. 이 모습을 보던 공자가 아마 계곡 위에 걸친 외나무다리에 앉은 암꿩들, 山梁雌雉(산량자치)를 보고서 時哉時哉(시재시재) 때로구나, 때로구나. 라고 한다. 이말은 공자가 무슨 뜻으로 한 말일까? "새들이 때에 잘 맞춰서 움직이는구나"라고 해석하는 학자가 많으나 확실치 않다. 공자를 모시고 산길을 걷던 자로(子路)가 손을 내미니까 子路共之(자로공지), 새는 세 번 냄새를 맡아 보더니 三嗅而作(삼후이작), 날아가 버렸다. 그러나 마지막 두 구절은 달리 해석하는 학설도 있다. 즉, "자로가 스승의 말을 오해하고, 꿩을 잡아서 받쳤더니 공자가 세 번 냄새를 맡고 일어섰다"라고 해석하는 것이다. 여하간, 이 꿈과 같고 시(詩)와 같은 이야기는 애매모호하면서도 아름답다. 이 이야기는 무엇을 상징하는 것일까?

다시 본문을 보면, 曰(왈:"말한다")자에 주어(主語)가 없다. 과연 이 말이 공자의 말일까? 이 점에 유의해서 또 하나 다른 해석을 생각해 보자. 20세기 초에 영국의 저명한 동양학자 웨일리(Arthur Waley)의 해석에 의하면, 위의 꿩은 君子(군자) 혹은 공자를 상징하는 것이고, 노(魯)나라의 실권자 계씨(季氏)가 자로(子路)를 통해서 공자에게 노국(魯國)의 정계로 돌아오기를 청한 이야기라고 한다. 그러니까, 꿩은 공자의 은유(隱喩)이고, 時哉時哉(시재시재)는 공자가 때에 따라 벼슬도 했으나 대부(大夫)들의 행패를 보고 고향을 버리고 유랑하고, 다시 귀향했으나 다시 벼슬은 하지 않았다. 그러나 제자 자로는 계씨의 집사를 했었다. 이러한 공자의 생활을 상징한다고 해석한다고 본 것이다. 그렇다면 이 경우의 왈(曰)은 누구의 말인가? 웨일리는 어떤 고시(古詩)를 인용한 것으로 해석한다. 계씨편(季氏篇:16-1)에는 자로가 스승에게 가서 계씨의 정치에 대해서 상의하다가 공자에게 심히 꾸지람을 받는 이야기가 있다. 그 이야기는 다음 장에서 보기로 한다.

제9장

논어 후반(後半) 10편

n chang '98

제1화. 선진편(先進篇)과 안연편(顏淵篇)과 자로편(子路篇)

한대(漢代) 초부터 논어 주석자 중에는 논어 20편을 반으로 나누어 상론(上論)과 하론(下論)으로 부르는 설이 있었다. 그 이유는 전반과 후반의 성격이 많이 다르고, 전반 편찬 시기가 으래된 것 같아서라고 한다. 여기서는 전편을 한 장에 다루는 것은 너무 길고 지루해질 것 같아서 후반을 따로 한 장으로 묶은 것뿐이다.

[11: 先進篇(선진편):26장] 주로 공자의 제자평

a. 주제: 제자문:14, 제자평:13, 顔回평:7, 기타

b. 특기사항: (11-12) 未能事人 焉事鬼(미능사인 언사귀)

(11-24) 是故惡夫佞者(시고오부녕자)

(11-25) 風於舞雩(풍어무우)

선진편(先進篇:11)은 주로 공자의 제자평으로 되어 있다. 특히 안연(顏淵)에 대한 평이 7장이나 된다. 당대인 인평도 있고, 재미있는 사제간의 대화도 있다. 특히 이편에는 중요한 공자 사상을 펴내는 "아직 사람을 위해 충분히 섬기지도 못하면서, 어찌 귀신을 섬길 수 있겠는가?"(未能事人 焉事鬼:미능사인 언사귀:11-12) "아직 삶에 대해 충분히 알지도 못하면서 어찌 죽음을 안다고 할 수 있겠는가?"(未知生 焉知死:미지생 언지사) 그리고 공자의 예술관과 풍류의 멋 "기수 물에 몸을 씻고,

바람을 맞으면서 춤을 추고, 시를 읊으면서 돌아가고 싶습니다."(浴乎沂風乎舞雩 詠而歸:욕호기 풍호무우 영이귀:11-26) 이러한 장은 이미 보았다. 여기서는 사제 간의 재미있는 논쟁(論爭)을 보자.

(11-24) 선생님께서 답하여 말씀하셨다. "내가 이래서 말재주 부리는 자를 싫어한다니까."

子曰 是故惡夫佞者

자로(子路)가 노국(魯국)의 실권자 계씨(季氏)의 밑에서 일하고 있을 때 이야기인데, 자로가 젊은 문하생 자고(子羔)를 비(費)라는 읍의 대관으로 취직을 시켰다. 공자가 이 소식을 듣고 말한다.

공자: 자고(子羔)는 아직 젊은데, 그런 벼슬자리를 주면, 그를 오히려 망치게 하는 것이 아니겠나?

자로: 나라에는 백성도 있고 사직도 있는데, 왜 꼭 선생님 학당에서 책을 읽은 후에야 배움이 있는 사람이라고 하겠습니까?

공자: 내가 이래서 말재주를 부리는 자(佞者:녕자)를 싫어한다니까.

이 대화는 사제 간이라기보다 아주 가까운 친구끼리 이야기 같다. 다른 문하생들은 스승을 어려워하는 것 같은데, 아마 자로만은 예외였던 것 같다.

[12: 顔淵篇(안연편):24장] 주로 제자들과의 문답

a. 주제: 仁(인):5, 政(정):4, 기타

b. 특기사항: (12-1) 克己復禮(극기복례)
(12-5) 四海之內 皆爲兄弟也(사해지내 개위형제야)
(12-7) 足食足兵 民信之矣(족식족병 민신지의)
(12-16) 成人之美(성인지미)
(12-17) 政者正也(정자정야)

안연편에는 인(仁)에 대한 문답이 많으나, 그다음으로는 정(政) 혹은 치국(治國)에 대한 말이 많이 나온다. 우리는 이미 이편에 나오는 아름다운 구절을 많이 보았다. (12-1) 克己復禮(극기복례) "자기를 극복하여 예로 돌아가라", (12-5) 四海之內 皆爲兄弟也(사해지내 개위형제야) "온 세상의 사람은 모두 우리 형제이라", (12-16) 成人之美(성인지미), "남의 아름다운 점을 기르도록 도와야 한다" 등. 이제 공자가 말하는 정(政)이 무엇인지를 살펴보자.

공자가 말하는 정(政)의 개념은 현대인이 말하는 정치하고 다르다는 것을 인식해야 한다. 실은 공자의 정(政)은 따로 있는 것이 아니라, 인(仁)의 사상을 치국에 연장하고 활용하는 것뿐이다. 이러한 점에 유의하여 (12-17)의 대화를 보자.

(12-17) 계강자(季康子)가 공자에게 정치에 대해서 물었다. 공자는 답하시기를, "정(政)은 정(正)입니다. 귀공(貴公)이 올바르게 처하시면, 누가 감히 올바르지 못한 일을 하겠습니까?"

季康子問於孔子 孔子對曰 政者 正也 子帥以正 孰敢不正?

공자가 타향살이에서 고향으로 돌아와 노(魯)국의 실권자 계강자(季康子)를 만났을 때 계씨(季氏)가 공자에게 정치의 비결에 대해서 물었다. 공자는 계씨의 행패를 알고 있기 때문에 올바르게 처신하는 것이 정치라고 하며, "윗사람이 모든 일을 바로잡는다면, 백성이 감히 부정한 일을 하겠는가?"라고 한다. 이 말은 현대 정치인들이 자성해야 할 문제이다. 현대인에게 정치란 그저 자기의 출세와 자기네 패거리나 당파를 이롭게 하는 잔기술밖에 되지 않는다. 더욱 직선적으로 말하면, 현대의 "정치"란 대중을 어떻게 속이느냐 하는 기술이라고 할 수 있다. 계강자(季康子)가 공자의 뜻을 이해했는지는 알 수 없으나, 오늘날 정치인 중에 공자에 동감하는 사람은 극소수밖에 되지 않을 것이다. 절대다수는 공자의 정(政)을 순진하다고 웃고 말 것이다. "공자 같은 자가 '정치'가 뭔지 무얼 알겠는가?" 하고 껄껄 웃을 것이다.

그렇다. 공자는 너무나 순진하다. 공자의 '정(政)'은 인(仁)의 연장밖에 안 된다. 그는 정치인에게 사람다운 길, 인륜, 모든 백성을 위하는 길만을 요구한다. 사실 인간 역사를 보면, 어디서나 어느 때나 집권자들의 세력 다툼이고, 이권 싸움이며, 타민족 정복의 되풀이라는 것은 틀림이 없다. 그렇다면 인간의 장래도 그러한 역사의 되풀이일 뿐인가? 반드시 그렇다고 할 수는 없다. 되풀이하는 것도 있고, 또 전대미문(前代未聞)의 새로운 것도 계속해서 출현하는 것이 인간사다. 예를 들면, 핵폭탄이 처음 일본에 떨어지기 이전에, 그런 대량 살육 무기를 누가 상상할 수나 있었던가? 또 지금처럼 컴퓨터가 발전하고 일반화되리라고는 20세기 전에는 꿈도 꾸지 못했을 것이다. 역사는 되풀이되기도 하지만, 또 우리가 지금 상상도 못하는 새로운 현상도 일어날 수 있는 것이다.

다시 공자의 정(政)에 대한 말을 고찰하자. (12-7)에 공자가 정(政)에 대해서 의외로 구체적인 말을 하는 이야기가 있다. 원문은 좀 길어서 첫 몇 구절만을 인용하고, 그 나머지는 쉽게 풀어 이야기한다.

(12-7) 자공(子貢)이 정(政)에 대해서 여쭤 봤다. 선생님께서 말씀하시기를, "(나라에는) 식량도 넉넉하고, 군비(軍備)도 충분히 갖춰지고, 국민의 믿음이 있어야 할 것이다."

子貢問政 子曰 足食足兵 民信之矣

제자 자공(子貢)의 물음에 대해서, 정치에는 적어도 식량, 군비, 그리고 民信之矣(민신지의), 즉, 국민의 믿음 셋이 갖춰져 있어야 한다고 답했다. 그런데 자공(子貢)은 이상한 질문을 한다. 대화 형식으로 옮기면 아래와 같다.

자공: 만약에 셋 중의 하나를 부득이 버려야 한다면 무엇을 버려야 합니까?

공자: 군비를 버려야지.

자공: 만약에 남은 둘 중에서 하나를 꼭 버려야 한다면, 어느 것을 버려야 하겠습니까?

공자: 식량을 버리지. 옛날부터 사람은 다 죽게 돼 있어. 그러나 위정자가 국민의 신용을 잃으면, 나라가 설 수가 없다.

언뜻 보기에 공자의 정(政)은 너무나 단순해 보이지만, 이 장에는 공자의 정(政)의 사상이 여실히 나타나 있다. 소홀히 지나갈 것이 아니다. 잘 생각해 보자. 우선 우리가 제대로 파악해야 할 것은 식(食)과 병(兵)과 신(信)의 상호 관련이 무엇이며, 무엇을 상징하는가를 알아야 한다. 이 말에는 정(政) 혹은 치국(治國)의 기본 성분이 간략하게 세 가지로 집약되어 있다. 식(食)은 국가 경제, 병(兵)은 군비, 신(信)은 민심(民心)의 상징이라고 할 수 있다. 달리 말하면, 경제(經濟)와 군비(軍備)와 민심(民心) 중에서 무엇이 우선인가를 고찰하는 이야기라고 할 수 있다.

그러나 경제가 충분치 않고 군비가 모자라면 민심(民心)을 어떻게 안정시킬 수 있으며, 국가가 어떻게 유지될 수 있는가? 이것은 쉬운 문제가 아니다. 경제가 약하고 군비도 제대로 갖춰지지 않으면 약소국(弱小國)이 되고 말 것인데 어떻게 민심을 얻을 수 있다는 말인가? 식(食=경제)이 잘 되어 있어도 병(兵=군비)이 모자라면 인접 강대국이 가만두지 않을 것이다. 또 군비가 잘되어 있어도 경제가 약하면 나라가 오래 지속하지 못한다. 공자가 이런 현실을 모르고 한 소리인가? 그렇지 않다. 여기에는 공자의 달관(達觀)이 숨어 있는데 놀라운 사상이 그 바탕에 있다. 공자는 우리가 눈앞에 보는 현실만을 보고 있는 것이 아니다. 그의 말에는 멀리 내다보는 반전(反戰)사상이 바탕이 되어 있다. 위령공(衛靈公)편 첫 장(15-1)에 나오는 공자의 말을 앞당겨 보자.

(15-1) 위(衛)나라의 영공(靈公)이 공자에게 군진(軍陳)에 대해서 물어보셨다. 공 선생님은 답하시기를, 제기(祭器)를 다루는 일은 들어 본 일이 있습니다만, 군사(軍事)에 대해서는 배운 일이 없습니다," 라고 하시고, 다음날 위(衛)나라를 떠나셨다.

衛靈公問陳於孔子 孔子對曰 俎豆之事 則嘗聞矣 軍旅之事 未之學也 明日遂行

공자가 위(衛) 나라에 갔을 때, 그 나라 영주인 영공(靈公)이 공자에게 군대 진법에 대해서 물어봤는데, 공자가 대답한 말이다. 군대의 진법(陣法)은 현대에는 진(陣)이라고 쓰는데 그 당시에는 한자가 잘 통일이 돼 있지 않아서 진(陳)이라고도 쓴 모양이다. 俎豆之事(조두지사)는 제기(祭器)를 놓는 일인데, 제사(祭事)에 관한 지식을 뜻한다. 이 대화가 있던 다음날 공자는 위나라를 떠나 버린다. 필자는 이 대화는 분명히 공자의 반전사상을 상징하는 것이라고 본다.

다시 (12-7)의 구절에 돌아가서 생각해 보자. 왜 공자가 군비가 필요하다 하면서, 군비를 다른 것보다 먼저 버려야 한다고 한 것일까? 공자의 반전사상은 당연하다고 본다. 인(仁)의 사상은 국가를 보존하는 협소한 것이 아니다. 현실 세계에 있어서 군비의 필요성을 인정하기는 하되, 궁극적으로 보면, 인(仁)은 모든 사람을 위한 것이며, 단순히 "애중"(愛衆)을 말한다. 전쟁이 지금까지도 무고한 중생을 얼마나 괴롭히고 죽여왔는가? 그러나 어떤 사람은 그것은 나라를 지키려면 할 수 없는 일이라고 말할 수도 있다. 그러면, 나라를 지키는 것이 사람을 지키는 것보다 그다지도 신성한 것인가? 인간역사에 있어서 전쟁은 끊임없이 되풀이되어 왔다. 그래서 우리는 전쟁을 타성적으로 긍정하고 당연한 인간사로 착각하고 있는 것 같다.

공자가 가장 소중히 여기는 민신(民信=국민의 믿음)을 다시 생각하자. 민신은 오늘날 민주(民主)주의의 이상이라고 할 수 있다. 국민이 국가의 주인이 되는 것이다. 그러나 불행히도 오늘날 소위 "민주주의" 국가에서도 국민이 주인이라 할 수 있는가? 민신(民信)을 얻지 않으면, "민주주의"도 아무 뜻이 없다.

이 시점에서 우리가 잘 알고 있는 비근한 20세기 전쟁의 역사를 다시 개관해 보자. 우리는 20세기 초에 동아시아 국가 간의 싸움으로 쓰라린 경험을 했다. 나라를 잃고, 광분한 전쟁에 희생이 된 것이다. 그러한 전쟁의 계기가 어디서 시작한 것인가? 시발점은 영국과 러시아의 제국주의 경쟁에 있다고 할 수 있다. 그들은 영국의 인도 식민지화와 러시아의 시베리아 식민지화의 경쟁이 동쪽으로 옮겨지는 데서 시작됐다고 볼 수 있다. 그 무렵 영국은 인도를 식민지화하고 동쪽으로는 청(淸)나라와 아편전쟁을 하고 중국을 공략하려는 중이었다. 인도를 확보하느라고 바빠서 제대로 힘을 쓸 수 없게 되자 착안한 것이 새로이 개국하여 서양화하기 시작한 일본이었다. 그래서 영국은 일본으로 하여금 대리(代理)전쟁을 하게 한 것이다. 일본을 선동하여 러시아의 동천(東遷) 위협에 대비하여 청(淸)나라의 동북부를 확보하도록 일본군을 근대화시키고, 일본의 중세적 무사들을 영국으로 데리고 가서 군사훈련을 했던 것이다.

여기서 또 한 중요한 현상을 직시해야 한다. 이러한 제국주의 전쟁에서 가장 큰 역할을 하는 것이 무엇인가? 바로 무기생산 장사꾼들이다. 이들은 역사에서 흔히 "죽음의 상인(商人)"이라는 별명으로 불리는데, 영국의 무기장사꾼들은 일본으로 가서 최신식 무기를 일본에 팔기 시작했다. 일본이 구식 무기로 청일전쟁(淸日戰爭), 노일전쟁(露日戰爭)에서 어떻게 이길 수 있었겠는가? 불행히도 이것이 바로 우리나라가 일본 강점을 당할 수밖에 없었던 이유였다. 그 후 일본은 계속 유럽식 침략전쟁을 원숭이처럼 흉내 내다가 태평양 전쟁에서 자멸한 것임은 누구나 다

아는 결말이다.

제2차 세계전쟁에서 연합군 최고 사령관으로서 대승하고, 후에 미국 대통령이 된 아이젠하워(D. Eisenhower)는 대통령 이임사(離任辭:1969)에서 국회 혹은 국방부에 미치는 무기생산업체의 영향력이 너무나 커지는 것을 걱정하여 경고한 것으로 유명하다. 보수파(保守派)로 알려진 공화당 대통령이 오죽하면 그런 말까지 했는지는 생각해 볼 일이다. 그는 순진한 군인 출신이었으므로 대통령이 된 후에야 미국 국회 안에서 군비산업체의 막대한 영향력을 알게 되어 몹시 놀랐을 것이다. 미국은 민주주의라고 하고, 국가 시책은 국회에서 결정한다고 하지만, 사실은 국회에는 외부 정치운동가들이 항상 들끓고 있다. 이러한 로비스트(lobbyists)는 그 수가 의원 한 명당 65명이나 되고, 그 총수는 2만 6천 명이 된다고 한다. 단적으로 말하면, 그들의 임무는 위원들을 선거 자금이라는 미명 하에 매수하는 것이다. 무기생산업체는 현상 유지로 만족하지 않는다. 전쟁을 환영한다. 자기네 이익을 위해서는 그 많은 사람쯤 죽이는 것이 대수겠는가?

역사는 되풀이한다. 그러나 그것은 역사를 제대로 직시하지 못하기 때문에 되풀이하는 것이다. 인간사의 추악한 면을 직시하지 못하기 때문이다. 공자가 말하는 "옛일을 다시 잘 살펴봄으로써 새로운 것을 알 수 있게 된다"(溫故而知新:온고이지신:2-11)는 말은 바로 이를 뜻할 것이다.

[13: 子路篇(자로편):30장]

a. 주제: 政(정), 治國(치국), 기타

b. 특기사항: (13-15) 一言而可以興邦有諸(일언이가이흥방유제)
(13-18) 父爲子隱(부위자은)
(13-23) 君子和而不同(군자화이부동)

자로편(子路篇)은 거의 다 정(政) 혹은 치국(治國)이 주제로 되어 있다. 그리고 제자들의 질문, 당대 위정자의 물음에 대한 공자의 답을 수록한 것 같다. 이편에 특기할만한 구절은 (13-18)의 엽공(葉公)과 공자의 대화, 그리고 (13-23)의 공자의 말, "훌륭한 사람은 사람과 화목하게 지내되, 덮어놓고 남과 똑같이 행동하지는 않는다." 하는 君子和而不同(군자화이부동)이라고 할 수 있다.

이제 (13-15)장에 있는 전형적인 정치인과의 대화를 보자. 공자가 노(魯)나라로 돌아갔을 때, 영주(領主)인 정공(定公)과 만나서 이야기하는 흥미로운 문답이다. 좀 길어서, 아래에 정공(定公)의 질문만 인용하고, 공자의 답은 아래에 풀어서 이야기한다.

(13-15) 정공(定公)이 공자에게 물었다. "한마디 말로 나라를 성하게 만드는 길이 있겠는가?"

定公問 一言而可以興邦 有諸

정공(定公)은 아마 성미가 급한 사람이었는지, 나라를 일으키는 길을 여러 말 말고 단 한마디로 얘기해 보라는 말이다. 고대의 군주란 그런 무식하고 교만한 인물이었을 것이다. 그러나 공자는 침착하게 정공에게 설명해 준다,

공자: 말이란 것은 그런 것이 아닙니다, 그러나, 그것에 가까운 말이 있다면, 어떤 격언에 "군주로 있는 것은 어렵고, 또 신하로 있는 것도 쉽지 않다."라는 말이 있는데, 그 말이야말로 한마디로 나라를 성하게 만드는 것이 아니겠습니까?

정공: 그럼, 한마디 말로 나라를 망하게 만드는 것이 있는 것인가?"

공자: 말이란 그런 것이 아니라고 말씀드리지 않았어요? 그러나 그것에 가까운 말이 있다면, 격언에 "짐은 군주로 있는 것을 즐

기는 것이 아닌데, 다만 짐이 말을 하면 말리는 사람이 없는 것을 즐기는 것뿐일세."하는 말이 있습니다. 만약에 좋은 말씀을 하셔서 그 말을 말리는 신하가 없다면, 그 이상 좋은 일은 없겠습니다만, 좋지 못한 말씀을 하셔도 말리는 신하가 없다면 그 말이야말로 한마디로 나라를 망치는 것이 아니겠습니까?

제2화. 헌문편(憲問篇)과 위령공편(衛靈公篇)

헌문편(憲問篇)은 논어 전편 중 가장 긴 편이라고 할 수 있다. 그러나 그 내용은 주로 춘추(春秋)시대의 역사나 전설적인 인물에 대한 것이 많아서 잘 알기가 쉽지 않다. 형식은 문하생들의 질문에 대해서 공자가 답하는 것이 많다. 첫 장에는 제자 헌(憲)의 물음으로 시작하기 때문에 헌문편이라고 하는데, 헌(憲)은 이름이고, 그의 성명은 원헌(原憲)이고, 자(字)는 자사(子思)로 알려져 있다.

[14: 憲問篇(헌문편):47장] 논어 20편중에서 장수가 가장 많음

a. 주제: 政(정), 隱者(은자)의 공자 비판, 기타

b. 특기사항: (14-23) 勿欺也而犯之(물기야이범지)
(14-27) 不在其位 不謀其政(부재기위 불모기정)
(14-40) 是知其不可而爲之者與(시지기불가이위지자여)
(14-41) 有心哉 擊磬乎(유심재 격경호)
(14-44) 脩己而安百性 堯舜其猶病諸(수기이안백성 요순기유병제)

이편에서 그중 흥미로운 것은 은자(隱者)가 공자를 평하는 우화가 둘(14-40; 14-41) 계속해서 나온다. (14-40)은 이미 본소 제3장에서 보았다. 是知其不可而爲之者與(시지기불가이위지자여), "뻔히 안 된다는

것을 알면서도, 하지 않을 수 없는 자로구나?" 공자의 사상을 참으로 잘 표현했다고 생각한다. 그 다음 장에 나오는 우화(14-41)를 보자. 시작하는 부분만 원문으로 보고, 그 나머지는 쉽게 풀이해서 소개한다.

(14-41) 선생님께서 위(衛)나라에 머물고 계셨을 때, 어느 날 경(磬)을 치고 있었는데, 어떤 사람이 삼태기를 지고 공씨 집 문 앞을 지나가면서 말했다. "무슨 뜻이 담겨 있군, 치는 소리가"

子擊磬於衛 有荷蕢而過孔氏門者曰 有心哉 擊磬乎

공자가 집에서 경(磬)이라는 돌로 만든 타악기(打樂器)를 치고 즐기고 있었는데, 집을 어떤 사람이 삼태기를 지고 지나가면서 그 음악 소리를 듣고 말한다. "무슨 뜻이 있는 것 같군, 음악 소리가." 그리고 좀 있다가 또 말한다. "좀 야비한데, 소리가. 세상이 자기를 잘 알아주지 못하면 그만 둘 것이지."하고 나서 노래를 부르기 시작한다.

은자(隱者): "물이 깊으면, 옷을 벗고 건너고,
물이 얕으면, 바지 걷고 건너세."

공자는 그 말을 듣고 쓸쓸하게 말한다.

공자: "과감한 놈이구나. 그렇게만 산다면 어려울 거야 없겠지."

이 이야기는 누가 기술했는지는 모르나, 공자를 "자(子)"라고 지칭한 것으로 보아 분명히 어떤 제자가 썼다는 것은 짐작이 간다. 그리고 공자 자신도 도가적 생활을 부러워하는 감정이 마음속 한구석에 있지 않았을까? 어느 해설자에 의하면 이 은자의 노래는 시(詩=詩經)에 있는 노래라고 한다.

위의 예는 흥미롭기는 하나 헌문편의 전형적인 것은 못되고 대부분의 경우는 당대의 정치인들과의 대화 혹은 그러한 인물평이니만큼 그다지 중요하지는 않다. 그러한 이야기를 잘 이해하려면 역사적 사실을 알아야 하는데, 우리에게는 그러한 자료가 충분한 것 같지 않다.

[15: 衛靈公篇(위령공편):42장] 여러 주제 혼합

a. 주제: 학(學)과 사(思), 기타

b. 특기사항: (15-8) 知者不失人 亦不失言(지자불실인 역불실언)
(15-16) 吾末如之何也已矣(오미여지하야이의)
(15-22) 群而不黨(군이부당)
(15-23) 不以言擧人(불이언거인)
(15-28) 衆惡之必察焉(중오지필찰언)
(15-36) 當仁不讓於師(당인불양어사)
(15-39) 有敎無類(유교무류)

위령공편은 여러 주제가 혼합되어 있으나, 가장 중요한 것은 사람의 자기완성을 위한 학(學)과 사(思)의 관계에 대한 짧은 구절이 많다는 것이다. 그리고 공자가 군자(君子)와 소인(小人) 이라는 말을 상징적으로 쓰면서, 누구나 지향할 인간다운 길을 배우며 자기 개발을 위한 배움과 사고의 중요성을 가르치는 말이 많다. 위령공편의 그러한 구절은 이미 많이 보았으나 여기서 간략하게 복습할만하다.

15-8. 可與言而不與之言 失人(가여언이불여지언 실인)
"같이 말할만한 사람과 말하지 않으면, 사람을 잃고," (좋은 친구 감을 잃고)
不可與言而與之言 失言(불가여언이여지언 실언)
"같이 말할만하지 못한 사람과 말하면, 말을 잃는다. (말을 낭비하게 된다.)

15-16. 不曰如之何 如之何者 吾未如之何也已矣
(불왈여지하 여지하자 오미여지하야이의)
"어찌할까? 어찌할까? 하지 않는 자는, 나도 어찌 할 수가 없을 뿐일세."

15-22. 君子衿而不爭 群而不黨(군자금이부쟁 군이부당)
"훌륭한 사람은 자기의 신조(信條)를 지키되, 사람들과 다투지 않으며, 또 사람들과 사이좋게 지내지만, 당파를 짓는 일은 안 한다."

15-23. 君子不以言擧人 不以人廢言(군자불이언거인 불이인폐언)
"훌륭한 사람은 사람의 말만을 듣고 그를 평가하지 않으며, 또 어떤 사람인가에 따라 (못난 사람이라 해서 덮어놓고) 그의 말을 버리지 않는다."

15-28. 衆惡之必察焉 衆好之必察焉(중오지필찰언 중호지필찰언)
"많은 사람이 누구를 싫어하더라도, 반드시 다시 잘 살펴봐야 한다. 많은 사람이 그 사람을 좋아하더라도, 반드시 다시 잘 살펴봐야 한다."

15-31. 吾嘗終日不食而思(오상종일불식이사) 不益 不如學也(불익불여학야)
"나는 전에 하루 종일 먹지도 않고 생각을 해 봤는데, 소용이 없었네. 아무래도 (사람한테서) 배우는 것보다 못하다네."

15-39. 有教 無類(유교 무류)
"인간은 배움으로써 인간다운 인간이 되는 것이고, 타고나서부터 완성된 인간이란 없는 것이다."

그 외에도 위령공편에는 재미있는 우화나 사제 간의 대화가 꽤 있다. 제2장에 공자 일행이 어려운 처지에 빠져서, 성미 급한 제자 자로(子路)가 화를 내는 이야기가 있다.

(15-2) 선생님 일행이 여행길에 진(陳)나라에서 식량이 떨어져, 따라온 제자들이 약해져서 더 가지도 못할 지경에 빠진 일이 있었다. 자로(子路)가 성미를 부려 스승에게 말했다.
자로: "군자도 이렇게까지 고생할 경우가 있는 것입니까?"
공자: "군자도 공경에 빠질 때가 있고말고. 그러나 작은 인물이 궁하게 되면, 이성을 잃고 난동을 부리게 되지.

在陳絶糧 從者病莫能興 子路慍見曰 君子亦有窮乎 子曰 君子固窮 小人窮是濫矣

공자라고 늘 온화하기만 하지는 않다. 자로의 행동을 보고, 신랄하게 비꼬아서 비판하기도 한다. "네 꼴을 잘 봐라. 군자라면 너와 같이 행동하겠는가?" 공자는 그뿐만 아니라, 인(仁)을 위해서는 스승이라도 양보할 것 없다고 호령한다.

(15-36) 선생님께서 말씀하셨다. "인(仁)을 지향하여 노력하는데 있어서는 스승이라도 양보하지 않을 것이다.

子曰 當仁不讓於師

그리고 더 나가서, 인(仁)을 향하여 의지가 굳은 사람은 인(仁)에 어긋나는 일이라면 자기 생명도 내던지는 일도 있는 것이라고까지 말한다.

(15-9) 선생님께서 말씀하셨다. "인(仁)에 의지가 굳센 사람은 인(仁)에 어긋나는 일이라면 자기 생명도 아끼지 않으며, 자기 몸을 죽여서라도 인(仁)을 달성하려 하는 것이다."

子曰 志士仁人 無求生而害仁 有殺身而成仁

이편에는 공자가 언어의 본질에 대해서 말하는 구절이 있다. 이 장은 너무 짧아서 많이 인용되지 않지만, 언어의 본질의 핵심을 나타내기 때문에 그냥 지나갈 것이 아니다.

(15-41) 선생님께서 말씀하셨다. "언어는 말하는 사람의 뜻을 전달하는 것일 뿐일세."

子曰 辭達而已矣

언뜻 듣기에 간단하고 너무나 당연한 말이다. 왜 이 말에 주목할 필요가 있는가? 그러나 다시 잘 고찰하면, 우리는 흔히 남의 말의 뜻, 그의 마음을 제대로 파악하지 못한 채 왈가왈부하는 일이 많다. 대화가 제대로 되려면, 남의 말의 진뜻, 그의 의도를 모색하고 제대로 파악해야 한다. 무슨 말이라도 문자 그대로의 뜻에 걸리면 안 된다. 누가 "나는 아직 배고프지 않은데!" 해도, 진뜻은 "밥 먹을 때가 아닌가?" 혹은 "아직은 배고프지 않지만, 차차 준비해야 하지?" 서술문이라도 실은 질문일 수도 있고 그와 반대일 수도 있다. 또 우리는 말의 "뜻"보다 표현의 "형식"에 걸려서 속으로 ("왜 반말이야?"), 혹은 ("고상한 척하네.") 등등, 뜻은 잊어버릴 때가 많다. 공자가 자서전(2-12)에 "六十而耳順(육십이이순)이라고 했는데, 좀 과장된 말 같으나, 공자가 제자들에게 남을 아는 것이 얼마나 중요한가를 가르치기 위한 과장이라고 생각한다.

공자가 살아있을 때부터 제자들이 공자의 말을 잊지 않으려고 기록을 하고 있었다는 사실을 보여주는 장이 있다. (15-6)에 젊은 제자 자장(子張)이 공자에게 행(行)에 대해서 물어본다. 그런데 이 경우에 행(行)의 해석이 너무나 구구하기 때문에 그대로 두고 독자들에게 생각할 기회를 마련한 것이다

(15-6) 자장(子張)이 행(行)에 대해서 여쭤 봤다. 선생님께서 답하시길, "말하면 책임을 지고, 성실하고, 믿을만하고, 행동이 침착하고 독실하며, 남을 늘 존경하는 마음이 있다면, 아무리 야만스러운 오랑캐 나라로 간다 해도, 행(行)하여지는 법이다. 그러나 말하는데 책임을 지지 못하고, 성실치 못하고, 믿을만하지 못하고, 행동이 침착하지 못하며, 남을 늘 존경하는 마음이 없다면, 아무리 가까운 마을이라도 행(行)하여지지 않는다. 서 있어도 눈앞에 보이는 것 같고, 수레 타면 손잡이에 달려 있는 것처럼 보이는 것 같다면, 그때야 행(行)하여지는 것이다." 자장(子張)은 바로 그 말씀을 허리띠에 적었다.

子張問行 子曰 言忠信 行篤敬 雖蠻貊之邦 行矣 言不忠信 行不篤敬 雖州里 行乎哉 立則見其參於前也 在輿則 見其倚於衡也 夫然後行也 子張書諸紳

子張問行(자장문행)의 행(行)은 도(道)를 뜻하고, 인간사회에 도(道)의 구현(具顯)을 말할 수 있다. 두 번째로 나오는 행(行)은 실천(實踐)이나 행동(行動)으로 새길 수 있다. 여기에 만맥(蠻貊) 지방은 "남쪽 오랑캐와 동북쪽 오랑캐"라는 말인데, 그 당시 중국의 남반부는 지금의 월남 족과 통하는 미개사회이었다. 맥(貊)은 본래 중국 동북(東北)지방(만주:滿州)에 살았고, 후에 남하(南下)하여 한반도 동해안 쪽 함경도(咸鏡道)까지 내려와 살던 부족이다. 아마 우리 역사에서 여진족(女眞族)이라고 부르는 북방 인과 같은 민족일 것이다. 본래 함경도의 호족이었던 이왕조(李王朝)의 조상도 여진족이었을 가능성이 크다. 그뿐만 아니라, 그 이전의 삼국시대를 생각해 보자. 고구려와 백제는 틀림없이 중

국 동북쪽에 살던 부여족(夫餘族)의 후손이다. 왜 한반도 서남쪽에 있던 백제의 수도를 부여(夫餘)라고 불렀는가? 동남쪽 한족(韓族)은 진한(→신라), 변한(→가야)밖에 없었다. 현대 우리나라 사람의 조상도 동북 아세아의 여러 족속으로 혼성된 민족이라는 점은 틀림이 없다.

공자 때의 하(夏)나라도 단일 민족이 아니고, 이미 당시부터 여러 민족의 혼성이었다는 사실을 잊지 말아야 한다. 고대에는 그런 부족들은 아직 "나라"라 할 정도로 한곳에 정착하지 않았다. 그런데 공자가 우리를 멸시했을까? 필자는 그리 생각하지 않는다. 오히려 본 장의 뜻은 "오랑캐" 나라와 중국이 다를 바 없다는 말이라고 봐야 할 것이다. 앞에서 보다시피 논어 전편을 통해서 공자가 "오랑캐" 나라로 가서 살고 싶다는 말이 여러 번 나오는 것만 봐도 이를 알 수 있다.

제3화. 마지막 다섯 편

논어의 마지막 다섯 편은 누가 봐도 성격이 많이 다르다. 또 공자 호칭의 용법이 후대의 성격을 띠고 있다. 춘추시대(春秋時代)에는 제자들이 스승을 지칭할 때 자(子)라고 하고, 만일 신분이 높은 사람이 동석할 때에는 공자(孔子)라고 하는 것이 어법(語法)인데, 여기서는 그러한 어법과 관계없이 "공자"라고 나온다. 이것을 전국시대(戰國時代)의 어법의 변화를 반영한다고 보는 학자도 있다.

[16. 季氏篇(계씨편):14장]

a. 주제: 정(政), 기타

b. 특기사항: (16-1) 季孫之憂 不在於顓臾(계손지우 부재어전유)

계씨편은 14장밖에 안 되는데, 첫 장은 장문으로 시작한다. 공자의 제자 염유(冉有)와 자로(子路)가 노(魯)나라의 대부 계씨(季氏) 밑에서 일을 하고 있었을 때, 스승 공자에게 가서 정사에 대해 상의하려다가 공자에게서 심히 꾸지람을 당하는 이야기다. 이 대화는 길기 때문에 공자가 마지막으로 한 말만을 아래에 인용하고, 전문 내용은 아래에 풀어서 썼다.

(16-1) 공자께서 말씀하셨다. "내가 두려워하는 것은 계손(季孫)이 걱정할 것은 전유(顓臾)가 아니라, 자기 담장 안에 있다는 것이다."

孔子曰 吾恐 季孫之憂 不在於顓臾 而在蕭牆之內也

노(魯)나라의 실권자 계씨(季氏)가 속방(屬邦)인 전유(顓臾)를 치려고 할 때, 염유(冉有)와 계로(季路=자로:子路)가 스승 공자를 뵙고 말씀드렸다.

염유, 계로: "선생님, 큰일 났어요. 계씨가 전유(顓臾)를 치려고 합니다."

공자: "구(求=염유)야. 너는 무엇을 잘못 알고 있는 게 아니냐? 전유(顓臾)는 옛날서부터 임금이 동몽산(東蒙山)의 제주(祭主)로 만든 노(魯)나라 영토 안에 있는 곳이니. 노국의 신하(臣下)인데, 무엇 때문에 친단 말이냐?"

염유(冉有): "그분(季氏)이 그러려고 합니다, 저희들 두 놈은 원치 않습니다."

공자: "구(求)야, 옛날 주임(周任)의 말에 이런 구절이 있다. "힘을 다해서 직무(職務)를 수행하고, 안 된다면 물러난다." (나라가) 위태로운데도 붙잡지 못하고. 넘어지는데도 부축하지 못한다면. 그런 신하(臣下)를 어디에 써먹는단 말인가? 너희들 말은 한심하구나. 만약에 호랑이나 들소가 우리 밖으로 뛰어나가거나, 귀갑(龜甲)이니 보석이 함 속에서 깨져 있다면. 그건 다 누구의 책임이란 말인가?"

염유(冉有): "지금의 전유(顓臾)는 (군비가) 단단하고 계씨의 영토인 비(費)에 아주 가깝습니다. 지금 점령하지 않으면, 후세에 꼭 후손(後孫)에게 큰 걱정거리가 될 것입니다."

공자: "구(求)야. 훌륭한 인간은 무슨 본심(本心)을 감추고, 이리저리 말을 꾸며 대는 것을 미워한다. 내가 듣기에는 위정자(爲政者)는 백성이 넉넉지 않다는 것을 걱정하지 않고, 그들의 부(富)가 고르고 평등(平等)하지 않는가를 걱정하며, 가난함보다 민심이 안정돼 있지 않는가를 걱정해야 한다고 했다. 부(富)가 고르기만 하면, 가난함도 없으며, 서로 화목하다면 모자람도 없고, 인심이 안정된다면 나라가 기울어지지도 않는 것이다."

"그러기에 먼 곳에 있는 사람이 복종하지 않는다면, 위정자는 사람다운 길을 닦아서, 감화시켜 귀순하게 하고, 귀순한 사람들은 그들의 생활을 안정시켜야 한다. 지금 유(有)와 구(求)는 너희들 상전 계강자(季康子)를 보좌한다면서 먼 지방 사람을 승복시키지도 못하고 있다. 나라가 위태롭게 되는데 막지도 못하면서, 영토 안에서 전쟁을 도모하고 있으니, 내가 두려워하는 것은 계손(季孫=季康子)이 걱정할 것은 전유(顓臾)가 아니라 자기 담장 안에 있다는 것이다."

이 이야기는 앞에서 본 안연편 (12-7)장과 비교해서 보기를 바란다. 그 장에서는 가상적(假想的) 이야기로 되어 있으나, 여기에서는 구체적으로 노(魯)나라 역사적 사실로 돼 있다.

이 장문에 이어, 2장서부터 10장까지는 모두 3, 4, 5, 등의 숫자 세트(set)로 된 덕목(德目)을 배열하는 것이 특색이라고 할 수 있다. 예를 들어서, (16-5)장에 있는 공자의 말을 보면,

(6-4) 공자께서 말씀하셨다. "유익한 것이 셋이 있고, 해로운 것이 셋이 있다. 예악의 절도를 즐기고, 남의 좋은 점을 말하기를 즐기고, 현명한 친구를 즐기는 것은 유익하지만, 교만한 행동을 즐기고, 사치스럽게 노는 것을 즐기고, 주색이나 연회를 즐기는 것은 해롭다."

孔子曰 益者三樂 損者三樂 樂節禮樂 樂道人之善 樂多賢友 益矣 樂驕樂 樂佚遊 樂宴樂 損矣

이러한 도식적 표현은 확실히 공자답지 못하다. 이 구절은 표현 형식뿐만 아니라 내용도 별 뜻이 없으니, 후세에 누가 꾸며댄 것 같다. 또 한 장, 매우 이상한 구절이 계씨편 마지막 장에도 나오는데, 논어 재편찬 과정에 있어서 논어와 관계없는 조각이 섞여 들어갔을 것이다. 논어에는 이러한 것도 있다는 것을 보이기 위해 아래에 예시한다.

(16-14) 군주(君主)의 아내를 군주가 부를 때에는 부인(夫人)이라고 하고, 부인이 자기를 지칭할 때에는 소동(小童)이라고 하고, 나라 사람이 지칭할 때에는 군부인(君夫人)이라 한다. 다른 나라 사람이 그분을 지칭할 때는 역시 군부인(君夫人)이라 한다.

邦君之妻 君稱之曰夫人 夫人自稱曰小童 邦人稱之曰君夫人 稱諸異邦人稱之亦曰 君夫人也

보다시피 위의 구절은 단순히 호칭(號稱)에 관한 이야기이고, 논어의 내용과는 아무 관계도 없다. 누가 한 말인지도 모르고, 왜 이런 말이 논어에 들어가 있는지 알 길이 없다.

[17. 양화편(陽貨篇):26장]

a. 주제: 정(政), 기타 혼성

b. 특기상항: (17-10) 女爲周南召南矣乎(여위주남소남의호)

(17-11) 禮云禮云 玉帛云乎哉(예운예운 옥백운호재)

(17-12) 鄕原德之賊(향원덕지적) (17-15) 唯女子與小人(유여인여소인) (17-19) 天何言哉(천하언재) (17-20) 取瑟而歌 使之聞之(취필이가 사지문지)

양화편(陽貨篇)은 계씨편(季氏篇)과 비슷한 형식을 갖추고 있으나, 주제나 화법이 뒤섞여 있다. 예를 들어, 공자왈(孔子曰)과 자왈(子曰)이 섞여 나온다. 시작은 노(魯)나라 정치인과의 대화인데, 노(魯)나라의 복잡한 정치 상황을 보여 주는 재미있는 우화도 있고, 공자의 농담도 있다. 이편에는 특기할만한 공자의 말도 많다. 우선 본서 앞장에서 본 흥미로운 구절을 간략하게 복습하고 넘어가자.

(17-10) 女爲周南召南矣乎(여위주남소남의호)

"너는 주남, 소남의 시(詩)를 배웠느냐?

(17-11) 禮云禮云 玉帛云乎哉(예운예운 옥백운호재)

"예라 예라 하는데, 옥이나 비단을 말하는가?"

(17-12) 鄕原德之賊(향원덕지적)

"겉만 번듯하게 꾸미는 마을 신사라는 자는 덕을 훔치는 위선자가 많다.

(17-15) 唯女子與小人(유여자여소인)

"여자나 작은 인물들은 다루기가 어렵다.

(17-19) 天何言哉(천하언재)

"하늘이 무슨 말을 하겠는가?"

(17-20) 取瑟而歌 使之聞之(취슬이가 사지문지)

"거문고를 치고 노래하면서, 그들에게 듣게 하셨다."

첫 장(17-1)은 장문의 이야기인데, 노(魯)나라의 고관(高官)인 양화(陽貨)라는 사람이 공자를 만나서 정치 이야기를 하고 싶어 하는데, 공자는 만나기를 원치 않는다. 거기까지의 본문을 아래에 번역하고, 그 후의 대화는 풀어서 쓴다.

(17-1) 양화(陽貨)가 공자를 만나고 싶어 했으나, 공자는 만나려고 하지 않았다. 그래서 양화는 돼지고기를 선물로 보냈는데, 그때 공자는 집에 없었기 때문에, 답례를 못해서 할 수 없이 양화를 찾아가서 답례를 할 수밖에 없게 됐다. 그래서 그는 양화가 집에 없을 때를 골라서 방문했다. 그런데 마침 길에서 양화와 부닥치게 됐다.

陽貨慾見孔子 孔子不見 歸孔子豚 孔子時其亡也 而往拜之 遇諸塗

양화: 어서 들어오시오. 말할 것이 있소이다. 누가 회중에 값진 보물이 있는데도, 어지러운 나라를 위해서 쓰지 않고, 그냥 둔다면 인(仁)이라고 할 수 있소이까?

공자: "그럴 수 없겠지요."

양화: "나랏일에 종사하기를 원하면서 시기(時期)를 놓치면 지혜롭다고 할 수 있소이까?"

공자: "그럴 수 없겠지요."

양호: "세월이 흘러가오만, 내 뜻대로 흘러가지는 않지요."

공자: "알았소이다. 나도 나랏일에 봉사할 때가 곧 올 것이오."

공자가 왜 양화를 피하려고 했는지는 확실하지 않으나, 아마 양화가 야심이 많고 자기 상전을 무시하는 행동이 많았기 때문이었을 것이다. 양화(陽貨)라는 인물은 양호(陽虎)라고도 하는데, 어느 쪽이 이름이고 어느 쪽이 자(字)인지는 확실하지 않다. 하여튼, 이 이야기의 배경을 잘 알려면, 공자가 살던 춘추시대(春秋時代)가 어떤 시대였는가를 다시 상기할 필요가 있다.

우선 고대 국가(國家)라는 것이 오늘날의 국가라는 개념과는 많이 다르다는 것을 인식해야 한다. 고대에는 어느 지역사회에 있어서도 그러듯이 "나라"는 성벽(城壁)으로 둘러싸인 도시(都市)국가였다. 그리고 "나라"라 하더라도 도성(都城) 밖으로 나가면, 국경이 확실한 게 있는 것이 아니라, 막연한 세력권이 있을 뿐이고 더 나가면 위성도읍도 있고, 농토(農土)나 넓은 황무지(荒蕪地)이며, 그들은 군주에게 종속되었을 것이다. 이러한 상태이므로 하급 관리라도 상전을 반역하는 하극상(下克上)의 양상이 예사였다고 볼 수 있다. 이 사실은 또 엄격한 계급 사회의 붕괴를 뜻한다. 공자 자신도 천민(賤民) 출신이었다는 것은 앞에서 보았다. 양화(陽貨) 역시 천민 출신이었을 가능성이 크다. 그래서 자기와 비슷한 신분이었던 공자를 자기의 정치적 야심을 성취하기 위해서 끌어들이려고 만나기를 원했을지도 모른다. 그러나 양화(陽貨)의 야심은 잠시 반짝하다가 노(魯)나라 대부(大夫)들에게 추방을 당한다. 그와 반대로 공자는 51세에 대사구(大司寇=지금의 사법장관)가 됐다가 그만두고, 몇 년 후에는 위(衛)나라로 갔다가 여행길로 오르고 14년 동안 여러 나라를 유세(遊說)하고 다니게 된다.

한 구절 더 볼만한 것은 (17-4)에 있는 공자의 농담이다. 공자가 제자들과 함께 무성(武城)이라는 동네를 가게 됐는데, 무성은 제자 자유(子游)가 집사(執事)로 벼슬하는 곳이니, 아마 자기 고장을 자랑하려고 스승을 모시고 갔을 것이다.

(17-4) 선생님께서 무성(武城)에 가셨을 때, 현악(絃樂)과 노랫소리를 들으시고, 빙그레 웃으시면서 말씀하셨다. "왜 닭을 잡는데 소 잡는 칼을 쓰는가?" 하셨다.
(공자를 모시고 가던) 제자 자유(子游)가 그 말씀을 듣고 말대답을 했다. "그전에 저 언(偃=자유의 이름)은 선생님의 말씀을 들은 일이 있는데, 군자가 도(道)를 배우면 사람을 사랑하게 되고, 소인(小人)이 도(道)를 배우면 일을 시키기 쉬워진다고 들었습니다. 선생님께서는 말씀하셨다.
"얘들아, 언(偃)의 말이 옳고말고. 내가 아까 한 말은 그저 농담일세."

子之武城 聞絃歌之聲 夫子 莞爾而笑曰 割鷄焉用牛刀 子游對曰 昔者偃也 聞諸夫子 曰 君子學道則愛人 小人學道則易使也 子曰 二三者 偃 之言是也 前言戲之耳

공자가 예악을 좋아하는 것을 아는 자유(子游)가 "어떻습니까? 시골이라도 이만큼 하면 괜찮지 않습니까?"라고 했을 것이다. 그런데 의외로 스승은 웃으면서, "시골 마을에서 웬 성대한 예악을 하는가?" 한다. 자유는 골이 나서 스승에게 대든다. "아니, 선생님께서 훌륭한 사람이 도를 닦으면 온 세상의 사람을 사랑하게 되고, 작은 인물이라도 인간의 길을 알게 되면 그만큼 같이 일하기 쉬워진다고 하셨는데, 어찌 그런 말씀을 하십니까? 시골 동네라고 깔보지 마세요." 공자는 당황해서, "야, 야, 네 말이 옳다. 아까 한 말은 그저 농담일세."라고 달랜다. 재미있는 이야기다.

이 이야기를 본 김에 읽지 않고 넘어온 자유(子游)가 벼슬한 무성(武城)에 관한 이야기(6-14)를 보자.

(6-14) 자유(子游)가 무성(武城)에서 집사(執事)가 됐을 때, 공자께서 말씀하셨다. "너는 좋은 인재(人材)를 얻었느냐?" 자유가 답하기를, "담대멸명(澹臺滅明)이라는 자가 제 밑에 있습니다만, 이자는 길을 갈 때 작은 옆길로 가는 일이 없고, 공적인 일이 아니면 저 언(偃)의 방에 오는 일이 없습니다."

子游爲武城宰 子曰 女得人焉耳乎 曰 有澹臺滅明者 行不由徑 非公事 未嘗至於偃之室也

필자는 여기의 "行不由徑(행불유경)"이라는 말을 참으로 좋아한다. "떳떳한 대도(大道)로 다니되, 잔재주를 부리는 작은 소경(小徑)으로는 다니지 않는다." 공자의 말은 아니지만, 공자다운 말이 아닌가? 현대 우리 사회에도 절실히 해당되는 말이라고 생각한다. 이 말은 또 다른 해석이 가능하다. 작은 길은 빨리 목적지에 달하는 길이지만, 반대로 어떤 숲 속의 장애물도 있을 수 있어서, 거꾸로 시간을 낭비할 수도 있다. 아무리 바쁘더라도 큰길로 가는 것이 착실한 것이라는 뜻으로 해석할 수 있다.

[18. 微子篇(미자편):11장]

a. 주제: 고대 역사, 은자들의 공자 비판, 공자의 반박
b. 특기 사항: (18-4) 三日不朝(삼일부조) (18-5) 楚狂接與歌而過(초광접여가이과) (18-6) 鳥獸不可與同群(조수불가여동군) (18-7) 子見夫子乎(자견부자호)

미자편(微子)은 확실히 특이하다. 고대 중국 은나라 역사로부터 시작하고, 은자(隱者)들이 공자를 조롱하는 이야기가 중간에 3장이나 있고, 다시 고대 역사로 끝난다. 그러나 이편에서 가장 볼 만한 것은 5장과 6장과 7장인데 앞의 두 장은 이미 보았다. (18-5) 楚狂接與歌而過(초광

접여가이과): "초(楚)나라의 미치광이가 노래하면서 지나갔다." 그리고, (18-6) 鳥獸不可與同群(조수불가여동군): "새나 짐승들과 함께 살 수는 없지 않는가?" 이편에는 또 한 장 은자와의 대화가 있다.

(18-7) 자로(子路)가 (노인에게) 물었다.
"혹시 영감님께서 우리 선생님을 못 보셨나요?"
子路問曰 子見夫子乎

(18-7)의 이야기는 공자와 제자 일행(一行)이 어느 시골 길을 여행 중이었는데 어떡하다가 자로(子路)가 뒤떨어져서 일행을 찾고 급히 가다가, 길에 어느 늙은이가 지팡이에 대바구니를 걸고 어깨에 메고 가는 것을 보고, 물어보는 데서 시작한다.

자로: 혹시 영감님께서 우리 선생님을 못 보셨나요?
노인: 뭐? 선생님이라고? 보아하니 사지도 쓰지 않고, 오곡도 분간할 줄 모르는 것 같은데, 누가 "선생님"이란 말인가?

노인은 그 말을 하더니, 지팡이를 땅에 꽂아 놓고 풀을 뜯기 시작했다. 자로는 두 손을 마주 접어 공손하게 한참 서 있었다. 그러니까, 노인은 자로를 자기 집에 데리고 가, 닭을 잡아 요리해서 자로를 대접한다. 그러고 나서, 자기 아들 둘을 인사시키고, 하룻밤 쉬게 했다. 그 다음날 자로는 공자에게 그 말을 하니까, 공자는 "은자(隱者)로구나."하고, 자로에게 다시 한 번 그 집에 돌아가 만나게 했다. 그런데 자로가 돌아가 보니까, 그 노인은 집에 없어서, 자로는 할 수 없이 두 아들에게 공자의 뜻을 전한다.

자로: 정사(政事)에 관여하지 않는 것은 정의롭다 할 수 없소. 장유

(長幼)의 예절을 없앨 수 없고, 군신(君臣)의 의리도 어찌 폐할 수 있겠소? 자기 몸만을 깨끗이 지킨다고 대륜(大倫)을 버릴 수는 없소, 군자가 벼슬하는 것은 그런 의리를 지키려는 거지요. 도(道)가 행하여지지 않는다는 것은 이미 알고 있소.

자로가 전하는 위의 말은 어딘지 석연치 않다. 자로가 제대로 공자의 뜻을 전한 것일까? 또 은자의 두 아들은 무슨 역할을 하는 것인지 확실치 않다. 이 이야기는 누가 만들어낸 것일지도 모르나, 한대(漢代)의 유가(儒家) 냄새가 난다.

은자(隱者)에 대한 공자의 반박을 또 한 장 보자. (18-8)에 나오는 공자의 말은 (18-7)에 비하면 훨씬 공자다운 말이다. 이장의 전반(前半)은 역사적 인물이 많이 나오기 때문에 역사를 잘 알지 못하면 별 뜻이 없을 것이다. 마지막 줄의 공자 말만 음미하자.

(18-8) 선생님께서 우중(虞仲)과 이일(夷逸)에 대해서 평하여 말씀하셨다. "세상에 숨어 살면서 큰소리하면서 살았지만, 몸은 깨끗하게 처신하고, 그가 세속(世俗)을 버린 것은 때에 맞았다. 그러나 나는 그들과는 다르다. 나에게는 꼭 이래야 한다든가, 안 된다는 것은 없다."

謂虞仲夷逸 隱居放言 身中淸 廢中權 我則異於是 無可無不可

은자는 일민(逸民)이라고도 하는데, 우중(虞仲)과 이일(夷逸)이 어떠한 인물인지는 몰라도 된다. 중요한 것은 공자의 자유로운 사상이다. 無可無不可(무가무불가). "나는 꼭 이래야 한다든가 이러면 안 된다는 식으로 살지는 않는다." 사실 공자는 벼슬을 버리고 유랑생활을 했지만, 일민도 아니고 은자도 아니었다. 정계(政界)를 떠난 것도 아니고 떠나지 않은 것도 아니다.

[19 자한편(子罕篇):25장] 모두 제자들의 말

a. 자장(子張), 자하(子夏), 자유(子游), 자공(子貢), 증자(曾子) = 증삼(曾參)

b. 특기사항: (19-3) 子張曰 異乎吾所聞(자장왈 이호오소문) (19-20) 夫子焉不學 而亦常師之有(부자언불학 이역상사지유)

이편의 특색은 공자 말이 전연 없고, 모두 문하생들 말로 되어 있다는 점이다. 그중 증삼(曾參)만은 존칭으로 증자(曾子)라고 나오는 사실로 보면, 논어는 증자(曾子) 학파가 주도하여 편찬된 것일지도 모른다. 첫 3장은 자장(子張)의 말이고, 그다음 10장은 자하(子夏)의 말, 그 후는 자유(子游)와 증자(曾子)의 말, 자공(子貢)의 말로 끝난다. 이편에는 당대인이 공자를 깎아내리는 말을 제자들이 반박하는 말도 있다. 흥미로운 것은 제자끼리 공자에 대한 기억이 어긋나는 이야기라고 할 수 있다.

먼저 (19-3)의 이야기를 보자. 좀 길어서 전반(前半)을 풀어서 이야기하고, 후반(後半)은 원문을 인용해서 번역한다. 어느 자하(子夏)의 제자가 사람을 사귀는 것에 대해서 자장(子張)에게 물었는데, 자장은 바로 답을 하지 않고 반문한다. "자네 스승 자하는 무어라고 하든가?" 자하 문인이 답하기를 "사귈만한 사람을 사귀되, 사귈만하지 못한 사람은 멀리하라고 하셨습니다."라고 답했다. 그러니까, 자장이 "그것은 내가 공 선생님께 들은 바와 다르다." 하고, 이야기를 계속한다. 그 후의 이야기는 다음에 인용한다.

(19-3) 자장(子張)이 말했다. "그것은 내가 들은 바와 다르다. 군자는 현명한 사람을 존경하되, 대중을 포용하고, 선한 사람을 따르되 그렇지 못한 사람도 받아들인다. 나 자신이 현명하다고 하면, 내가 누구를 못 받아들일 것인가? 또 내가 현명치 못하다면 사람들이 나를 멀리하겠으나, 사람을 거절하고 멀리한다는 것이 어찌 좋은 일이라 하겠는가?"

子張曰 異乎吾所聞 君子尊賢而容衆 嘉善而곤不能 我之大賢與 於人何所不容 我之不賢與 人將距我 如之何 其距人也

이 말은 틀림없이 학이편 8장에 있는 공자의 구절, "자기만 못한 사람을 벗으로 삼지 말라"(無友不如己者:무우불여기자)는 말에 대한 토론일 것이다. 이 말은 자한편 24장에도 다시 나온다. 이 구절이 진정한 공자의 말인지 의심스럽지만 (본서 7장 1화 참조), 이와 비슷한 말을 하기는 했을 것이다. 다시 이구절이 무슨 뜻인지 생각해 보자. 不如己者(불여기자)가 무슨 뜻인가? {X不如(불여)Y}는 문자 그대로 {X가 Y와 같지 않다}일 수도 있고, 또 관용구로서 {X가 Y만 못하다}라고도 해석할 수 있다. 그렇다면, 공자의 말을 반드시 "나만 못한 사람"이라고 볼 필요는 없는 것 같다. 이 말은 "나와 뜻을 같이하지 않는 사람"이라고 해석할 수도 있다. 필자는 후자의 해석이 옳다고 본다. 그리고 이 이야기에 있어서는 자장(子張)의 말, 君子尊賢而容衆(군자존현이용중)이 옳을 것이다. "賢者(현자)를 존중하되, 대중을 포용한다." 공자다운 말이 아닐까?

한 장 더 (19-22)에 있는 유명한 구절을 보기로 한다. 위(衛)나라의 대부 공손조(公孫朝)가 자공(子貢)에게 물었다.

공손조(公孫朝): "중니(仲尼=공자)는 어디서 학문을 배웠는가?"
자공(子貢): "주왕조의 무왕(武王), 문왕(文王)의 도(道)는 아직 땅에 떨어진 것이 아닙니다. 사람들의 가슴에 지금도 남아 있습니다. 훌륭한 사람은 그중에 중요한 것을 지니고, 작은 인물이라도 세목을 알고 있습니다. 그래서 무왕 문왕의 도(道)가 없다고 못 하는 것입니다."

그리고 자공이 계속한 말이 아래와 같다.

(19-20) 선생님께서는 어디서라도 배울 수 있는 분입니다. 그분에게 어찌 일정한 스승이 있었겠습니까?

夫子焉不學 而亦常師之有

이 장은 물론 공자의 호고(好古) 사상이 주제가 돼 있지만, 필자는 마지막 줄이 더 중요하다고 생각한다. 공자는 항상 배움을 중시하고, 아무에게서나 무언가를 배워야 한다고 강조한다. 공자가 말하는 배움이 무엇인가? 아래의 구절들을 다시 음미하자.

(2-18) 多聞闕疑(다문결의)
"많이 듣고 의심스러운것은 보류하라."

(5-15) 不恥下問(불치하문)
"아랫사람에게 묻기를 부끄럽게 여기지 않는다",

(5-21) 我三人行 必得我師焉(아삼인행 필득아사언)
"나는 세 사람과 같이 다니면 꼭 나의 스승을 얻을 수 있다."

(15-36) 當仁不讓於師(당인불양어사)
"인(仁)을 추궁하는데 있어서는 스승에게도 양보할 것 없다."

[20: 堯曰篇(요왈편):3 내지 5장] 논어의 결론

a. 주제: 고대 성왕 전설, 자장(子張)의 문정(問政), 공자의 지천명(知天命)

b. 특기사항: (20-1) 咨爾舜 天之曆數 在爾躬(자이순 천지역수 재이궁)

요왈편은 끊는 데 따라 3장 혹은 5장밖에 안 된다. 첫 구절은 전설적 요(堯)의 말로 시작하고, 다음은 자장(子張)이 공자에게 정(政)의 대한 물음, 그리고 공자의 말 지천명(知天命)으로 끝난다. 현존 논어는 누가 편찬한 것인지는 모르나, 적절한 결론이라고 할 수 있다. 제1장은 이미 보았으나, 다시 자세히 보자. 고대 중국의 전설적 최초의 성왕(聖王)인 요(堯)가 왕위를 순(舜)에게 선양(禪讓)했을 때, 요(堯)가 순(舜)에게 한 말이다.

(20-1-a) "아, 순(舜)이여, 하늘의 역수(歷數=천명)가 너의 몸에 있다."

咨爾舜 天之曆數 在爾躬(자이순 천지역수 재이궁)

"모든 일에 중용을 잡어라." 允執其中(윤집기중)
"세상이 어려움에 빠진다면" 四海困窮(사해곤궁)
"하늘의 축복은 영원히 사라지리라" 天祿永終(천록영종)

그리고, 순(舜)이 우(禹)에게 선양(禪讓)할 때, 같은 말을 했다.

요왈편의 첫 장은 본서 5장 4화에서 이미 봤다. 이 구절에는 세 가지 이념이 함축되어 있다. 첫째로 선양(禪讓)이라는 평화로운 정권 이양(移讓)이고, 둘째로는 중용(中庸)의 사상이고, 셋째로는 세계 평화를 바라는 이념이라고 할 수 있다. 여기에 중(中)은 "양단의 가운데"를 뜻하기보다 "화(和)" 혹은 "조화(調和)" 혹은 "세계의 평화"를 뜻한다.

이 세 이념은 오늘날에도 정치의 이념이 아닐 수 없다. 몇 천 년 전에 세계역사에 어느 문화체에 이러한 보편적인 정치 이념이 있었을까? 이 사실은 다른 고대 국가나 종교에서는 보기 힘들 것이다. 참으로 놀라운 신화라고 할 수 있다.

그다음 순(舜)이 우(禹)에게 선양할 때에 말하는 구절을 음미하자.

(20-1-b) 짐(朕)의 몸에 죄(罪)가 있으면, 백성에게 죄를 묻지 마십시오. 백성에게 죄가 있다면, 그 죄는 짐의 몸에 있는 것입니다.

朕窮有罪 無以萬方 萬方有罪 罪在朕躬

이 말도 놀라운 선언이다. 집권자가 모든 잘못의 책임을 지겠다는 말이다. 짐(朕)이라는 말은 임금이 자기를 지칭할 때 쓰는 말, 즉 "나"라는 뜻이고, 만방(萬方)은 모든 백성을 뜻한다. 물론 위의 구절이 역사적 사실은 아니겠지만, 공자는 이러한 전통 신화에서 인간 사회의 영원한 이상을 재발견했다고 할 수 있다.

마지막으로 논어의 결론으로 나오는 공자의 말은 제5장 3화에서 이미 봤다. "하늘의 뜻을 모르면, 군자라고 할 수 없다."(不知命 無以爲君子也:부지명 무이위군자야:20-3) 천명은 하늘이 인간에게 부여한 사명이라고 할 수 있다. 하늘을 안다는 뜻이 아니다. 인간은 인간다운 길을 걸어야 한다는 뜻이다. 논어 전편을 통해서 공자의 모든 말이 여기에 귀착한다.

제1장, 2화에서 본 (9-1)을 상기하자. 子罕言利 與命與仁(자한언리 여명여인), "선생님께서는 利(이)와 命(명)과 仁(인)에 대해서는 많이 말씀하지 않으셨다." 이 말은 그 세 가지 과제가 제자들이 이해하기 어

렵고, 잘못되면 오해할 수 있어서, 공자가 각별히 조심스럽게 대처한 때문이라고 생각한다. 그러면서도, 공자는 인간에게 부여된 사명(使命)을 말하지 않을 수는 없었을 것이다. 왜 무엇을 조심해야 했었을까?

세계의 모든 종교는 원시적으로 하늘의 뜻을 알려는 기복(祈福)과 미신에서 시작했다고 할 수 있다. 그리고 대변인을 두고 하늘에게 말을 시켰다. 그래서 공자는 하늘에 대해서 많은 말을 하지 않았을 것이다. 그러나 전혀 하지 않은 것도 아니다. 또 한 구절(17-19)을 상기하자. 天何言哉 四時行焉 百物生焉 天何言哉(천하언재 사시행언 백물생언 천하언재), "하늘이 무슨 말을 하겠는가? 사계절에 따라 모든 것이 행하여진다. 하늘이 무슨 말을 하겠는가?"

논어 인용구절 일람표

제1장: 공자(孔子)의 이상(理想)

(18-6) 鳥獸不可與同群也 조수불가여동군야	(1-6) 弟子入則孝… 汎愛衆而仁 제자입칙효 …범애중이인	(12-22) 樊遲問仁 子曰 愛人 반지문인 자왈 애인
(12-5) 四海之內 皆爲兄弟也 사해지내 개위형제야	(1-2) 孝弟也者 其爲仁之本與 효제야자 기위인지본여	(9-1) 子罕言利 與命與仁 자한언리 여명여인
(4-15) 夫子之道 忠恕而已矣 부자지도 충서이이의	15-23) 有一言而可以終身行 유일언이가이종신행	(12-2) 己所不慾 勿施於人 기소불욕 물시어인
(6-19) 中人以上 可以語上也 중인이상 가이어상야	(7-29) 仁遠乎哉 我慾仁 .. 인원호재 아욕인 …	(1-4) 爲人謀而不忠乎 위인모이불충호
(12-14) 行之以忠 행지이충	(13-19) 與人忠 雖之夷狄, … 여인충 수지이적	(3-19) 臣事君以忠 신사군이충
(11-24) 然則從之者與 연칙종지자여	(14-25) 勿欺也 而犯之 물사야 이범지	(1-11) 三年無改於父之道 삼년부개어부지도
(2-6) 父母唯其疾之憂 부모유기질지우	(2-7) 皆能有養 不敬以別 개능유양 불경이별	(2-8) 子曰 色難 자왈 색난
(4-18) 事父母幾諫 見之不從 사부모기간 견지부종	(13-18) 父爲子隱 子爲父隱, 부위자은 자위부은	

제2장: 사람으로서 자기 완성(完成)

(7-32) 躬行君子 吾未之有得也 궁행군자 오미지유득야	(1-16) 患己之知人也 환기지지인야	(2-15) 學而不思則罔 학이불사칙망
(15-28) 衆惡之必察焉 중오지필찰언	(15-31) 吾嘗終日不食 오상종일불식	(7-21) 我三人行 必得我師焉 아삼인행 필득아사언
(15-23) 不以言擧人 불이언거인	(15-8) 可與言而不與言 失人 가여언이불여언 실인	(1-1) 學而時習之 不亦說乎 학이시습지 불역열호
(2-4) 六十而耳順 육십이이순	(2-17) 不知爲不知 부지위부지	(11-12) 未能事人 焉能事鬼 미능사인 언능사귀
(3-11) 其如示諸斯乎 指其掌 기여시제사호 지기장	(6-22-a) 敬鬼神而遠之 경귀신이원지	(6-22-b) 先難而後獲 선난이후획
(15-16) 不曰如之何如之何者 불왈여지하여지하자	(9-26) 匹夫不可奪志也, 필부불가탈지야	(9-19) 止吾止也 지오지야
(4-7) 人之過也 各於其黨 인지과야 각어기당	(15-22) 群而不黨 군이부당	(2-14) 君子周而不比 군자주이불비
(13-23) 君子和而不同 군자화이부동	(7-3)德之不修也 學而不講也 덕지불수야 학이불강야	(15-30) 過而不及 과이불급

(7-30) 苟有過 人必知之 구유과 인필지지	(4-10) 毋適也 毋莫也 무적야 무막야	(9-4) 毋意 毋必毋固毋我 무의 무필무고무아
(2-12) 君子不器 군자불기		

제3장: 공자는 어떤 사람이었나?

(9-6) 吾少也賤 故多能鄙事 오소야천 고다능비사	(9-8) 我叩其兩端而竭焉 아고기양단이갈언	(2-4) 吾十有五而志乎學 오십유오이지호학
(18-4) 三日不朝 孔子行 삼일부조 공자행	(7-37) 子溫而厲 威而不猛, 자온이려 위이불맹	(7-18) 樂以忘憂 不知老至將至 낙이망우 부지노지장지
(9-2) 吾何執 執御乎 오하집 집어호	(17-4) 割鷄焉用牛刀 할계언용우도	(14-40)是知其不可而爲之者與 시지기불가이위지자여
(5-22) 子在陳曰 歸與歸與 자재진왈 귀여귀여	(9-17) 子在川上曰 逝者如.. 자재천상왈 서자여..	(18-5) 楚狂 接與歌 而過孔子 초광 접여가 이과공자
(18-6) 夫子憮然曰鳥獸不可.. 부자무연왈조수불가..	(7-34) 丘之禱之久矣 구지도지구의	(11-2) 皆不及門者也 개불급문자야

제4장: 공자와 후세 유교(儒敎)

(6-13) 女爲君子儒 여위군자유	8-4) 籩豆之事 則有司存 변두지사 칙유사존	(2-24) 非鬼而祭 諂也 비귀이제 첨야
(2-6) 生事之以禮 死葬之以禮 생사지이례 사장지이례		

제5장: 공자의 혁신 (革新)

(6-30) 夫仁者 己欲立而立人 부인자 기욕입이입인	(11-9) 噫天喪予 天喪予 회천상여 천상여	(20-5) 不知命 無以爲君子也 부지명 무이위군자야
(17-19) 天何言哉 四時行焉 천하언재 사시행언	(3-5) 夷狄之有君 이적지유군	(5-7) 乘桴浮于海 승부부간해
(9-14) 子慾居九夷 자욕거구이	(18-7) 隱者也 使子路反見之 은자야 사자로반견지	(13-19) 雖之夷狄 不可棄也 수지이적 불가기야

제6장: 예(禮)에 해서

(3-9) 夏禮 吾能言之 하례 오능언지	(3-17) 女愛其羊 我愛其禮 여애기양 아애기례	(3-3) 人而不仁 如禮何 인이불인 여례하
(3-12) 祭如在 祭神如神在 제여재 제신여신재	(3-13) 子入大廟 每事問 자입태묘 매사문	(12-1) 克己復禮爲仁 극기복례위인
(12-2) 出門如見大賓 출문여견대빈	(3-3) 興於詩 立於禮 成於樂 흥어시 입어례 성어악	(4-1) 里仁爲美 이인위미
(3-26) 不能以禮讓爲國 如禮何 부능이례양위국 여례하	(3-26) 居上不寬 爲禮不敬 臨喪不哀 吾何以觀之哉 거상부관 위례불경 임상불애 오하이관지재	
(17-11) 禮云禮云 玉帛云乎哉 예운예운 옥백운호재	(17-12) 鄕原德之賊也 향원덕지적야	(3-4) 禮與其奢也寧儉 예여기사야영검
(11-11) 子曰不可 門人厚葬之 자왈불가 문인후상지	(9-12) 無寧死於二三子之手乎 무녕사어이삼자지수호	(11-1) 先進於禮樂野人也 선진어례악야인야
(7-19) 好古敏以求之者也 호고민이구지자야	(2-11) 溫故而知新 可以爲師矣 온고이지신 가이위사의	(14-44) 曰修己以安百性 왈수기이안백성
(20-1) 堯曰 咨爾舜 天之曆數 요왈 자이순 천지역수	(6-29) 中庸之爲德也 其至矣乎 중용지위덕야 기지의호	(13-20) 必也狂狷乎 필야광견호

제7장: 공자와 예술

(11-25) 風乎舞雩 詠而歸 풍호무우 영이귀	(2-2) 曰思無邪也 왈사무사야	(12-16) 成人之美 성인지미
(17-10) 女爲周南召南矣乎 여위주남소남의호	(3-20) 樂而不淫 哀而不傷 낙이불음 애이불상	(9-31) 未之思也 夫何遠之有哉 미지사야 부하원지유재
(7-29) 子與人歌而善 必使反之 자여인가이선 필사반지	(7-9) 子於是日也哭 卽不歌 자어시일야곡 칙불가	(7-13) 聞韶樂三月 不知肉味 문소악삼월 부지육미
(17-20) 取瑟而歌 使之聞之 취슬이가 사지문지	(9-7) 吾不試 而藝 오불시 이예	(9-2) 吾執御矣 오집어의
(7-6) 志於道 據於仁 游於藝 지어도 거어인 유어예		

제8장: 논어의 구조(構造)와 전반(前半) 10편

(1-8) 君子不重則不威 學則不固 主忠信 無友不如己者 過則勿憚改 군자부중칙불위 학칙불고 주충신 무우불여기자 과칙물탄개		
(2-18) 多聞闕疑 愼言其餘 다문궐의 신언기여	(3-18)事君盡禮 人以爲諂也 사군진례 인이위첨야	(3-21) 成事不說 遂事不諫 성사불설 수사불간
(4-3) 惟仁者 能好人 能惡人 유인자 능호인 능오인	(4-6) 我未見力不足者 아미견역부족자	(15-38) 有敎無類 유교무류

(4-18) 又敬不違 勞而不怨 우경불위 노이불원	(4-26) 事君數斯辱矣 朋友數斯疏矣 사군수사욕의 붕우수사소의	
(5-15) 敏而好學 不恥下問 민이호학 불치하문	(6-1) 雍也可使南面 옹야가사남면	(15-5) 無爲而治者 其舜也與 무위이치자 기순야여
(6-2) 居簡而行簡 無乃大簡乎 거간이행간 무내대간호	(7-8) 擧一隅而示之 不以三隅反 則吾不復也 거일우이시지 불이삼우반 칙오불복야	
(7-26) 子勻而不網 弋不射宿 자근이불망 익불사숙	(8-1) 三以天下讓 民無得而稱焉 삼이천하양 민무득이칭언	
(8-14) 不在其位 不謀其政 부재기위 불모기정	(8-20) 有婦人焉 九人而已 유부인언 구인이이	(17-25) 唯女子與小人 유여자여소인
(9-5) 天之未喪斯文也 천지미상사문야	(10-1) 孔子於鄕黨 恂恂如也 似不能言者 공자어향당 순순여야 사부능언자	
(10-19) 山粱雌雉 時哉時哉 산량자치 시재시재		

제9장: 논어 후반(後半) 10편

(11-14) 是故惡夫佞者 시고오부녕자	(12-17) 政者 正也 정자 정야	(12-7) 足食足兵 民信之矣 족식족병 민신지의
(15-1) 軍旅之事 未之學也 明日遂行 군려지사 미지학야 명일수행		(13-15) 一言而可以興邦 有諸 일언이가이흥방 유제
(14-41) 有荷蕢而過孔氏門者曰 유하기이과공씨문자왈	(15-2) 君子固窮 小人窮是濫矣 군자고궁 소인궁시람의	

(15-36) 當仁不讓於師 당인불양어사	(15-9) 有殺身而成仁 유살신이성인	(15-41) 辭達而已矣 사달이이의
(15-6) 言忠信 行篤敬 雖蠻貊之邦 行矣…子張書諸紳 언충신 행독경 수만맥지방 행의…자장서제신		(16-4) 益者三樂 損者三樂 익자삼낙 손자삼낙
(16-1) 吾恐 季孫之憂 不在於顓臾 而在蕭牆之內也 오공 계손지우 부재어전수 이재소장지내야		(16-14)邦君之妻 君稱之曰夫人 방군지처 군칭지왈부인
(17-1) 陽貨慾見孔子 孔子不見 양화욕견공자 공자불견	(17-4) 子之武城 聞絃歌之聲…割鷄焉用牛刀 자지무성 문현가지성…할계언용우도	
(6-14) 行不由徑 행불유경	(18-7)子路問曰 子見夫子乎 자로문왈 자견부자호	(18-8) 我則異於是 無可無不可 아칙이어시 무가무불가
(19-3) 子張曰 異乎吾所聞 君子尊賢而容衆 자장왈 이호오소문 군자존현이용중	(19-20) 夫子焉不學 而亦常師之有 부자언불학 이역상사지유	
(20-1-a) 允執其中 四海困窮 天祿永終 윤집기중 사해곤궁 천록영종	(20-1-b)朕躬有罪 無以萬方 萬方有罪 罪在朕躬 짐궁유죄 무이만방 만방유죄 죄재짐궁	

참고 문헌

a. 한국어 서적

* 차 주환(車柱環), 論語, 을유(乙酉)문고, 서울, 1969
* 신 석초(申石艸), 新譯 詩經, 서문문고, 서울, 1975
* 이 민수: 四書三經入門, 서울문고, 서울, 1983
* 계 명수: 논어 역주, 글방문고, 서울, 1986
* 井上 靖(이노우에 야스시), 難世의 哲人 孔子(소설), 보혜 번역, 신천지사, 1992
* 김용옥: 논어 한글 역주 (3 권), 동방고전 한글역주대전출판, 2008

b. 일본어 서적

* 金谷 治, 論語 譯注 , 岩波文庫, 東京, 1963
* 白川 静, 漢字, 岩波文庫, 東京 1970
* 和辻 哲郎, 孔子, 岩波文庫, 東京, 1988
* 加地 伸行, 儒教とは何か, 中央公論 1990, 東京 1990
* 久米旺生, 孟子. 荀子, PHP文庫, 東京, 1996

c. 영어 서적

* Arthur Waley, The Analects of Confucius Vintage Books, New York, 1938
* Lin Yutang, The Wisdom of Confucius The Illustrated Modern Library, 1938
* Warren W. Smith Jr, Korean Studies Guide University of California Press, 1954
* James Legge, The Analects of Confucius, Volume I of Chinese Classics (reprinted, University of Hong Kong Press, 1960
* James Legge, Mencius, Volume II of Chinese Classics (reprinted, University of Hong Kong Press, 1960
* Herbert Fingarette, Confucius: The Secular as Sacred Harper and Rowe, 1972
* D.C. Lau, Confucius - The Analects Penguine Books, 1979
* Benjamin I. Schwartz, The World of Thoughts in Ancient China Harvard U. Press, 1985
* Warren W. Smith Jr., 16thCenturySŎWŎN, The Rise of Private Neo-Confucian Education in Korea, Kyonggi University, Suwon, Korea, 2003

N 95